大出海

中国制造全球出征的
关口和突破

林雪萍　著

中信出版集团｜北京

图书在版编目（CIP）数据

大出海 / 林雪萍著 . -- 北京：中信出版社 , 2025.
1.（2025.4重印）-- ISBN 978-7-5217-7075-9
Ⅰ . F279.2
中国国家版本馆 CIP 数据核字第 2024NY8772 号

大出海
著者： 林雪萍
出版发行：中信出版集团股份有限公司
（北京市朝阳区东三环北路 27 号嘉铭中心　邮编　100020）
承印者： 嘉业印刷（天津）有限公司

开本：787mm×1092mm 1/16　　印张：21.25　　字数：258 千字
版次：2025 年 1 月第 1 版　　印次：2025 年 4 月第 4 次印刷
书号：ISBN 978-7-5217-7075-9
定价：79.00 元

版权所有·侵权必究
如有印刷、装订问题，本公司负责调换。
服务热线：400-600-8099
投稿邮箱：author@citicpub.com

赞誉推荐

《大出海》是林雪萍先生继《供应链攻防战》之后的又一力作。在广泛、翔实的田野调查基础上，林雪萍先生生动描述了中国企业出海的种种艰辛、失败和成功，并对企业出海的经验和教训进行了梳理和概括。林雪萍先生指出，一个企业全球化需要在三个方向取得突破。除了地理空间（选择投资地点），还要重新设计价值链空间和在当地舆论场中构建被当地认可的认知空间。更难能可贵的是，这些思想源自实践而非"象牙之塔"。面对美国的关税壁垒，中国企业冒着种种风险，在全球各地建厂，重构供应链。在对中国企业的奋斗精神与聪明智慧深感钦佩的同时，我们也不得不问：企业"为了一张标签（产地证明）而四处奔跑"，难道是企业成长的必由之路？是资源的最优配置？如果答案是肯定的，那么其长期结果是什么？如果答案是否定的，那么在制度层面、经济结构层面、外贸和FDI（外商直接投资）政策层面、宏观调控层面我们应该做什么？当然，这些都是题外话。无论答案是什么，我们都应感谢林雪萍先生为研究如何落实"双循环"战略提供了难得的思想素材。

余永定
中国社会科学院学部委员
中国金融四十人论坛（CF40）学术顾问

在追求现代化之路上，中国制造企业正在加速转型升级，亟须在迎接挑战中把握全球市场巨大机遇，增强国际影响力。一些标杆企业积极拓展海外市场的行业与技术竞争力、领导力，成为"走出去"的典型。《大出海》是一部聚焦企业出海而打造全球化企业的作品。作者提出的"真出海"就是向外拥抱我们这个蓝色星球的全球化，书中分析了在地理空间上如何选择出海目的地，如何进行多点布局，如何进行文化和价值融合，如何重构价值链，如何打造全球化的人力资源，如何实现供应链属地化，从而实现星辰大海中的系统性崛起。对于出海企业和管理人员来说，这是一本比较系统和全面的入门读物。

贾康
华夏新供给经济学研究院创始院长
中国财政科学研究院研究员、博导

林雪萍老师的《大出海》以宏大的视野阐述了中国制造出海的浩荡景象。这次中国企业的大出海，与世界经济史上屡次发生的国际产业资本迁徙相比，有着更为显著的时代意义和战略价值，那就是中国产业全方位地融入并重塑全球化。作者以扎实的调研功底和广泛的企业人脉，覆盖了众多的国别，并力求找出中国制造出海的共性与规律。在不同的国家和地区，中国企业以何种形态重塑竞争力，跟当地的文化、制度和历史有着密切的关系。这使得区域国别的研究对于中国制造的进一步演化而言，越来越具有战略指导意义。《大出海》一书掀开了帷幕的一角，从这里看过去，那些陌生的国家和地区都开始变得栩栩如生。它们的一举一动，都与中国制

赞誉推荐

造息息相关。这本书将这些复杂的关系加以恰当而必要的简化，并使之清晰地投射在读者的脑海之中，从而使其具有可读性和必读性。

翟东升
中国人民大学区域国别研究院院长

林雪萍教授是供应链专家，他的这本《大出海》恰逢其时。在大国竞争的全球新格局下，中国企业已经兴起出海的巨浪。如书中所说，出海是中国制造的远征。这本书从地理、认知、价值链、组织、系统等方面，通过实地调研，梳理了当今中国企业出海的突破口与困境，立足当下、展望未来，我强力推荐阅读。

鞠建东
清华大学五道口金融学院讲席教授

《大出海》中的"大"，不仅是规模大，而且有时不我待的意思，说明中国制造业全球化的紧迫性。《大出海》中的"出海"，包括"地理空间""认知空间""价值链空间"三重空间的拓展。"大出海"三个字放在一起，意味着中国企业正在以"时间换空间"的策略，以"不出海，就出局"的决心，以"进攻是最好的防御"的勇气，开启全新的大出海时代。

路江涌
北京大学博雅特聘教授
教育部长江学者特聘教授

面对美国大选后可能的贸易摩擦和市场变化，出海成为中国企业寻找更广阔商业战场的必修课。在"引进来，走出去"的过程中，中国经历了三个阶段：看海、赶海、出海，现在正处于出海阶段的探索中。林雪萍的《大出海》为我们打开了一扇观察中国制造全球扩张的窗口。作者深入分析了全球化 2.0 时代中国制造的迁移轨迹，从"三个空间"及"两种能力"的维度，探讨了企业如何才能实现真正的"真出海"，最终成为全球化企业。这本书为中国企业在全球化浪潮中指明了方向，也为中国制造的未来发展提供了有价值的观点。

马旭飞

香港中文大学商学院管理学教授

《出海战略：中国企业的新蓝海》作者

中国能够成为全球制造业第一大国，是由全球规模最大的且最具有勤劳和聪明禀赋的劳动人口所决定的，但在贸易环境不断恶化的背景下，出海也是中国诸多企业的必然选择。《大出海》的最大特色是作者深入国内外 100 多家工厂，通过大量访谈的形式，对出海或准备出海企业所对应的众多行业进行案例分析和实证研究。本书深入浅出，体现出作者对制造业和供应链有着全面且深入的见解，信息量巨大；而且，作者从多个层面、多个维度来分析出海成功与失败的案例，颇具实操性。

李迅雷

中国首席经济学家论坛副理事长

中国企业"走出去"已成为一个学术界热门话题。过去五年，

赞誉推荐

中国企业直接投资流出规模远远超过流入规模，在马克思主义政治经济学的意义上，中国已成为名副其实的"资本输出"大国。可惜的是，多数经济学家善于宏大叙事，拙于田野调研，难以真正把握中国企业出海的真正动因和重构全球供应链时所面临的机会与挑战。《大出海》的作者很好地弥补了这一缺陷，他追随中国企业出海的足迹，实地调研了100余家工厂，寻访了200多位企业家，探究了企业"走出去"的时代背景、商业动因、区域布局、能力建设和组织变革等重要话题，用极为细腻的笔墨描绘了中国制造出海的全景图，引人入胜、耳目一新。

丁安华
中国金融四十人论坛（CF40）常务理事
招商银行原首席经济学家

面对日趋严峻的国际地缘环境，大量中国企业必须以出海求生存，也会在出海过程中遭遇各种艰难险阻。出海不仅会重塑中国经济本身，也必将给全球产业链带来更为深远的影响。这本书基于作者近年来踏遍全球的实地调研和无数访谈，无论是从深度还是广度来讲，都是迄今为止有关中国企业海外布局的优秀著作之一，应当成为每一个已经出海或正准备出海的企业家的宝典。

陆挺
野村证券中国首席经济学家

在国际形势多变的浪潮中，中国企业正扬帆远航，勇敢地迎接每一个挑战，智慧地把握每一个机遇。《大出海》一书让我们一窥中国制造企业如何在全球舞台上拓展版图，捕捉国际竞争的脉动。对于经济全球化动力和阻力胶着，但动力仍然胜过阻力的当下来说，这本书不失为一本好的参考书。

付鹏

东北证券首席经济学家

从全球范围来看，大国制造业崛起的下半场必然是全球化和出海战略，历史上英国、美国、德国、日本等概莫能外。如今，全球化和出海浪潮轮到中国，这既由中国企业面临的严峻挑战所驱使，也是中国企业的重大历史机遇，中国企业不仅要出海，而且要有新时代背景下的出海战略。《大出海》全面观察了当前中国企业出海实践，为中国企业制定出海战略做出了有价值的研究探索。

滕泰

万博新经济研究院院长

中国制造业正行进在从世界工厂到全球化制造的路上，中国制造占全球制造的30%，但内需市场只能消化一半产能，另一半的产能必须去海外寻找市场。地缘政治、中美贸易摩擦的变局虽然抬高了贸易成本，提高了断供风险，但客观上也加快了中国企业海外建厂、产业投资的步伐，创造了国产厂商崛起的历史机遇。此轮出海潮意味着许多中国企业将成为全球化公司，中国也将更全面和完整地拥抱全球化，这对中国制造业来说既是巨大的挑战，也充满了机遇。

李奇霖

民盟中央委员、红塔证券副总裁、红证利德资本董事长

赞誉推荐

"不出海，就出局"，对于优秀企业而言，这个命题其实已经变成主动拥抱全球化。全球化是一种能力，是可以后天习得的。然而它不是单一的性价比维度的能力，而需要靠多个维度的力量形成合力。对于每个企业组织而言，这意味着炼丹炉般的重生。每个企业只有与全球价值链更深地绑定在一起，才能获取更大的能量。集结号已经吹响，中国能力的全球化终将变成中国的全球化能力。《大出海》描述了这样一个浩荡的时刻，通过细致地捕捉那些航行者专注的行动与眼神，描绘出一幅全新的大航海的群体画像。大样本的记录，让观者为之动容。

秦朔
人文财经观察家、秦朔朋友圈发起人

这是一本关于生存的指南，也是一次关于崛起的预告，更是一个关于未来的思想实验，中国产业出海的故事、细节和场景，所在多有，并不稀奇，但林雪萍老师的这本《大出海》提供了一个宏大的逻辑架构，让那些星星点点的传说在其中各就其位。通过这本书，你可以想象一下，当那个崭新的大系统轰然启动的时候，整个世界呈现出来的激动人心的样子。

罗振宇
得到 App 创始人

出海是当下中国企业面对地缘冲突的必然考虑。咨诸其他国家的历史，会发现成功的国际化不能仅仅是企业界的出海，同时必须伴随知识界的出海。知识界的海外实地调研会提供必要的出海地图，提供各种必需的跨领域知识，这样才能减少企业"不出海等死，盲目出海找死"的困境。林雪萍兄在供应链及企业出海方面的研究用力颇深，《大出海》一书是又一本值得推荐的著作。

施展
上海外国语大学全球文明史研究所教授

林雪萍老师这本《大出海》，用丰富的案例给我们展现了一幅历史的宏大卷轴：今天中国企业的"出海"，本质上是过去30多年加工贸易、出口、中国制造的延续和升级，也是过去20年中国供应链和数字基础设施发展的结果——而这两个要素，构成了很多企业能快速进入全球市场的比较优势。当然，我们也有理由相信，这幅卷轴还将被我们的企业续写下去。

香帅
经济学家、香帅数字经济工作室创始人
曾任北京大学金融学副教授、博士生导师

从《供应链攻防战》隐含的博弈冲突研究到《大出海》，林雪萍老师基于大量实地调研和分析思考，全面升级了对中国制造如何在全球崛起的关键洞察。特别是他关于大出海"三个空间"和"两种能力"的总结，既有理论框架新意，又有实战参考价值。他提醒企业出海不要单打独斗，而是要协同各种机构集体性合作，也有利于推动中国企业更好地抱团出海、整体全球化。

何刚
《财经》杂志主编、《哈佛商业评论》中文版主编

赞誉推荐

"大出海"是中国制造的时代命题,既是对全球化逆境的主动回应,也是中国企业全球化的必需。从为全球市场制造,跃进为全球设厂、塑造品牌、本地销售,中国企业需要拓宽视野、管理和组织升维。林雪萍在《大出海》中提出了一系列全新的能力,比如定义产品、管理总部、共生共赢、规则优先,都是中国企业需要学习和实践的,因为出海不仅意味着一次全新的创业,也需要围绕产品、决策、产业和软实力展开深入思考。

吴晨

《经济学人·商论》原总编辑、晨读书局创始人

林雪萍先生长期从事全球产业观察与企业技术战略研究工作,著作颇丰,大多兼具理论性与实践指导性。新作《大出海》通过实证,从历史视角系统记录了中国制造大出海的壮阔征程,归纳出了地理空间、认知空间、价值链空间以及组织能力、供应链能力这样一个"三个空间"和"两种能力"的出海架构,把中国企业走向全球化的历史进程进行了系统归纳和提升。书中大量的故事、数据、细节以及作者自身对全球化拓展的深刻洞察,对企业经营管理人员乃至普通读者都有很好的启发价值。我们深知,中国企业走向全球化还处在一个初期阶段,从"中国管理世界"到"世界管理世界",需要大量艰苦卓绝的工作和奋斗历程,但全球化的趋势无可动摇。我非常同意书中的一句话:中国制造大出海,是企业价值体系的重构,也是中国国民与全球文化最深度的一次融合。

贾少谦

海信集团董事长

与林雪萍老师的初识，是在央视关于中国企业"出海"的一期访谈中，当时交流时间有限，感到意犹未尽。这次收到林老师的新作《大出海》，一口气读完，畅快过瘾。我非常难得能看到一本书，把日本、韩国、美国、欧盟、东南亚等不同国家和地区的国情、政策、市场、文化等总结分析得如此全面，不仅有全球化视角的前瞻洞察、各行各业的实践案例，还提出了应对方法论和具体策略的建议。奇瑞是最早一批"出海"的中国车企之一，遇到过很多挫折和挑战，当然也最早享受到"出海"红利，连续20多年保持了中国乘用车出口的领先地位。书中大量的案例、经验分享，与我们"出海"的经历高度吻合，读起来有强烈共鸣。在当前国内有效需求不足、国际贸易压力增大、地缘政治冲突频发的复杂环境下，林老师的书，对所有希望高质量"走出去"的中国企业都有很高的参考价值。我已经在公司外部推荐此书，也在内部鼓励高管们阅读分享此书。相信它对政策制定者、广大企业家、从业者、学界人士以及对企业"出海"感兴趣的读者都很有参考价值，非常值得一读！

尹同跃
奇瑞控股集团党委书记、董事长

"出海"从前还是欧美、日韩企业的事，而今成了中国企业的正常业务。林雪萍老师通过全球实地调研，再出大作《大出海》，为中国企业向海图强，展现了一幅大航海图。面对不同文化、法律、产业规范、用户要求等，提供真知灼见、方法和智慧。作为早年有海外战斗经历的出海战士，我为林老师点赞。

姚佐平
上汽通用五菱汽车股份有限公司党委书记、副总经理

赞誉推荐

《大出海》剖析了中国制造全球出征的关键局势。书中清晰指出成为全球化企业需重构的重点系统：企业价值体系重构、全球化的组织重构、改变学习曲线、选择突围方向等精彩呈现突破之法，似灯塔指引方向。语言朴实易懂，可读性强，企业在区域战略、业务战略、人力资源战略等方方面面都能从中汲取智慧，值得一读。我对中国制造业的未来充满信心。虽然前方的道路依然充满挑战，但我坚信，中国制造全球出征会突破，中国制造必将在全球舞台上绽放更加耀眼的光芒，为世界贡献更多的中国智慧和中国力量。

刘静瑜

中创新航董事长

当下，中国企业的出海征程已然成为时代发展的重要旋律。从传统制造业到高科技产业，中国企业积极探寻海外市场的新机遇，不断拓展发展空间，其勇气与智慧令人钦佩。《大出海》深刻剖析了中国企业出海的现状、挑战与创新，提供了丰富的案例与深刻的见解，对于关注中国企业全球化发展的读者而言，极具阅读价值。

米磊

中科创星创始合伙人

林老师的《大出海》展示了过去 30 年来中国制造"走出去"探索实践的成果。对进入新时期的中国企业"走出去"，更是具有鲜活的借鉴指导意义。和过去 30 年相比，新时期大出海具有非凡的意义：一是得益于中国的开放，中国制造业得以拥抱外资企业而能力大幅度提升；二是大胆探索中国制造对全球新型产业发展的引领和贡献；三是在新的大出海竞争中，实现中国制造向中国创造的转变。我们希望大出海成为新时期中国制造的新亮点。

武钢

金风科技董事长

什么是企业出海的 2.0 阶段？在《大出海》中，作者给出了一个引发深思的答案：出海，不仅是地域的跨越、市场的拓展，更是企业基因在海外的再次扩张，是企业的"二次创业"。这一观点让我深有共鸣。作为一家拥有 177 年历史的全球企业，西门子早在 19 世纪就开始了"出海"，并在 150 年前就来到了中国。我们深知开疆拓土、融入全球价值链的不易。看到《大出海》中一个个鲜活的中国企业出海案例，交织着中国速度和中国智慧与世界的对话，亦是一种新时代的波澜壮阔。这些凝结着作者心血的洞察和启示，将为探索前行的中国制造企业提供扬帆远行的航海图。作为出海的先行者和践行者，西门子愿意成为连接中国和世界的桥梁。推动中国企业与世界产业的交融，让世界交流与发展的明灯长盛不衰。

肖松

西门子全球执行副总裁

中国区董事长

《大出海》一书为致力于实现全球化发展的企业提供了宝贵的经验和视角。雪萍老师关于"全球化的尽头是本土化，本土化的源头在于人"的观点，与 GE 医疗在全球"出海"百余年的发展历程和经验不谋而合。"大出海"不是一个短期投资行为，而是一个长期主义的使命。我们不能把自己当作外人，要深耕本地市场，转变"总部配方"思维为"企业家精神"思维，充分融入当地的供应链、产业链、创新链、人才链，共创、共促、共融。作者对于全球化企业出海模式的深刻解读，值得每一位企业家和管理者品读。

张轶昊
GE 医疗中国总裁兼首席执行官

全球化新浪潮袭来，中国企业如何破浪前行？林雪萍老师从地理、认知、价值链空间等独特的视角切入，用鲜活的案例为中国企业大出海提供了宝贵的参考。这让我回想起欧莱雅在中国的 27 年，就是一段"入乡随俗"、与各方向上共赢的旅程。在新的时代背景下，期待中国的出海企业在多维度空间上不断突破、进化，最终成为真正的全球性企业，引领跨文化交流中的和合共生，助力中国品牌在全球舞台上绽放更加耀眼的光彩！

兰珍珍
欧莱雅北亚与中国公共事务总裁

《大出海》深入探讨了中国制造在新时期全球化进程中的机遇与挑战，描绘了一批企业、一群人走向全球布局的壮丽画卷。作为 20 多年的老朋友，我要祝贺我所熟悉的作者用一贯扎实的调研与访谈，构建了中国企业家出海所需要的战略想象力。这也正是德国隐形冠军菲尼克斯在中国扎根 30 多年的深刻体会。德国家族企业对中国管理层展示了全程放手的信任，成就了一个"最中国的德国企业"。这些做法其实也是一面反光镜，给中国企业出海投射出明亮的光线。这本书最大的特点是系统性，全面阐述了中国企业全球化所需要的策略和路径。让我们一起跟随《大出海》，见证中国制造在全球舞台上的精彩表现！

顾建党
德国菲尼克斯电气集团执委会委员
菲尼克斯（中国）投资有限公司总裁

　　林雪萍老师的《大出海》一书，通过走访调研了分布在全球各地的中、日、德等出海企业的大量案例，总结提炼出了企业出海战略的"三个空间"和"两种能力"。林老师在"三个空间"的论述上，不但总结提出"真出海"企业要正视出海时地理空间、认知空间、价值链空间所带来的挑战，也通过大量出海实践给出了成功实现"三个空间"转变的思路和可操作方法。同时，在"两种能力"（组织的高度柔性、全球供应链的联动）的建设上，林老师对企业全球化、人才本地化、供应链再造的必要性和方法论也进行了深刻、详细的阐述。《大出海》是一部在目前不确定时代下的精品著作，对正在筹划出海的企业有很强的现实指导意义。

马清海
SMC中国投资有限公司总经理

目录

推荐序一 *5*
推荐序二 *11*
前言 *17*

第一章　中国企业大出海 001

第一节　移动的中国制造 004
大洪流 005
被移动的城堡 009
领先者给追赶者"撒钉子" 012

第二节　完整的样本 015
日本规模化出海 015
大商社成为护卫舰 018
小商社填充空白 023
服务机构的伴行 027

第三节　"真出海"就是全球化 030
三个空间 030
两种能力 034
呼唤新型服务组织 037

第二章　地理空间：再次连接 041

第一节　多种选择 044
三种动机下的工厂 045

四种突围的方向	048
"时光机"模型会误判越南	053

第二节　多点布局的时代　055

消耗战与自我复制	056
先知先觉，前瞻性卡点	060
慢欧洲和快中国的适配	063
去充满每一个地理空间	067

第三节　一个国家对一个省份的"奔袭"　072

平行链、转链与替代	073
关税悖论	075
平均工业化浪潮	077

第三章　认知空间：对抗或者共生的源头　085

第一节　异地成长的烦恼　088

无意识对抗	089
不自觉陷阱	093
管理者短板的反射镜	099
黄金并购时代的褪色	102

第二节　正向防御机制　104

改变学习曲线	105
游说与诉讼的武器	109
无情报不战略	113

第三节　文化消融的生存法则　116

国民企业，下沉社区	116
融合至上	122

目录

第四章 价值链空间：改变价值生成的公式　　127

第一节　价值获取　　130
重构价值链　　131
走进自己的无人区　　137
品牌与供应链嫁接　　140
位置改变价值　　144

第二节　成本重塑　　148
看待成本的方式　　148
寻找甜美的利润　　154
自我实现预言　　155

第三节　利益重新缠绕　　159
"三人四脚"的游戏　　159
不要"零元天团"　　163
最怕吃干榨尽　　166
股权的奥妙　　167

第五章 组织大变革　　173

第一节　外派管理者的身份　　176
不要辜负海外奋斗者　　177
总部紧箍咒　　181
从总部管理到管理总部　　185

第二节　全球化的人力资源　　188

第三节　组织的柔性　　191
不要空降"重组织"　　191
向"散"而生：多边形组织　　196
组织的重生　　199

组织的蜕变 202
生而全球化 207

第六章 供应链属地化 211

第一节 迁移的速度 214
菠萝地和荷花池上的工厂 215
快：服务器的迁移 219
慢：光伏的快迭代 221
难：港机的意外 224

第二节 全球节奏的控制 226
出海就是第二次创业 227
只有主动参与，才能控制节奏 232
用世界速度确定本地速度 236

第三节 节点化的组合 242
重新连接的工厂 242
数字化能力，更好地出海 247

第七章 系统性崛起 253

第一节 超越企业 256
看不见的短板 257
机构的进化 261
产业组织者的能力 267
海权保护中国优势 270
商会的角色 274

第二节 成为全球化企业 279

后记 281

推荐序一

中国制造全球化正当时

全球制造格局正在发生巨大的变化。在全球各地工厂的兴起所引发的供应链碎片化的同时，大量的新兴区域化市场也在兴起。尽管各国贸易保护主义的措施在全球越来越多地蔓延，但对于中国制造而言，这也是一个寻找全球市场的全新的机会。

如果中国制造能够"抓紧全球化机遇、抓紧中国制造业优势以及抓紧中国的超大规模市场"，中国产品就一定能以更快的速度、更高的质量、更强的品牌走向全球。

第一，中国企业要抓紧全球化机遇。中国产品的制造能力已经在过去外资企业主导的全球化进程中，经历了深刻的锤炼。以中国家电产品为例，2003 年，我率领 TCL、海尔等中国企业家代表团参加了在美国拉斯维加斯举办的国际消费类电子产品展览会（CES）。海尔给我留下了深刻的印象。那时，国内主流冰箱产品以单开门为主，海尔则投资了几百万元在展会上大力宣传推广双开门冰箱。这使得海尔双开门冰箱声名大噪，此后海尔品牌也在美国深入人心。

20年后的今天，中国电子消费品市场已经发生了翻天覆地的变化。2022年，中国品牌在全球消费电子市场中贡献了37%的销售额。其中，手机和扫地机器人品牌在海外市场的销量占比均达43%。在全球智能手机市场份额排名前五的手机厂商中，中国企业占据了三席。中国仅用了20余年的时间，便实现了从OEM（原厂委托制造，即"贴牌生产"）到ODM（原厂委托设计），再到OBM（原始品牌制造）的飞跃。现在可以说是中国电子消费品的品牌全球化最兴旺的时刻。这得益于中国企业抓住了全球化机遇，与全球价值链紧密地缠绕在一起。

第二，中国企业要抓紧中国制造业优势。中国拥有最完整、高效的产业链优势：从劳动密集型产品，如玩具、服装等，到技术密集型产品，如电子产品、盾构机、高铁等。中国制造在全产业拥有巨大的优势，没有其他任何一个国家能像中国这样做到产业链如此完整和高效，而这些产业的底层技术又是相互关联的。中国手机电池的发展，为汽车动力电池提供了基础能力的支撑；而用于手机壳加工的钛合金技术，又为电解槽的壳体提供了新的动力。这些产品都是从中国的土壤中生长的，又开始向全球市场挺进。中国制造已经建立了自己的比较优势，从而可以在全球寻找到更多市场。

第三，中国企业要抓紧中国的超大规模市场。一个品牌只有在国内市场站稳脚跟，才能走向全球并取得成功。中国超大规模市场

推荐序一

对于中国品牌来说是一个最理想的窗口和最佳"热身场"。与欧美消费者相比,中国消费者对商品性价比、交付的速度以及后续服务等要求更高。如果一个品牌在国内已经打响知名度,那么在海外市场就有更大的机会取得成功。

中国企业在利用好国内大市场积极苦练内功的同时,也要积极进行能力外溢。要用两只眼睛看市场,即"一只眼睛看国内,一只眼睛看国外",以更加均衡地发展自己的能力。

中国企业在做到"三个抓紧"的同时,也要克服中国制造出海的短板。然而这些短板并非政策,也并非人才。

有些人误认为中国制造"走出去"的最大"软肋"是政策的短缺,其实并不完全如此。当初雅诗兰黛、欧莱雅等化妆品品牌在出海过程中并没有特别政策的扶持。有一次,星巴克 CEO(首席执行官)舒尔茨向我解释一个咖啡品牌如何能够成功进入中国这个拥有上千年茶文化的市场。他认为关键在于星巴克售卖的不仅是咖啡,更多的是服务。显然,即使没有政策扶持,一个品牌依然可以很好地在全球取得成功。同时,人才也不是中国企业"走出去"的"软肋"。从古丝绸之路起,中国就不缺乏高质量的服务人员和品牌推销人员。资本也不是"软肋",例如抖音海外版长时间占据美国 App(应用程序)下载量首位。

在我看来,中国品牌当前的"软肋"是文化。如果缺乏强有力的文化属性,那么中国品牌出海必然缺乏支撑力。现在,越来越多海外品牌,尤其是欧美品牌强调文化属性,特别是在食品、化妆品等领域,它们的共同特点是既重视本国文化,也强调本土文化。这是一种前所未有的转变,比如奢侈品品牌巴宝莉在 2019 年春节专门推出了春节元素的产品。三星集会长曾告诉我,三星产品在东南亚国家畅销的关键在于品牌背后有偶像剧、韩团等文化支持。

这些大大小小成功和失败的经验与教训，会让我们理解中国企业出海其实是一个系统性的时代命题。

很高兴看到《大出海》的作者能够用冷静观察的视角，对中国制造这一波的出海景象做了一个全景式的描述。如同作者在《供应链攻防战》一书所构建的"供应链三力模型"，本书也构建了一个框架式的结构，来分析中国企业出海面临的群体性难题。书中将"地理空间"提升为企业的战略性高度，认识每个国家在全球版图的独特价值。书中提到了企业对于"价值链空间"的选择，中国制造在走出国门的时候，也是一次向更高价值链爬升的机会。"认知空间"则明确地指出了企业出海所存在的风险，这正是文化冲突所导致的对抗和消耗。中国企业出海的过程，是一个消除摩擦、再次融入世界的过程。

中国企业出海，本质也是一个全球化的过程、一个形成全球思维的过程。这个主角也并不都是企业，中国各级政府、各领域专家甚至大学生也都可以积极拥抱中国"走出去"的全球化浪潮。当全球许多国家，如墨西哥、爱尔兰、匈牙利、尼日利亚等都在中国积极招商引资的时候，我们的视角也要发生变化。各级政府、政策研究者也要多走出去，看一看全球正在发生的景象。当中国企业2023年在匈牙利的投资已经占近60%的时候，我们的专家、学者也要去当地看清楚它背后的逻辑。《大出海》的作者在这一点上，算是一个实证派的田野学者。按照作者的说法，他前后访谈了200多位熟悉海外机构的一线管理者、海外机构在中国的各级人员，并且去不同国家的工厂进行实地调研。在泰国的菠萝地和越南的荷花池上，全新的工厂正在拔地而起。作者用亲眼所见的"桑田变工

推荐序一

厂"的广角镜头，替我们打开了新的视野。希望这种景象也能被更多人亲身体验。在现场，我们能够找到回答国内问题的海外答案。书中也提到了大量年轻管理者在海外奔波而卓有成就的景象。这种沙场点兵的场景，也是这一代年轻人的新使命。中国企业出海的时候，需要大量的年轻血液。中国培育了大量的大学生，海外也将成为他们成就自我的全新练兵场。

在我目前所见的国内有关中国企业"走出去"的著作中，《大出海》这本书内容是最深刻、最客观、最具有前瞻性的，作者的独立思考和勇于探索的勇气和精神，使这本书超过其本身价值和水平，对推动中国企业"走出去"能真正发挥解惑、指路、出招的作用，这是一本不可多得的好书。

最后我要强调的是，我们会继续加强全球的交流，会大胆试、大胆闯、自主改。外资企业在中国制造的负面清单已经完全取消，在自贸区和自贸港则会进一步放宽市场准入。中国在主动对接CPTPP（《全面与进步跨太平洋伙伴关系协定》）和DEPA（《数字经济伙伴关系协定》），并且加强RCEP（《区域全面经济伙伴关系协定》）的优势。这些都将为中国制造走向世界、吸引外企进入中国，提供更好的体系性支撑。在全球地缘政治形成的不确定性越来越高的时候，中国企业更需要在海洋中练就搏击惊涛骇浪的能力。中国制造要实现高质量发展，在客场积极拥抱全球化，现在正是时候。

魏建国
中国国际经济交流中心副理事长
商务部原副部长

推荐序二

企业出海的学术"破局"

一

六月的早晨八点,越南胡志明广场的十字路口,挤满了密密麻麻、清一色的日本本田牌摩托车……一个年轻人的摩托车后座上,斜绑着一台"AQUA"字样的洗衣机。路旁的手机连锁店门口,已经竖起红米、OPPO、苹果等品牌手机的海报,门店屋檐下挂着三星 Galaxy 的横幅。不远处是一家面积 10 平方米左右的蜜雪冰城奶茶店……旁边紧挨着的是一家宽敞明亮的名创优品连锁店。在路的尽头,VietJet 大厦的外墙上,一幅巨大的红色字母"BYD"的海报上写着"WE ARE NO.1"("我们销量第一")。

林雪萍在新书《大出海》的开篇,便在我们的眼前白描出一幅生动的街景。这是越南胡志明市的清晨。事实上，在今天的东南亚很多国家，都可以看到类似的场景。

2023年6月，我去印尼调研，当地朋友组织一些创业者与我座谈。刚刚坐下来，一个人就悄悄把一杯咖啡递到我手里，他学瑞幸模式，在短短一年时间里开了200多家连锁店。一位做化妆品的创业者上台介绍他的公司，在PPT（演示文稿软件）的最后一页，他写了四个字：

"生而全球。"

我当时身躯一震。他是替一代出海人喊出了时代的宣言。

二

中国制造的全球化外溢，经历过四个阶段。

第一个阶段是20世纪90年代中期。当时有一些零部件企业为了供应链配套，开始在海外设厂。我接触到的第一个案例，便是杭州的万向集团在1993年到美国建厂，为底特律的整车厂商配套生产。

第二个阶段是21世纪头一个十年。随着外贸体制改革和加入WTO（世界贸易组织），制造业从国产替代向外向型模式猛烈转型，价廉物美的中国商品冲向全球市场，"Made in China"（中国制造）蔚然成势。

第三个阶段是21世纪第二个十年中期。在亚马逊和阿里巴巴等电商平台的推动下，中国企业开始在海外市场创建独立品牌，建设独立站和海外仓，由此形成了一股"跨境电商"的新力量。

第四个阶段是21世纪20年代初期，也就是最近几年，企业出海办厂蔚然成势。

在我看来,"生而全球"浪潮与人工智能革命,是这一代中国创业者最为重要的两个百年机遇。

三

在二战之后的全球化进程中,几乎每一个大国的企业都经历过跨国经营的阶段。小钱德勒在1962年出版的《战略与结构》一书中,把"海外扩张"视为美国公司在完成了横向合并、纵向一体化之后的下一个战略必选项。

在亚洲地区,20世纪80年代初期到90年代中期,日本企业发生过与当今中国非常相似的出海浪潮。甚至其背景也惊人地类似。一方面,当时的日本产业遭遇国内产能高度饱和的困局;另一方面,美国对日本发动了贸易战,对其半导体和汽车产业进行关税打击和技术脱钩。今天对中国企业屡屡发起的超级"301条款"调查,便是1974年美国商务部为日本企业"量身定做"的。

在经历40多年的出海发展后,日本制造业完成了从"出口导向"向"现地主义"的重大转型,因此出现了一个所谓的"影子日本"。

时至今日,日本在海外的法人主体多达2.22万家,海外净资产规模占GDP(国内生产总值)比重为75%,海外子公司营业收入占总公司收入的82%,海外制造占日本企业制造总量的70%。

以汽车业为例,2023年日本汽车企业的全球产量为2651万辆,其中,国内制造900万辆,半数出口,海外制造1751万辆,其国内与海外制造占比约为34∶66。

"中国会不会是下一个日本？"很多人问。

事实上，我在一线看到，尽管两者在动因和某些现象呈现上颇为近似，但是，本轮中国企业出海与当年的日本还是有很多差异的。

比如，当年日本企业出海的主战场是欧美，占到其投资比例的七成，中国企业则更多的是在发展中国家投资设厂；日本企业在发动出海初期以大型企业和财团为主力，中国则从一开始便是大中小型企业齐头并进；日本以制成品工厂为主，中国则是工业中间件企业数量众多；日本很少参与在地国的基础设施投资，中国则在很多国家大力建设工业园区；等等。

因此，真正的问题是，中国如何创造自己的出海模式，并将以怎样的方式重构"中国制造"在全球供应链中的角色，进而改革全球贸易格局。

四

尽管有越来越多的人开始关注中国企业出海，但是学术界对此的系统研究，几乎是一片空白。

2023年初，我在检索资料时发现，全国所有的经济类书籍中，不但没有一本关于出海的图书，就连讲日本出海的也只有一本出版于1998年的小书，而且已经绝版，只能购得二手书。

这恐怕也是林雪萍创作《大出海》一书的现实意义。

我与雪萍结识不久。2024年9月，受厦门举办的第二十四届中国国际投资贸易洽谈会组委会委托，吴晓波频道组织发起了一次出海论坛，经朋友介绍，我邀请雪萍来做一次主题演讲。

那是我第一次见到雪萍。我非常吃惊地发现，他对制造业供应链有深刻的理解，而且很多研究来自一线的实地调研。他的《供应链攻防战》一书，是我读过的类似主题中最有启发性和结构性思考的专著之一。

即将出版的《大出海》一书，我得以先睹为快。雪萍延续了自己的研究方向，并在更宽阔的视野广域里，从地理、认知、价值链和组织等角度，对中国企业出海进行了一次全景式的阐述。

这是一场学术意义上的"破局"。

就在我阅读雪萍《大出海》一书的"审读本"之际，我的书桌上还出现了两本其他作者完成的"出海战略"图书。我相信，随着出海浪潮的持续进行，越来越多的新鲜案例会呈现出来，越来越多的研究成果会助力企业理性出海。

是为序。

吴晓波
财经作家
杭州，激荡书院

前言

中国制造，向海进发

中国出海浪潮奔涌

中国企业出海，正在进入百舸争流的状态。

东南亚自 2018 年以来，一直是中国企业对外投资金额最多的区域。这也造成了越南、泰国等工业用地价格的快速上涨。

欧洲市场迎来了中国电动汽车投资的高峰，中国在匈牙利的投资仅用两年时间就快速超过了德国和韩国，位居第一。

中东的新能源产业正在紧紧地拥抱中国。迪拜似乎毫无抵抗地在拥抱中国投资。光伏、数字科技、跨境电商成为新宠，抢走了基建的风头。

非洲人口最多的国家尼日利亚的中国自贸区，正在迎来络绎不绝的探访者。在非洲初级商贸形态之外，更多的制造工厂涌入。

当各个国家超市里的商品标签上越来越多地出现"Made in Vietnam"（越南制造）或者"Made in Turkey"（土耳其制造）的时候，商品生产的逻辑已经发生了巨大的变化。从全球每个超市的商品都跟中国有关，变成全球每个新工厂都跟中国有关。中国工厂似乎突然出现在全球版图上，每个地理空间上都留下了中国企业家的身影。

这是一次群体性出海。中国制造业从未经历如此大密度的全球出征。行业包罗万象，从手机、电视到汽车、园林割草机等。供应链则覆盖彻底，上下游企业一起移动。一台电脑从电路板到电源，一台冰箱从箱体到蒸发器再到门封条，每个产品都牵动着数十家甚至上百家公司。

这是一次仓促性出海。2018年美国对中国产品加征关税引发了大量代工厂的迁移。从2022年开始，中间零部件的工厂也开始加速移动。中国从"制造力为中心"到"设计力驱动"的切换周期还没有来得及完成，全球制造业的洪流已经进入新的大峡谷。大量企业没有做好足够的准备。企业并非因为有能力而出海，而是要在出海中形成能力。

这也是一次有很强目的性的出海。出海的企业，看上去都带有坚定的信心。无论是被动的配套商还是主动的品牌商，都感受到了一种出海的拉力。

与此相伴的是，"逆全球化"的声音也从四处传来。全球供应链的脆弱和断裂被反复强调，让人觉得全球化似乎戛然而止。然而，这只是一种站在中国看中国的视角。如果站在月亮看地球，就会发现全球新增工厂在不断出现。全球化没有减速，甚至在局部加速。中国工厂，是各个国家"争抢"的对象。

百舸争流之中，这些企业到底在寻找什么？是躲避关税风险，还是降低成本？是获取价值，还是融入本地？大规模群体行为的背后，对于不确定性的"恐惧感"也在扩散。"不出海，就出局"的说法，则像是一种群体誓言。人们从不同角度，寻找对抗脆弱、修复断裂的方式。这使得"出海"成为一个全民话题。

在现场，看见管理者脖子上的青筋

对于多年关注全球制造业变迁的我而言，中国企业这次出海有一个最大的关键词就是"工厂"。一个工厂的迁移，带动了更多工厂移动的连锁反应。这些移动，引发了中国制造能力搬家的思考。**这不仅仅是企业面临的挑战，也跟每一个国民的生活和就业密切相关。**

在上一本书《供应链攻防战》中，我从企业之间相对隐蔽的供应链入手，探讨了中国制造业发展的底层驱动力，其中牵扯大国博弈的供应链攻防。在过去近30年工业信息领域的从业生涯中，我熟记了大量不同行业的企业品牌标识及其背后的故事。《供应链攻防战》这本书让我更加高度聚焦地接触了数百家企业，逐一倾听企业家对于中国制造的见解。我逐渐在理解一线工厂的行话俚语之中，感受到中国制造能力的心跳强度。在交流过程中，几乎每家领先企业都会谈到"出海"。这些企业所传递出来的强烈信号，促使我决定写一本反映中国制造出海新面貌的书。出海的话题，对中国企业而言其实并不陌生。很多企业已经早早出海，成为国际化力量的一部分。那么这一次规模广泛的出海会有什么不同？企业是沿着既有国际化进程向前延展，还是跳入了新的空间轨迹？跟MBA

（工商管理硕士）教授、经济学家和其他作者的切入方式有所不同，我希望描述一个"工厂视角的出海"。制造视角的万花筒里面，充满了五彩斑斓的景象，而要获取那些碎片般的基础事实，只有靠接近工厂的现场研究才能逐一获取。

为了寻找答案，我开始大规模地寻找一切能够找到的中国海外的一线经营者，以及具备海外从业经验的人。在过去3年中，我调研过国内外100多家工厂，访谈了200余位海外亲历者，每天都沉浸在大量的对话与资料调研之中。与这些人的对话，覆盖了每天的各个时间段，既有时差晚14小时的墨西哥，也有早1小时的日本。在没有预设任何方向的情况下，我在访谈中努力寻找出海航线的各种可能性。为了真实地感受现场的氛围，我在写作过程中专程前往德国、匈牙利、泰国、越南、墨西哥等不同国家的中资企业工厂进行考察。四面环山的德国小镇上的工厂门前的小柏油路，与四处像螃蟹举着螯钳的曼谷工业园区的塔吊，呈现了完全不同的工业化场景。这些跟我过去工作中在美国、日本、法国等地的调研和考察老牌成熟企业的经验，有很大差异性，但是对当地的工业情况与社会气息的熟识也对这次写作有很大的帮助。我希望结合这些体验，为读者展现出一幅辽阔的全球制造业的图景。

地图也是一个好帮手，我购买了20多个国家的地图，在沙发上、书桌上、墙壁上四处摆放，用指尖去寻找那些奇怪的城市名字，借助网上的地理人文知识，想象着一个个工厂在这里拔地而起的样子。

当访谈调研完成之后，我才发现不知不觉中已经涉及企业和机构大约300个。当积累了超过300万字的调研笔记之后，一个五彩缤纷而且与现实感知有着众多差异性的海底世界，像水族馆一样在我眼前逐渐展现。

当国内很多企业因关税大棒而忧心忡忡的时候，一些同行已经将其当成一次拓展全球业务的外部力量，反向形成一种驱动内部组织变革的力量。逆风而上的焦点，变成了"向上"，而不是"逆风"。

当国内媒体广泛讨论当地文化给中国企业带来挑战的各种轰动新闻时，真正的一线管理者实际上从容得多。那些从外部看来令人揪心的事件，对当地管理者而言尽管并非轻松，但也并不轰动。文化的鸿沟自然存在，但也都是外派管理者需要面对和处理的日常事务。

在田野调查的工厂现场的机器轰鸣中，在那些热心讲述海外经历的管理者的音容笑貌之中，我对中国企业这次出海的感受越来越强烈。中国制造正在全球出征的关口，寻求兵来将挡、水来土掩的突破。带雪拥马，流血闯关。美国尽管可以采用各种关税手段对中国制造进行压制，但这也无法实现制造业回流。**中国则在全球版图上积聚新的能量，也在事实上成为促进当地工业化崛起的关键力量。中美之间的双方博弈，变成一个涉及第三方国家的新三角平衡。**美国制造难以回流，中国制造也不会更弱小，第三方制造能力则徐徐爬升。美国的目标并不是再次拥有制造能力，而是在这次全球制造大流动的过程中，掌控全局支配供应链的权力。中国企业在这次大出海的过程中，充满了丰富的多元化的可能性。

对中国、对全球的双重影响

中国企业出海浪潮，最明显地受到了美国对中国产地施加高关税的影响。美国频繁使用的贸易关税，改变了全球商品流动的方向。某种意义而言，美国采用了一种"羽毛球吊球"的战术，使中国工厂不得不四处移动。当中国制造在一个国家的产能开始稳定的时候，美国就通过提高征税的方式，使得中国工厂再次移动。

然而贸易关税并不会让美国变得强大。40年前美国对日本的关税政策，并未让美国制造从双方竞争中胜出。在美国政策的推动下，日本制造离开本土并且在全球越战越勇，美国制造却未曾见强。10多年前美国致力于推动制造业回流，但收效甚微。2012年GE家电因为政府补贴而从墨西哥搬迁部分产能到美国路易斯维尔。这在当时是美国制造业回流的大事件，但至今那里的成本依然不堪重负。

中国制造的关注点，并非美国的回岸制造，而是需要在海外重建供应链能力的优势。具有全球快速复制和移动工厂的能力，对企业至关重要。 由于每个地点都会出现关税的扰动，类似"流浪工厂"的形态也会出现。中国工厂将在漂移的状态中，建立自己的优势。

为了避开美国的关税，中国光伏采用"曲线出口"的方式。将电池片和零部件运输到越南和马来西亚等东南亚工厂，在这里组装光伏组件再次出口到美国。美国进行了跟踪式的二次挤压，对上游的六类辅材的产地也进行管制。只要有两种以上辅材来自中国大陆，就同样加以惩罚性关税。这种供应链上的压迫，使得铝箔、支架等供应商也不得不迁移到东南亚。迁移的速度，比想象中要快。仅仅一年时间，六类辅材已经完全可以当地化生产，而这些生产企业基本依然来自中国制造商。在短短的几年时间里，中国依次经历了成品出口到美国、中间品出口到越南、上游品出口到越南的梯次型转移。在关税指挥棒下，龙头企业在全球地理空间游荡，而背后的供应链厂家也依稀可见。然而，当美国在 2024 年 5 月和 11 月再次对东南亚出口的光伏提高关税的时候，这些工厂就立刻失去了运行的动力。这几年投资巨大的制造基地，有时候因为某项政策变化就可能快速失去原有的战略价值。这些工厂需要再次移动，找到新的落脚点。在移动过程中，第三方的制造能力也在跟着成长。

这些能形成产能替代的国家所形成的平行供应链，其成长速度对中国至关重要。这也与中国制造能力的释放度有关。**对中国技术的扩散，并非只有悲观的一面。中国既要防止无序竞争，避免全球工厂的机器因为中国速度而加速过了头，也要积极释放技术活力，大胆收割处于技术周期末端的最后利润。**而中国企业只有积极参与其中，才能更好地掌控海外工厂的替代效应。

风险的集合：那些充满偏见的误解和认知

企业如此广泛地出海，各种挑战也接踵而来。最重要的挑战是来自认知的差异性。

中国制造几十年的发展，造就了国内各类产业的繁茂。它们相互支撑，交织在一起构成了形态丰富的生态雨林，拥有各种供应商资源和劳动力组织。这正是海外工厂所缺少的，它们面对的往往是支离破碎的供应链。这意味着，每一个新落地的工厂都需要一种组织修复能力。**大出海，是中国制造对于整体竞争力在海外的一种复原。**

然而与这些明面上的挑战相比，来自文化和法规的隐性冲突具有更大的杀伤力。欧洲有着层出不穷的法规限制，强势的工会让中国企业感到十分棘手。在东南亚，常有海关税务的稽查官司。每个国家的情况完全不同。这些看似无穷无尽的经营陷阱，给初次出海的企业带来了巨大的困惑。即使是多年跟海外打交道的企业，当将工厂建设到不同的国家时，也会面临高度的不适应。

当地的反应也并不都是友好的，投资并没有迎来赞歌。中国光伏龙头企业隆基在美国的合资工厂，坐落于俄亥俄州的哥伦布。这是对美国政府迫切希望将光伏制造业引入当地的一种呼应，也让当地居民获得了非常有竞争力的时薪。工厂旁边的水塘，一群加拿大鹅以此为家，流连忘返。然而这里并非只有田园生活和绿色能源，总有一些当地居民前来拉标语，甚至组织小型游行以抵抗建厂。宁德时代在德国图灵根市的动力电池工厂，一度遭到德国联邦政府的200多名警员的包围——为了检查企业是否有违法用工的问题。

为什么被投资的国家会有敌意？舆论与媒体环境的恶化是一个重要的原因。如何将中国思维与全球思维融合，值得仔细思考。

中国企业大多是典型的效率驱动导向。然而，高效率驱动往往导致公平的失衡。曾经，中国为印度电厂提供的发电装备，考虑到现场安装效率低下，采用了"空降"的方式。中国企业将所有装备的安装工作都在国内完成，最后只到当地进行密集施工。这种"效率至上"的方式，也带来一种"吃干榨尽"的效果。"独享盛宴"的模式，容易将当地关联企业挡在利益链条之外，从而带来商业本身之外的巨大反弹。税务、海关的稽查风险大幅度增加，而在这样压力陡增的情况下又缺乏本地盟友的支持，其处境可见一斑。高效驱动、吃干榨尽，都会影响当地就业的公平。

如果中国企业一味抱着"效率优先"的理念在全球发展，那就会在很多地方碰到认知障碍墙。在德国小镇，很多隐形冠军的兴起伴随着整个城镇的发展历史。这些企业往往有一种强烈的家族荣誉感，格外关注当地居民的稳定和信赖度，而不是财务指标意义的快速增长。这类企业的"本地优先"发展思维，跟"效率优先"有非常大的不同。"破坏性加速"现象，容易破坏当地社区的平衡。

同样，对于任何一家企业而言，合规需要都是第一准则。只打高抛球，不打擦边球，所有的行动都需要亮在明处。

伴随着或积极或谨慎的群体行动，中国制造大出海也带来一种广泛的集体情绪。这种情绪不仅在企业中回荡，也推动社会舆论的不断发酵。

海外企业的一举一动，往往会受到国内舆论的广泛关注。当人们为这些征战的勇士叫好的时候，大量的不理性声音也在广泛传播。"别去墨西哥投资，挡也挡不住"，"第一批出海墨西哥的企业，已经被割麻了"等内容，曾经在朋友圈里喧嚣一时。这些内容充满了情绪张力，却言无章法。虽然看上去有一些事实和数据，但是它们之间却无法构成逻辑链。

在任何一个国家投资都有成功者和失败者，在墨西哥也自然如此。只选择一个失败的群体进行画像，自然会得出失败的结论。然而，只需看投资的热潮就能识别当地的风向。墨西哥北部城市蒙特雷的工业园区的地价，仅2023年一年就从每平方米55美元涨到120美元。先到的企业，购买的土地已经大幅度升值。由于墨西哥土地私有，企业很容易将其转手卖掉。然而这并非击鼓传花的游戏，越来越多的实业家赶到这里投资工厂。许多先行拓荒者已经收获颇丰，在新的商业疆土上避开了国内过于激烈的竞争。某种意义而言，这些先行者未必希望后来者加入，从而稀释既有的红利。墨西哥是美国企业的重要投资地，来自美国企业的投资几乎占到一半。这些美国企业的选择，往往是经过仔细考量的。由于很多中国企业是美国供应链上的一环，区位空间的跟随往往也很难绕开。

墨西哥给人留下的印象往往是贫穷，到处是沙漠仙人掌且毒品泛滥。实际上墨西哥是一个跟中国人均 GDP 接近的国家，而且有着良好的劳动力资源。近两年外商投资大幅度提升，毒品则被挤压在少数边缘地带。

那些流传广远的内容迎合了人们的想象。当这些国家被当成一个简单标签组合的存在时，人们更容易传播符合自己想象的内容。尤瓦尔·赫拉利在《智人之上》一书中提出，信息起到了人际的联络作用，创造了一个相互共鸣的空间。在新的社交茧房，持有相同观点的人相互验证。事实的真相则被丢在一边。这种因自我认知验证而引发的民众情绪，不利于我们认识世界，反而会影响出海企业在海外的开拓行动。企业不得不更加小心，以躲避来自过于发酵的舆论所形成的伤害。

四个出海地标的启发

为了更好地理解中国出海的线索，可以从特定的地理空间开始。发达国家的制造业回流，对中国供应链能力影响不大。那些可能替代中国部分能力的国家，正是当下最值得注意的焦点。**中国企业的竞争力升降，与平行供应链的成长，二者紧密缠绕。**

四个不同类型的国家，可以看成全球化 2.0 时代的导航地标。对于中国而言，它们分别是神奇的国度印度、遥远的国家墨西哥、小心的邻居越南和友好的亲戚匈牙利。

打开四个地标黑盒子，就能看到全球化 2.0 时间的节拍器，看透中国制造出海的全部故事。

从人口规模看，印度一直被看成中国制造的替代者。印度有着巨大的单一市场，也有着"制造兴国"的雄心。众多跨国公司都将其视为最具潜力的兴旺之地。在过去三年，印度手机制造已经快速崛起。汽车市场规模开始超过 500 万辆，也是继中国、美国之后唯一有望突破千万辆的市场。印度的工程机械制造，已经成为中德日之后第四个出口大国。然而印度的工业化进程无法离开中国，限制来自中国投资的政策正在腐蚀它的工业化雄心。离开中国制造，则经济跟不上；依赖中国制造，则政治上分歧太多。这种矛盾，使"印度制造"一直处于高度纠结的状态。对于中国制造企业而言，进入印度同样是痛苦的经历。这里的市场巨大得有多令人兴奋，这里的规则不透明就有多令人苦恼。印度的规则，只能用"不可思议"来描述。然而，两个人口大国，此刻需要找到一种经济相互嵌入的方式。中国制造企业可以在这里找到足够大的经济利益。

对于中国企业而言，"遥远的墨西哥"与其说是遥远，不如说是陌生。然而作为美国近岸制造的组成部分，墨西哥的诱惑力与日俱增。墨西哥在 1994 年就加入了北美贸易协定，这本来能将它带入高速工业化的时代，但是全球化的潮流随后转向了东方，中国取代墨西哥成为美国最重要的产品进口国。而在当下，墨西哥正在加速推动 30 年前被启动后放缓的机器，以适应美国工业对外重新连接的结构调整。墨西哥在 2023 年替代中国成为美国第一进口国。尽管供应链沙漠是墨西哥最大的软肋，但众多涌入进来的投资将缩小这个差距。中国的汽车、电子、家电行业已经开始出现明显的移动，先行者也取得了显著的成绩。2012 年就来到墨西哥的海信，已经在市场排名第二，仅次于三星。即使如此，墨西哥看上去依然是一个被低估的价值洼地，中国企业容易因为距离感而下意识地放弃此地。然而对于中国企业而言，在全球化的版图中，这是不可或缺的拼块。这些从人们认知雷达里消失的盲区，还需要一一找回来。

越南是一个中国供应链抬脚就到的国家，这也让它成为中国出海看似最容易的目的地。而美国的关税，让越南成为承接中国工厂的最大受益者。越南最大的贸易逆差国是中国，最大的贸易顺差国则是美国。在北部河内市和南部胡志明市两个中心城市地带，外围建立了密密麻麻的中国工厂。**中国企业出海的终极命题，就是最大制造能力的中国与最大消费能力的美国以何种方式相遇。越南就是这样一个连接器。**越南被中国企业看成一个躲避关税袭击的安全避雷针，美国政策则感受到这是打压中国的漏洞减压阀。这让越南也用非常谨慎的态度，来迎合两种不同的需要。这也让中国的投资，在这里暂时看上去是安全的。

然而，越南商业也呈现了不受地缘政治约束的一面。茶饮蜜雪冰城、百货店名创优品，还有海尔家电，都在这里展示了不俗的一面。海尔在越南使用了一个全新的 AQUA 品牌。这个 7 年前启动的品牌，在强大的韩国三星和日系品牌的包围圈中脱颖而出。AQUA 洗衣机占据市场排名第一，冰箱排名第二。AQUA 以快速的新品迭代、时尚的品牌表达和科技感的功能，建立了一个新兴品牌的势力范围。

名创优品在越南的成功，也有同样的情绪共鸣。名创优品在越南的店铺，都选择了明亮宽大的场所。百货店的暖色灯光，照在那些结伴而行的年轻人身上。他们一边挑选货物一边跟同伴品评，并且用手机快速地将照片发到朋友圈。一种快乐的情绪溢出了店铺，四处传递。中国制造与当地情绪共振所引发的中国品牌崛起的现象,在印尼、非洲都很容易看得到。河北华通电缆在坦桑尼亚的工厂生产的电缆,几乎占据了当地的电力市场,也给当地培养了技能娴熟的技工。中国品牌在世界版图,迎来了融入全球的全新机会。

① 纪尧姆·杜瓦尔.德国模式为什么看起来更成功[M].杨凌艺,译.北京:人民邮电出版社,2016:175.

如同墨西哥成为北美的后院,匈牙利则是中国进入欧洲的门户之地。欧洲市场可以分为以挪威、芬兰为代表的富饶北欧,以英国、法国、德国为代表的强大西欧,以及以希腊与捷克等为代表的疲弱南欧和东欧。在过去20年,东欧一直是重要的制造基地。德国曾有效地利用自己在欧洲中心的位置,将东欧作为工业腹地进行了大规模投资。德国工业出口产品价格从1999年到2012年上升了19%,而同期法国上升了27%。① 这让德国出口的竞争力大大高于法国。在10年左右的时间里,以东欧加入欧盟为分界线,德国确立了对法国压倒性的出口优势。1995年德国出口仅占德国国内生产总值的22%,2012年出口占比达到了41%。法国对应的数字则是从19%上升到21%。通过地理空间的切换,德国建立了以制造为根基的出口竞争力。波兰、捷克、匈牙利都是重要的受益者。这为匈牙利培养了技术人才,奠定了重要的工业基础,也使中国制造从中受益。

从2010年开始,特立独行的匈牙利启动了

"向东看"的策略，这使韩国超过德国成为其第一大投资国，直到最近两年再次被中国投资反超。匈牙利地理位置在欧洲，但有着跟欧洲不同的意识，一向被看成"欧洲孤儿"。匈牙利虽然是欧盟成员，但不使用欧元。人们容易将匈牙利当成通向欧洲大陆的温暖门户。然而，中国快速增长的投资，在这个1 000万人口的国家，却引发了巨大的不适应。在一些只有几万人口的小城市，当地居民担心陆续落地的中国工厂会争抢用水用电。微妙的情绪正在浮现。在欧盟看来，总是"不听话"的匈牙利需要受到更多的惩罚。在当下，东西方对于供应链有着不同看法，匈牙利事实上成为激烈对抗的中间缓冲带。中国技术、匈牙利制造与欧盟市场的金三角模式，逐渐形成一种新的地理组合模式。然而匈牙利成为中国制造的欧洲乐土还能持续多久，还取决于执政党的政治周期。中国制造企业在寻找盟友的同时，也要提防陷入意外的政治缝隙。

神奇、遥远、小心、友好这四个关键词，也大致勾勒了中国制造企业出海目的国所具有的属性。

图书导航

本书一共有七章。

第一章探讨了中国企业出海的现状，概述了出海企业的"真出海"与"假出海"的差异性。即使海外业务占比很高，企业仍然可能处于一种"产品出口"的状态。出口强调的是贸易能力，它可能只需通过本地代理商就可以避开所有的文化差异问题；而出海强调的是海外工厂运营能力，它需要直接面对当地的法规和文化。只有深度跟当地文化产生交融的企业，才能谈得上"真出海"。在这方面，日本企业 40 年前的规模性出海，给我们提供了很好的借鉴意义。本书将出海的挑战，总结为"三个空间""两种能力"，分别在第二章到第六章展开论述。

第二章的"地理空间"，凸显了地理战略的重要性。前面所述的四个"出海地标"表明，地理位置的选择会极大影响企业发展的方向。围绕不同国家和地区，需要配置不同的资源。

第三章的"认知空间"，探讨了企业如何真正能够融入本地，而非点燃狼烟四起的文化冲突。大出海对于企业家而言，也将经历一个认知三部曲的磨砺。从"不知道自己不知道"到"知道自己不知道"，最后才能达到"知道自己知道"的境界。企业之间比拼的是"全球版图认知力"，是对全球发展态势和各国文化的理解。在这种全球化思维洗礼的过程中，企业家和管理者都将重新构建完整的认知空间，并从中真正受益。

第四章的"价值链空间"，展示了企业在移动中获得的新能力。这里明显能够感到企业的变异性。在国内并不知名的企业，在海外却是一条"龙"。广州森大在国内跟宝洁从未有过一兵一卒的过招，却在非洲市场展开了激烈的对决。这正是企业价值链迁移的结果。在大出海时代，中国工厂已经挺进当地，与当地的社会风情有了大面积的接触，正面的文化交流与碰撞已经不可避免。同样，只有更多地进入本地的分销和零售渠道，才有机会成为商权的主导者。商权出海，也是中国制造企业大出海的一个关键特征。

第五章深入讨论了全球化过程中企业组织形态的变化。**中国企业全球化，是要在每一个当地都建立充满生命力的公司，而不是特别像总部的子公司。对于一个公司而言，在不同国家的每个子公司，往往就是一个不同的公司。**一个全球化公司可以分解成 100

个本土化配方。比如在德国、墨西哥、巴西，一个企业的形态和员工管理方式大为不同。总部公司的文化，自然也难以照搬到各个海外基地。每个企业只有有意识地注入全球基因，推动全球人才的融合，才能适应新的版图扩展。瑞士雀巢的全球管理委员会共有11人，其中没有一个瑞士人。西门子曾声称自己并不是德国公司，而是一个总部在德国的全球化公司。

第六章探讨了中国企业出海所面临的供应链困境。在印尼、泰国，尽管员工的成本听上去很有竞争力，但上游配套的产业基础十分薄弱，中国不得不在当地重新建立新的供应链连接。中国企业大出海，会整体提升各个国家制造能力的平均水平。然而当地本土企业的自身能力并不是关注的焦点，中国供应链在当地的成熟速度才是关键。只要有链主企业的哺育，配套企业就能够茁壮成长，并会引发次生繁荣。产业的配套体系，很快就会从贫瘠到丰饶。**中国制造能力的溢出效应都是全面的。中国工厂在全球的分散性，会让众多国家受益。这形成一种新的平均工业化浪潮。**这里自然也有反噬的效果，例如东南亚的崛起，会对中国产能形成一定的抑制，也会部分地减少中国的就业机会。

第七章探讨了中国制造如何在全球版图下实现整体实力的崛起。这需要靠各种机构的集体性合作，而无法靠企业单独完成。**中国企业此次出海，对企业、对国民的影响与意义，远比想象中深入得多。**工厂四处落地、品牌行销全球、新商社的兴旺、商会类社会组织的崛起，都呈现了同频共振的现象。**在全球化2.0的时代，中国制造将面临三重使命："中国为当地，中国为全球，中国为中国。"**这也是"国家竞争力的全球化"过程。建立一个全球化的国家能力系统，比个体组织的能力建设具有更深远的意义。这也是一个漫长的成长过程，现在才刚刚开始。

一个被忽视的群体身份

在中国企业大出海的全球出征画卷中，一个最重要的群体被显著地忽视了。一个企业要想完成全球化挑战，海外管理者起到了至关重要的作用。一线管理者的音容笑貌，往往比公司的文化更加有力地主导着企业成败。然而管理者的身份，却是一个被广泛遗漏的话题，海外奋斗者的真实生活形态和细节，被全球化的宏大叙事方式所遮掩。

与数百个管理者的交流，让我能够真实感受到这些海外人员孤军奋战的气息。在越南胡志明市附近同奈省的庄稼地里，夜色初上，一座灯光明亮的餐馆就像海洋里的灯塔一望可见。屋里面热热闹闹的喝酒喧哗声，压住了窗外夜虫长鸣不息的叫声。这其实就是一户人家。近年来，周边突然涌来了很多中国工厂，这让老板娘的餐桌应接不暇。大窑饮料、青岛啤酒、哈尔滨香肠，一应俱全。带我前来就餐的小家电厂厂长，一边不停地抽烟，一边大口喝酒。"哪有什么难处？领导让干就去干。要干，那就干好。"他在空中挥舞着筷子，就像挥动一把宝剑。他 3 年前来到这里，当时连个螺丝钉都找不到，却也率先在这里见证了吸尘器工厂群的快速崛起。对他而言，那些总是无法齐套的零部件、无法进行语言交流的越南工人等困难，跟纱窗外的飞虫一样不足介怀。"喝！"

在德国东北部的一个小城市里，一位中国管理者邀请我在当地德式香肠店的后花园里喝黑啤酒。清凉夏天傍晚那最后的光线停在他脸上，迟迟不肯移去。他不紧不慢地讲述了过去 18 年的生活,让我一下子想起电影《敌营十八年》。中国企业在 20 年前收购了这家公司,他作为唯一的中国员工在这里常驻并负责联络双方。现在,这家德国企业几乎是中国总部集团最赚钱的子公司。他在异国他乡连接了不同空间的不同人群,他的青春则慢慢融入镇上百年老树的年轮中。"我们慢慢变老,这个公司还在长青。Cheers(干杯)!"啤酒苦涩的酒意让我似乎瞬间听见了轻微的叹息。

中国企业全球化也正在迎来新的活力元素。许多传统企业开始积极起用新的面孔。一群活跃的年轻面孔在全球行走——无论是在中东迪拜的机场、越南海防的港口,还是在哈萨克斯坦首都阿斯塔纳的凯旋门下。**这些有着良好的全球格局的年青一代,是中国企业融入全球的新生力量。**向海而生,天然成长。

这些派驻海外的管理者,其实都担负着企业生死的使命,然而他们真实的人生却无人知晓,在中国企业出海的航海地图上,他们隐身于涛声之中。本书试图架起一个小型望远镜,让更多国内读者能够看见这些人的神色和表情。他们很多人牺牲了家庭,离开了熟悉的环境,在陌生的丛林中打拼。这些与国内有着显著性不同的经历,换取了中国企业在海外版图的扩张。这是一个值得企业珍惜的群体。在未来,企业高管的升迁,有海外从业经验会是一个越来越重要的考核因素。

主张:中国公司成为全球化企业

中国企业大出海,其实是一个改变性质的过程:从一个本土化公司,成为一个足迹遍布全球、适应当地文化的全球化企业。这种变化已经开始。美的集团的海外收入占比达 42%,而生产基地数量正在超过国内。泡泡玛特的海外业务收入 2024 年占比达 45%。盛屯矿业用了 7 年时间将海外收入占比提升到 60%。而联想集团的海外收入占比约 75%。经营在线 PDF（便携文件格式）阅读的深圳万兴海外收入占比超过 90%。中国企业进入了从全球化获取能力的新周期。而当一个企业的海外收入超过 50% 的时候，整个组织的意识就进入自发全球化的状态。在印尼、泰国的中国初创企业，组织禀赋已经进入了"生而全球化"。这样的组织具有高度的本地化适应性，换一个国家，就如同换一个省份；换一种语言，就像换一件衣服。一方水土养一方子公司。企业可以在更大的地理空间变得成熟，而不是在新的地点去复刻自身。

地缘政治正在引发冲天的海啸，中国制造正在浪尖上颠簸。然而，这种压力对企业而言并不都是全新的体验，只是当下更为猛烈而已。**中国企业大出海，并不只是简单地寻求生存，而是寻找更大的版图机遇**。企业就像向日植物一样，调整转向，向光成长。诸多的困境，依然只是企业自我成长的调整过程。中国企业将不仅是拥有中国总部的跨国公司，也是一个放眼世界的全球公司。

让我们打开这本书，进入一片惊涛骇浪的海洋吧！坚毅的船长们，就在其中。

林雪萍

第一章

中国企业大出海

中国企业以何种形态、何种速度
去填充这样的膨胀空间，
将是未来 5~10 年的关键话题。

中国制造正在以一种**更加隐形的方式，
嵌入人们的日常生活中。**

每个行业都有长着腿的工厂，
为了一张标签而四处奔跑。

出海并非只有企业孤立的奋斗，
国家的价值体系也编织其中。

企业选择出海，
位置非常重要。

企业能否围绕地理空间、认知空间
和价值链空间这三个维度考量，
是"真出海"与"假出海"的分界线。

企业全球化也意味着
全新组织的同步形成。
这是一个再次生长出
新骨骼的过程。

几乎一夜之间，似乎每个国家都对制造业产生了浓厚的兴趣。无论是发达经济体，还是发展中和欠发达经济体，决策者都意识到制造主题对于国家的重要性。工厂成为政治家争抢的对象。中国制造比任何时候都更强烈地感受到一种呼唤：漂洋出海。全球化的出海口上，挤满了跃跃欲试的中国舰队。

第一节　移动的中国制造

中国制造产能在全球版图上的迁移，成为当下的焦点。广阔的地理疆土上，大量新兴的工厂开始出现。它们大部分与中国工厂建立了一种映射关系。**中国企业以何种形态、何种速度去填充这样的膨胀空间，将是未来 5~10 年的关键话题。**

第一章　中国企业大出海

大洪流

六月的早晨八点，越南胡志明广场的十字路口，挤满了密密麻麻、清一色的日本本田牌摩托车。拥挤的头盔洪流中是匆忙的打工族，他们奔往数十公里之外的工业园区。马路旁边的手机连锁店、摩托车租赁店、家用电器店已经开门，连口腔医生也准时营业。机车的汽油味、下水道的刺鼻味、卤肉的沉香，连同坐在路边小板凳上的老太太杯子里咖啡的香气，一并涌了过来。胡志明市大约有1 200万人口，约占整个越南总人口的15%，是超级拥挤的大都市。一种充满原始感的活力四下溢出，塞满了这个城市的每一个缝隙。

一个年轻人的摩托车后座上，斜绑着一台"AQUA"字样的洗衣机。路旁的手机连锁店门口，已经竖起红米、OPPO、苹果等品牌手机的海报，门店屋檐下挂着三星Galaxy的横幅。不远处是一家面积10平方米左右的蜜雪冰城奶茶店，极具魔性的曲调"你爱我，我爱你，蜜雪冰城甜蜜蜜……"，用越南语演绎出来并被循环播放。旁边紧挨着的是一家宽敞明亮的名创优品连锁店。在路的尽头，VietJet大厦的外墙上，一幅巨大的红色字母"BYD"的海报上写着"WE ARE NO.1"（"我们销量第一"）。在大厦前方一根大立柱上，横着摆放着大型蓝色轮胎SAILUN（赛轮）的广告。如果再往前多走一段距离，就可以来到西贡河畔。这里有着胡志明市最大的广告屏，TCL、三星、现代的广告依次滚动。

胡志明市就像是一个巨大的旋涡，各个国家的品牌在这里汇聚和翻卷。中国品牌的身影变得越发显著。

2018年蜜雪冰城在越南首都河内市成立第一家茶饮店，2023

年已经有 1 300 多家。每年有 4 亿元的收入，利润达到 6 000 万元。销售额虽然低于越南著名的咖啡连锁店第一品牌高地咖啡，但利润却高出不少。

AQUA 是海尔旗下的子品牌，占据当地洗衣机市场的第一份额。2012 年，海尔收购日本三洋之后，接管了这里的工厂。2017 年开始正式启动，短时间内，AQUA 品牌强势崛起。而 TCL 电视机在越南深耕多年后，已经成为南部第二大规模企业，仅次于三星。美的旗下小家电，则在原有的工厂快速扩充产能，形成一个巨大的出口基地。

小米、OPPO 手机正在蚕食韩国三星的手机市场。三星电子将越南作为海外第一生产基地，已经累计投入 220 亿美元。越南产能占据三星手机全球产量的一半，但这里的手机市场份额却在不断下滑。

能代表越南生活方式的有咖啡、啤酒和摩托车。摩托车是出行的主要交通工具之一，每年销量 300 万辆左右，仅本田一家就占据 80% 以上的市场份额。但是，日系品牌摩托车在越南的市场地位正在受到中国雅迪、新日电动两轮车的侵蚀。雅迪已经建立了两个工厂，正在逐渐加大市场的存在感。

中国制造在这里发起的挑战是全方位的，汽车也在其列。相比 1 亿的人口，越南 50 多万辆汽车的销量显得比较低。能让市场形成兴奋点的，是来自越南本土的电动车品牌 VinFast，这个主要依赖中国零部件的汽车新势力，正在挑战日韩老牌车企在这里的统治地位。而比亚迪电动车则以大规模的海报宣传和渠道布局，加入了这场挑战赛。越南本土的三大银行也为此提供了购车贷款计划。

第一章　中国企业大出海

越南的街头，由于中国品牌的加入而空前热闹起来。更多工厂正围绕在北方河内市和南方胡志明市周边，大片大片地拔地而起。摩托车大军在早晨形成了人群洪流，分流到各个车间。这些工厂的名字大多不为人所知，然而，这些正是前来越南投资的主力军。这里一度是日本和韩国的投资重镇，但从 2018 年以来，大量中国制造商成为主角。中国企业的大规模投资，正在让细水长流的日本企业和韩国企业相形见绌。

这些工厂生产的产品，其最终的归宿大部分指向了美国市场。在那里，"越南制造"越来越多，而"中国制造"正在减少。

中国制造商扎堆前来越南，已经形成了一股工厂洪流。它们奔涌而来，引发了全球贸易数据榜的巨大波动。中国对美国出口所占的比例在减少，而这些下降的份额则主要被越南吸收。从 2017 年到 2022 年，中国对美国出口份额下降了 5.3%，而越南独自就"吃掉"了其中的 1.9%。越南制造的崛起，对中国工厂的出口目的地，出现了定向替代效应。加拿大、墨西哥等地也加入其中。

就中美贸易份额的替代关系而言，墨西哥与中国的角色受人瞩目。从 2023 年开始，墨西哥取代中国成为美国的第一大进口国。而 2023 年，墨西哥吸收外国直接投资 360 亿美元，50% 的投资流向制造业，按投资来源地看，38% 来自美国。相比而言，美国在越南的投资占比只有微乎其微的 1%。**美国政策的指挥棒形成了一种奇特的分层效应：中国制造商大量去越南，而美国企业重点去墨西哥。**

然而墨西哥对中国同样变得越来越重要，大量中国投资开始涌入其中。前往墨西哥的中国面孔在机场变得密集起来。从 2024 年开始，墨西哥迎来了首次直飞的两条中国航线。大量商务人士在两个国家之间穿梭。他们去往墨西哥的经济和商业中心——首都墨西哥城和工业重镇瓜达拉哈拉，还有很多人前往墨西哥北部临近边境的城市，如奇瓦瓦州的华雷斯市及新莱昂州的蒙特雷市。一些中国工程师飞往美国洛杉矶，然后转机去得克萨斯州的埃尔帕索市。从这里出发，开车只需要10分钟就可以穿过墨西哥和美国的边境，进入华雷斯市。

沙漠里迎接这些陌生面孔的并不是仙人掌，而是一种像带刺绣球一样的"风滚草"。它有着极强的生命力，可以随风滚动，随时扎根，再次发出新芽。风滚草所在地的新伙伴，则是刚刚"流浪"到这里的电脑组装工厂。这些工厂生产的电脑，本来不属于这里。它们以前是在中国制造的，然后直接送往美国。

然而，这个简单的两点一线模式，已经变成了一个四边形。一台电脑在到达目的地之前，要走过很长的路。中国的电路板和电容、电阻等要运到越南，在越南被组装成电脑主板。这些电脑主板再次经过长途运输后，在风滚草的注视下进入车间的生产线。而来自中国的工程师，正在这里帮助当地工人完成机器调试。下班时间一到，工人们便迅速脱下工作服，换上五颜六色的衣服。门口的通勤大巴车，正在等待着将工人送回城里去。也有很多人涌向停车场，驾驶着来自美国市场的二手车，通用、丰田或者现代起亚，一辆辆呼啸而去。那些留在工厂里的工程师，在宿舍楼里远望出去可以隐约看到美墨边境高竖起来的隔离墙。穿越那道墙的，既有大量不同肤色的普通人，也有浩荡的载重卡车队。

墨西哥和越南是紧挨着世界两大经济体的近邻，它们都被一个巨大的洪流所推动，而这个洪流的出发之地，正是迁移中的中国工厂。

第一章　中国企业大出海

被移动的城堡

在欧美的商场和超市里，人们在精心挑选着商品。消费者对品牌的偏好并没有太大的变化，但这些空调、牛仔裤、五金等商品的制造产地，正在悄悄地换成"泰国制造""孟加拉国制造""土耳其制造"等。相对于价格而言，消费者并不太在意产地，只有少数敏感的人会意识到"中国制造"的标签好像正在减少。

然而，几乎没有消费者知道，绝大部分商品依然是中国制造商完成的。**中国制造正在以一种更加隐形的方式，嵌入人们的日常生活中。**

中国在2010年超过德国，成为世界上第一大出口国。而在2017年，中国超过美国，成为世界上第一大贸易进出口国。这些成绩基本都是基于中国作为超级工厂，通过贸易进出口实现的。然而，这种超级工厂的模式正在分解，供应链正在向全球扩散。

对中国制造商而言，采用第三国家的生产属地声明，其实付出了昂贵的代价。企业在全球各地建立工厂，重新使用了复杂的生产结构，才换回一个简单的原产地证明。也只有这样，当它进入美国市场的时候，才能以最小的代价通行海关。"泰国制造"这样不起眼的标签，所代表的并非制造能力，而是低关税进入市场的通行证。

要获得这样一个"原产地证明"，企业需要在当地工厂的制造环节中带来足够的增加值。在越南生产割草机，如果要满足美国出口低关税的要求，就必须在本地创造30%以上的增加值。**每家企业都需要成为一个成本精算大师。**一种零部件是由当地工厂提供还是从中国采购，都要经过一套精密的计算。

由于割草机原产地证书要求产品有一定比例的本地制造增值，因此它的很多上游零部件也必须在越南完成采购。割草机代工制造商往往选择在越南生产机架、电机、逆变器、面板等。像重庆三力达电子这样的电子面板制造工厂，很容易被下游企业牵引到越南。至于线缆、起动马达、消声器等附件，代工厂则选择从中国制造后运往工厂组装。这之间的比例关系，就像调频广播一样，会在某一点上形成平衡。

许多企业到海外建立工厂只是为了获得另外一个国家的消费者毫不在意的一张标签。这张标签反映了三个国家的三角关系。它既是制造能力的连接，也是制造国与消费国之间关系的写照。

标签的能量超乎想象，它改变了全球的生产节点。不同的行业在全球发生翻天覆地的变化，工厂大挪移就在所难免。

中国是电视机生产第一大国，而美国是电视机消费第一大国。2019年以前，从中国进口的电视机占美国进口总量的61%。然而从2019年开始，中国出口到美国的电视机，其关税提高到11%，从越南出口为4%，从墨西哥出口则为零。

对成本高度敏感的电视机厂商，立刻感知到这种变化，并形成戏剧性的效果。在5年时间里，美国从中国进口电视机数量的占比，在2023年底下降到大约20%。从墨西哥进口的电视机数量的比例，则从33%上升到59%。越南紧随其后，从此前近乎零出口上升到16%。

超级消费国的进口关税像供应链的杠杆，可以撬动产能在全球重新分配。到了2024年，越南胡志明市及周围形成了以电视机为主的家电产业集群，产能达到4 000万台。韩国三星工厂的年产量约为1 100万台，中国企业也在这里扎堆。多年扎根越南的TCL

工厂，开始将产能迅速放大到每年 650 万台。许多代工厂也纷纷加大产能。京东方作为全球重要的电视机代工制造商，则在这里追加投资，提高电视机产量达到年产量 300 万台量级。

尽管越南已经成为全球第三大电视机制造基地，但本地电视机市场只有 250 万台左右的容量。这意味着大约 95% 的产能都从这里流向了全球市场，而欧美则是重点。

光伏行业也在四处移动。对于中国光伏头部企业而言，这是一个高度外向型的产业。一些企业有 60% 以上的销售额来自海外，同样以欧美市场为主。这些光伏企业产能的分布，除在中国本土之外，主要是在东南亚地区。

马来西亚的工厂，初期大多是成立光伏组件厂。很多硅片和电池片从中国进口，在当地完成组装，再出口到美国市场。随着美国对更多零部件有原产地的要求，中国的电池片生产也不得不向这里迁移。同时大量铝箔、支架等附件的供应商也陆续向这里转移。

越南本地的光伏市场规模比较小，当地工厂产能的 10% 就足够使用，然而这里使用的光伏产品却是来自中国工厂。而本地生产的光伏，因为产地身份却要输送到美国市场。**这种错位的生产与销售方式，是企业用地理空间换取关税差价的一种常见做法。**

企业对各个国家的关税政策有着很强的适应能力，它们会四处寻找不同政策中的缝隙。而工厂就像水流过田野一样，能够适应不同的地形，填满坑坑洼洼。印度对中国组件征收高额税，但对电池片的征税比较低，对马来西亚等地的税收也普遍较低。于是很多企业将光伏组件从马来西亚工厂出口到印度，电池片则直接从中国出口。

每个行业都有长着腿的工厂，为了一张标签而四处奔跑。

领先者给追赶者"撒钉子"

全球制造产业在发展的各个阶段，都会受到贸易关税的困扰。来自进口国的反补贴、反倾销等各种调查，使得中国企业疲于应付。它们不得不在不同的国家寻找更低关税的落脚地。

从 1995 年 WTO 成立到 2024 年，针对政府补贴的反补贴案例共 700 多起，而针对企业低价格的反倾销案例为 6 000 多起，二者数量几乎相差 8 倍。但从涉案金额来看，反补贴对当事国带来的损害远大于反倾销措施。就贸易保护的强度而言，这是一个以少胜多的国际贸易反制措施，它将矛头对准了国家的行为。

反补贴措施从何而来？这是全球自由贸易和贸易保护双重作用下的产物。

就利益而言，每个国家都有一种冲动，希望对自己国家进行贸易保护，而对其他国家实行自由贸易政策。但在多边贸易体系下，每个国家必须对此冲动表现出明面上的克制。越是相对优势明显的产业，国家越容易显示出对自由贸易的大度。反之，则对贸易保护有更多的偏爱。而政府对本国产业进行补贴，会有助于改变国家之间的相对优势。产业补贴具有一定的隐蔽性，因此成为许多国家争先使用的重要贸易工具。有升级的盾，就有更锋利的矛，这也使得补贴与反补贴成为二战后国际贸易体系最为重要的课题之一，并持续至今。

实际上，全球贸易关税的关键问题，就是工业领先者干扰后发者的追赶。

日本在二战后到 20 世纪 80 年代的崛起，得益于主动将更多补贴与税收优惠倾斜到拉动力大、知识外溢的行业。在承接了美国纺织服装的产业转移之后，日本主动在家电、钢铁、船舶、半导体、机床等行业向美国发起了进攻，并且取得了巨大的成功。

相对于日本对美国咄咄逼人的挑战，德国的选择则另辟蹊径。德国并非全面出击，而是在化工、机械、汽车、电气电子等领域选择重点突破。由于推行双元制教育，德国拥有格外优秀的技术人员，这也使德国中小企业在全球占据独特位置，并以"隐形冠军"而知名。德国政府似乎对培育中小企业情有独钟，在一段时间内，甚至一度放弃了对大企业的拯救。德国政府曾眼睁睁地看着昔日的工业巨头如电气巨头AEG（安亦嘉）、钢铁与电信商曼内斯曼等逐渐瓦解。

二战后日本和德国崛起背后的不同策略，触发了美国不同的反应。德国安全地崛起，日本则遭受了美国的直接打压。日本丰田汽车和东芝收音机曾经被当众砸烂，两张充满愤怒和喧闹情绪的黑白照片，呈现出贸易保护主义极具冲击性的画面。

美国针对日本工业化对本土的侵蚀，做出了激烈反应。但是，即使是在美国奋力反击的芯片领域，也并未正面压垮日本半导体产业。美国只是转向了更有价值的逻辑计算芯片CPU（中央处理器）。日本企业曾经最有优势的存储芯片，输给了后来居上的韩国三星和海力士。美国对于日本的贸易措施，并未能保护好本土的产业。它甚至也没有延缓日本的发展，而只是将日本制造推进新的地理空间。

美国自有经济领先的方式。它通过孕育创新技术，创造全新的赛道，而放大了新的贸易空间。在这个"战略性贸易"空间中，获取超级利润是关键命题。美国利用先发优势享尽利润的财富，并在这里为追赶者设置了足够多的围栏。而对于普通商品，美国则继续打开传统的贸易工具箱，一边修补，一边敲打离得太近的竞争对手。

虽然美国与日本的贸易冲突持续了很长时间，但为美国带来的收益比看上去的损害更大。这一悖论依然是源自"自由贸易理论"。从理论上讲，进口国利用出口国的政府补贴，为本国企业带来了物美价廉的产品，而进口国则可以利用节省下来的资源，从事利润更高的战略性贸易。尽管本国生产这类产品的同行利益受损，但被转让到消费者手中的价值往往会更大。因此，进口国应该给有产业补贴的出口国发一封"产业补贴感谢信"。在加入WTO之后，中国的高效率制造成为全球贸易体系中奔腾的生产机器。那些外交官的"感谢信"能够发出来的话，来自美国的应该最多。

美国对中国正在发起的一系列贸易保护措施，跟它当年对日本发起的策略如出一辙。贸易、补贴都不是关键，要防止追赶者的产业升级才是头等大事。这些贸易关税政策，如同在车后方抛撒下来的钉子，它不会让自己跑得更快，但可以大幅延缓竞争对手的步伐。

这种"撒钉子"的方式可以看成先行者消耗追赶者资源的一种策略，追赶者只能四处在全球建立新的生产基地。这对于未能完全进行全球化布局的企业而言，是一个巨大的消耗。如果追赶者无法形成足够多的利润，就很难完成产业升级所需要的投入。先行者和追赶者如果一直存在巨大的产业落差，那么贸易保护就只是一种平衡的工具。而当产业差距变小的时候，经济威胁就变得真实起来，先发者的贸易保护就会变成锋利的武器。

新的工具箱正在接连打开。无论是美国还是欧盟，都已经制造了很多新的工具。欧洲的补贴法案、数字服务法案、数字市场法案，以及国际采购文书（IPI）等，都对进入欧洲的中国企业露出了獠牙。

贸易措施已经不再是一种新武器，而是一种新的世界观。旧有的规则依然在发威，而更严厉的框架也正在形成之中。

中国企业开始进入四五十年前日本曾经进入的跨栏赛道，到处都是栏杆。然而，美国心态已经有了很大的不同。美国华盛顿的经济战略研究所所长克莱德·普雷斯托维茨说过，美国从未试图切断对日本的技术流动。美国只是试图阻止以低于生产成本的价格进行倾销，但从未将日本视为对美国地缘政治的威胁。

很显然，中国产业面临的美国打压，跟当年日本的遭遇相比，只具有表面的相似性。二者不相似的地方才是关键。**只有充分理解规则的运行逻辑，才能帮助中国企业更好地选择对策，将出海风险降至最低。**

第二节　完整的样本

出海并非只有企业孤立的奋斗，国家的价值体系也编织其中。日本构建了一套完整的商业系统，它就像看不见的季风，将企业舰队吹向蓝海深处。日本跨国企业在全球的旅程中，与国家、行业、商会等各种力量交织在一起。

日本规模化出海

日本是制造强国，也有庞大的产能。这种产能大部分并不在本土，而是依赖于广泛存在的全球制造基地。作为全球汽车大国，日本汽车年产量2 000多万辆，其中有2/3是在海外工厂实现的。而本土生产的800多万辆汽车，也有一半用于出口。日本从这种分布式的产能结构中获益巨大。对很多日本企业而言，海外收入是最重要的支柱。2020年日本企业海外子公司收入占比达到总收入的70%，而海外利润的贡献率则达到77%。

这种蓬勃的海外生机，开创了一种国家经济增长的新形态，在国内、国外两个空间范围呈现出不同的发展内涵。

1991年后日本的通货膨胀率趋近于零，而1999—2004年一度为负值。消费者价格指数的计数表纹丝不动，日本出现了一种"低欲望社会"的现象。社会需求动能不足，整个经济生命体看上去处于一种低温循环状态。这被称为日本经济"失去的二十年"。

如果将视角离开日本而转向全球版图，就会看到不同的景象。1985年是日本制造全面走向国际化的一年。

美日之间庞大的贸易逆差使后者备受抨击，而竞争力很强的日本商品也在美国受到激烈的抵制。从美日的制造业交锋中，得出的一个重要的结论是关税悖论。关税战打得越欢，贸易逆差越大，并且这样的贸易战不会对本国制造业形成保护。美国对日本的打压，反而节节推高了美日逆差。1971年美国对日本彩电征收反倾销关税的时候，美国对日本的贸易逆差只不过20亿美元。此后，日本和美国的贸易范围继续扩大，蔓延到纺织、钢铁、汽车零部件、半导体等日本优势领域。10多年之后，到1985年《广场协议》签订时，美国和日本的贸易逆差达到了400亿美元。

日本跟美国等签订了《广场协议》后，日元大幅升值，而日本出口竞争力被严重削弱。日本企业开始进行大规模出海，政府则是重要推手。

日本政府启动了"黑字环流计划"，主动减少贸易逆差。原来贸易结构中的国际贸易顺差，大部分就直接投资到海外。投资主要方向则是东亚和东南亚，中国也是重要的受惠者。日本企业犹如开闸的洪水，汹涌而出，集体涌出国门。1985年日本海外直接投资规模为122亿美元，1989年这一数字增长到675亿美元，位居世界第一。此后对外投资规模维持高位，日本对外直接投资每年平均超过400亿美元。到了1995年，日本进一步成立了日本国际协力银行，负责对外投资的政策性金融支持。

尽管到了2000年，美国和日本的贸易逆差达到了800亿美元，然而，日本已经无意通过本土产能来保持贸易顺差的继续增长。日本实际从"贸易立国"转向"对外投资立国"。从2000年开始，日本海外设备的投资已经远远超过国内的投资。企业出海的规模已经显现效果，美日贸易逆差也开始下滑。

企业出海的时间先后与规模紧密相关。一开始是大型企业如丰田、三菱等率先出海，经过阶段性的延迟周期，就能看到中型企业、小型企业依次跟随的过程。以大带小、供应链依次出海的层次非常鲜明。根据日本《海外事业活动基本调查》数据，2000年，资金规模在6 000万元以下的企业，占总出海企业的比重为43%，到2020年，这一比重上升至77%。从2006年开始，日本资金规模在300万~600万元的小型企业，出海占比开始快速提升，成为海外投资的主要参与者。截至2021年，这些小型企业出海占总企业数量的37%，小型企业已经成为日本出海的主力军。小型企业是整个商业生态的营养神经，只有它们站稳脚跟，整个商业生态才能健康。它们充斥在全球不同的地理空间，成为日本企业在海外的重要价值链组成部分。

日本产业出海的主力军，也逐步由制造业向服务业过渡。2008年，日本非制造业对外投资规模占比正式超过制造业占比。商贸、金融、矿产都是日本企业出海的主力军。其中，金融与银行一直稳定占到投资的 10%。到了 2023 年，日本制造业、非制造业对外投资占比分别为 32% 和 68%，制造业正在被更多的服务所支撑。这些因素的加入，使日本制造业的发展变得更加容易。这种协同效应，真正体现了一个国家的系统性出海能力。单纯靠制造业独自出海会有大量的弊端，困住制造业的手脚。

历史的海洋季风吹向了不同的方向。海洋上到处游动的是日本企业的航船，大大小小的日本企业建立了新的海洋版图。全球生产基地的均衡，确保日本无须为庞大的贸易逆差而受到巨大的指责，日本公司则实现了全面的全球化。例如，铃木汽车海外销售超过 80%，它在日本国内生产 100 万辆，而在海外生产超过 220 万辆。日本首富旗下的优衣库，海外销售收入达 800 亿元，占比也超过了 50%。日本的财富，是通过彻头彻尾地建立全球化的海外市场来实现的。在 2022 财年，日本从海外获取的收入已经占到 GDP（国内生产总值）的近 10%。而它在全球建立了新的价值链网络，编织在各个地区。这也使得它的品牌影响力远远超越了国土的边界。

日本的"精益制造"理念已经成为一份国家资产，受到全球制造业的广泛关注。**日本企业群体出海的系统性设计，同样具有很强的参考价值。日本企业的出海扩张史，成为一个国家通过壮大海外市场来获得社会财富的典范。**

大商社成为护卫舰

日本企业集体出海，得益于它拥有保驾护航的商业系统。这既有日本商社这样独特的"产业组织者"，也有国家级的海外投资促

第一章　中国企业大出海

进系统。

商社支撑了半个日本工商业帝国。"商社"的名字听上去是一个贸易公司，但它早已超越中介的功能。

日本商社的历史，可以追溯到明治维新时期。它是为了夺回外国商社的统治性贸易权而设置的，因此天然具有政商一体的财阀性质。在漫长的历史中，商社发生了巨大的变化。但无疑，这是行之有效的海外行走城堡，而商权的确立则是关键要点。

企业选择出海，位置非常重要。日本商社从全球版图出发，形成了不同的布局。欧美是日本高端产品的消费国。东南亚市场潜力大，是日本中低端产品的出口国，以及在地生产的基地。希腊是连接欧洲与亚洲的枢纽，作为日本钢铁加工出口基地，从空间上形成旋转门效应。

日本商社的海外机构会跟日本企业的发展同频共振。商社布局流通渠道的时候，会与制造业在地理空间上紧密呼应。1984年，当日新制钢、日本钢管、川崎制铁三大钢铁生产企业在美国大举投资的时候，三井物产商社也积极建立钢铁销售公司，向流通渠道渗透。[1]这种扩展不仅限于销售，三井物产还投资钢铁加工设施，以确保日本钢铁在美国能够拥有一个前后相通的供应与分销管道。

[1] 孙世春. 日本综合商社［M］. 沈阳：辽宁大学出版社，1995：225.

制造业企业的国际化需要商社的流通渠道出海相陪。日本汽车、电子产品开始在全球流行的时候，离不开商社所搭建的健康网络。1985年三井物产为了促进富士重工的汽车销售，投资收购欧洲一家大型汽车的销售公司，组织汽车在欧洲当地销售。

可以说，生产资本与商社资本形成牢不可破的联盟。三菱商事与三菱汽车、丸红商事与日产汽车、伊藤忠商事与马自达、三井物产与富士重工等，都在早期通过合资建立了销售公司。

日本"综合商社"的含义，已经从"多样类综合性的商品"转化为"综合性的功能"。它通过投资产业，将业务版图扩大到供应链的上下游。

日本商社是一个有着神经末梢的商业有机体。规模的扩张并没有减弱它对社会变化的敏感性。得益于它有多种商业形态的布局，才能让大象拥有蜜蜂一样的感知力。商社具备整合全球价值链上下游的能力，然而这种能力却隐藏在幕后。台前那些耀眼夺目的品牌商，遮掩了商社作为产业组织者的不易察觉的布局。

优衣库从1998年开始走向自建营销渠道之后，很快与西班牙ZARA、瑞典H&M和美国GAP一样，成为全球化快服装公司的轻骑兵。GAP因行动缓慢而逐渐失去先锋位置，前三者则依然越战越勇。优衣库在2024年的收入达到了破纪录的1 500亿元。

然而优衣库并非一个企业在战斗。三菱商事有一支庞大的队伍，其纱线、印染、面料、生产都有全方位的支撑服务。优衣库的成功，固然有柳井正高超的管理能力，但从幕后英雄来看，三菱商事是最大的功臣。

可惜大家似乎都在遮掩这种光芒。《优衣库：经济衰退期的二十年增长奇迹》一书，把优衣库描述成一个没有弱项的公司。书中只简单提到了总经理来自三菱商事,其他则一笔带过。这种叙事方式对三菱商事并不公平,也容易让人忽视日本商业系统的整体性。

三菱商事具有很强的前后贯通能力,能够将时尚信息与生产能力进行嫁接。它有一个时装总部位于东京,也会参与品牌商的商品企划。而在上海和香港地区都有时尚基地,并在青岛和宁波设置分支机构,负责管理在中国的服装生产。商社与快时尚服装公司在全球范围内的深度合作,表明日本企业的出海往往是通过系统制胜的。

日本企业普遍具有一种商业互助性,这是一种根深蒂固的传统。日本钢铁厂刚开始发展的时候资金很少,只能集中精力更新高炉设备状态。而对于原料的低成本采购,则交由商社来完成。商社也会积极地去构建新的业务体系。例如,开始向矿山融资以获得优质炼焦煤,或者自行投资去建设矿山,等等。这些使商社成为钢铁行业价值链上的一个关键环节。

在日本企业国际化的早期,商社已经开始采取这种联合出海的策略。日本商社与企业构建了一种独特的合作关系。除了股份,还有人力资源的相互嵌入。相互派遣干部是一种传统。三菱商事会向三菱化工、三菱制钢、三菱汽车等企业派遣管理人员,而三菱电机、三菱重工等骨干企业也会向三菱商事派出监事官。[1]

[1] 孙世春.日本综合商社[M].沈阳:辽宁大学出版社,1995:81.

这种人事安排，不仅强化了企业之间的人情联络，也大大加强了双方的业务搅拌。人事上的深度连接，使得价值链具有通透合一的力量。在很多时候，日本商社也会直接参与经营。

1998年，伊藤忠商事取得了日本"全家"超市的部分股权，此后陆续追加投资。2018年，伊藤忠把出资比例提高至50.1%，使其成为子公司。而在2020年，则投入50亿美元实现全资持股。商社拥有零售商的布局，在日本并不少见。2002年，三菱商事投入13亿美元收购了罗森便利店33%的股权，后来在2016年将持股比例提升到一半。最初这个决定源自三菱商事在2001年的战略转变，它出乎意料地成立了零食消费部门。这样就可以打通粮油原料、中间品的上游大宗商品与下游零售之间的通道。<u>如果无法有效了解下游零售渠道，处于上游的决策就总是带有一定的模糊性。而唯一的方法，就是让下游跟上游一样透明</u>。2023年，全家超市和罗森便利店的营业额分别是200亿美元和180亿美元，这两家零售超市已经成为各自母商社现金流的重要流入者。

然而，商社从来不是甩手掌柜。三菱商事派出了管理人员，进驻罗森的业务现场。这并非出于管理的需要，而是来自对一线消费者趋势的渴望。双手沾泥，在一线感知消费端的变化，这是日本商社的一个显著特征。

三菱商事在泰国的布局也不同寻常。泰国是皮卡大国，而日本则采用了生产制造与流通渠道双管齐下的策略。日本五十铃与泰国本地商业集团三宝，形成合资公司，生产五十铃商用卡车。五十铃负责生产制造和技术，而三菱商事则几乎包揽了零部件、销售、售后服务、金融信贷等全部价值链环节，其中也包括全球汽车的布局。2023年五十铃汽车在泰国的产量为30万辆，本地销售新车12

万辆，市场占有率达到44%，其余则面向出口。无论是本地还是出口，三菱商事都起到了巨大的协同作用。这也是日本企业利用系统性合力开拓海外市场的又一成功案例。

在这个过程中，日本大企业也会自行组织产品进出口和供应链编排，似乎呈现出日本企业出海的"脱综合商社"现象。然而，依然没有一家生产企业能够打通全部关节。在经济波动、政局困难的时候，大企业往往依然会借助商社的力量来摆脱经济扰动。商社资本只要加强自己的能力，往往使得生产资本和制造商都很难抵御合作的诱惑。

"脱综合商社"从未实现。在日本企业汹涌的大出海过程中，商社这个古董级的商业形态依然保持活力。在2004年到2014年的10年中，三菱商事、三井物产、住友商事、伊藤忠商事和丸红这五大综合商社，累计纯利润排名均能进入日本企业前20。2023年，在地缘政治更加动荡、信息瞬息多变的供应链大分流之际，三井物产净利润达到460亿元，日本本田为600亿元，它们都是顶流的超级利润机器。三菱商事只比三井物产略低，而在商社中排名第三的伊藤忠商事，利润也达到了400亿元。

日本商社经历了多次"商社无用论"，但即使在日本企业巨头越来越强大而独立的时代，商社依然保持着惊人的商业能量。

小商社填充空白

日本企业在海外拓展业务的时候，大小商社的身影都活跃其中。即使是中小体量的商社也摆脱了"低进高出"的贸易形态，成为"贸易与工程"的结合体。

尽管三菱商事、三井物产这种巨无霸商社令人印象深刻，但很多日本制造企业实际依赖的是日本中小商社。这是一支活跃的轻骑兵。

日本山善商社（YAMAZEN）就是其中之一。山善商社主要提供机床、工具零部件等服务，在中国、越南、墨西哥等地提供广泛的工具解决方案。2024年预计年收入约240亿元，但归母净利润率却只有0.5%。虽然看上去盈利能力比较弱，但它却是强大的日本制造生态的关键部分。

山善商社一共有员工2 700人，其中海外有1 200人。在中国有400人，在墨西哥有50人的团队。山善在海外有66个办事处，已经超过了国内的53个。其中，在墨西哥重要工业城市如瓜达拉哈拉、蒙特雷、克雷塔罗等都有办事处。许多海外办事处也有展厅和仓库，建立了备件支持中心。山善商社是一个小型的超级工厂综合体，它将国内3 000家制造商和全球5 000家分销商的渠道整合在一起。它为当地的日本零部件企业提供的是一套"全工厂解决方案"，将各家制造商与分销商的备货，整合成一种能力界面，提供给日本厂商。它的海外人员中，有1/4的员工是拥有复杂技能的工程师。山善没有工厂，它通过供应链服务的方式，嵌入日本海外企业之中。

这种现象非常普遍。日本电计株式会社（Denkei）专注于电子测量仪器，每年销售额大约50亿元。企业有千人规模，一半是海外雇员。与山善类似，海外分支众多，跟国内的数量相当。这家公司与5 000多家制造商合作，相当于每家平均销售额只有100万元。它可以向用户提供数万种产品，从而覆盖每个细分领域。这种密集覆盖，可以让用户完成一站式采购。这类企业不只卖产品，备件与维修服务也是必不可少的。它也会建立服务中心，购买测试设备，向中小用户提供类似振动、电性能的测试服务。大量类似日本电计这样的小型商社，在中国、越南、北美等国家和地区建立起广泛的网络，与日本企业交织在一起。

这些商社是日本海外工厂与日本国内工厂的交会点。日本国内名不见经传的小制造商，通过各种商社进入全球制造业的脉络之中。如果说德国"隐形冠军"企业独自闯荡天下，那么日本大量的微型企业则是通过商社渠道进入了全球的价值链体系。日本商社企业有三个共性，那就是"对半机构、对半雇员和对半工贸"：海外机构数量与国内办事处基本相等，海外雇员与国内员工大致各占50%，而贸易与服务的业务也大致各占一半。

日本企业的海外空间的拓展，体现了一个集团军的行动规则。供应链上的链主企业会带动一级供应商一起建立工厂。与此同时，日本的大商社、小商社也会同步跟进。在海外落地工厂的企业，往往并不会向设备、材料、部件的供应商直接进行采购。这种工作广泛依赖商社来推动。

日本企业广泛地使用商社这种桥梁，尤其在墨西哥这样的"供应链荒野"。在莱昂州有一家日本汽车零部件厂家，它是丰田汽车的二级供应商。它的大部分供应链就是由几家日本商社来完成的。

即使工厂设备进行小规模的改造和机器移动，也不是通过设备厂商来实现的，而是由日本商社代劳。不同的商社会有不同的分工和不同的业务范围。一个企业往往只需要几家商社提供服务，就能基本解决大部分车间的生产供应。只有个别大型设备，才会由企业跟供应商直接完成供货对接。

日本商社具有深度的工厂基因，注重车间现场的工程服务能力。不妨说，很多日本商社，其本质是披着商贸外衣的工程服务公司。它们能够提供多品牌产品的集成服务。在这种情况下，即使日本商社的零部件相对比较贵，日本企业也能接受。高出来的价格，其实是服务能力的溢价。有了商社的支持，日本工厂就不需要到外部去寻找供应链资源，而可以将精力集中在提高工厂的效能上。

如果下游企业是大齿轮，供应商是小齿轮，那么二者之间的咬合，要依靠强力的润滑油膜。这一层正是日本商社的作用。由于采用轻资产，更注重工程技术的整合，日本商社成为商务连接与知识能力嫁接的典范。

从日本制造的风格来看，日本企业具有一种"商社偏好"的销售文化。日本产品提供商习惯跟商社配合，将商社销售作为公司对外发展战略的一部分。双方共同绑定的契约精神非常强烈，而在价格控制方面也很有默契。商社的定价不会过高也不会过低，严格遵守制造商的定价原则。

在日本企业的生态体系中，商社是一个长期存在的中间层。下游的制造商会为商社留出利润，而上游的供应商也对商社比较友善。整个供应链都在有意识地保护"供应商—商社—工厂"这样"一轨半"的夹层商业结构。这是日本海外制造形态的特征。人们不仅要看到日本商社的形态，还要理解其背后的商社文化。

中国企业出海目前很少采用这种第三方服务的商社模式。中国大型企业出海建立工厂时，往往通过总部采购国内产品，直接运到当地。同时对于小件商品也会通过日本商社进行采购，后者对于多元化的产品有着很强的服务能力。在中国制造体系中，能提供专业化工程服务的类似商社组织尚未形成独立的形态。企业没有将中间利润留给商社，部分原因是后者还没有提供重要的价值。这也意味着中国制造能力还没有完成专业化分工。以知识能力为基础的工程服务层依然有所缺失。**当中国制造开始进入全球化进程中，供应链的复杂度大幅度提高，贸易、工程与物流相结合的中间服务层的价值显得日益重要。**

服务机构的伴行

日本企业出海并不是独自前行，很多服务机构跟随其后。这些机构拥有很强的信息服务能力，因此日本企业在海外也能做到"耳聪目明"，免除了大量的后顾之忧。

日本贸易振兴机构（JETRO）是日本企业海外打拼的关键伙伴。作为日本经产省下属的非营利事业单位，综合代表了商务部门、工业部门在海外的支撑结构。JETRO 每年有约 30 亿元预算经费，其中大部分来自政府拨款。1 800 多名员工分布在全球 120 家事务所，而在中国大约有 100 人。它在致力于推动日本经济在各地扎根的时候，也将日本文化悄悄地渗透在这些国家。寿司就是一个经典的商业与文化同时落地的例子。

在 20 世纪 60 年代末、70 年代初，美国的日本人口相对较少，日本饮食文化在美国主流社会中还没有广泛传播。寿司在当时是一种看上去过于"极端"的食品。对许多人来说，"生鱼片"的概念难以接受。

JETRO 开始启动一系列的推广活动，旨在改变美国消费者对寿司的看法，帮助寿司在美国市场站稳脚跟。JETRO 不仅将寿司看成一种商业机会，也看成一种文化价值的载体。

JETRO 积极支持各方餐饮界在美国开设日本餐厅，并组织大量培训使美国厨师掌握制作寿司的技能。JETRO 建立了支援清单，为这些美国餐厅提供寿司的制作设备和材料，并且与日本食材供应商建立联系。

知名寿司连锁店如"银座 久兵卫"在美国纽约市的华尔道夫酒店开设分店的时候，JETRO 一开始就提供了重要的市场信息和咨询服务。JETRO 在全国组织寿司品鉴会，介绍寿司的历史和健康益处。"银座 久兵卫"作为高端寿司品牌经常参与其中。这些活动帮助寿司从"新奇食品"转变为美国消费者愿意尝试的美食。媒体宣传也必不可少，JETRO 邀请美国记者和美食评论家品尝寿司，并撰写相关文章。这种媒体曝光改变了公众对寿司的认知，使其逐渐被接受。JETRO 的努力，为日本美食创造了一个全新的美国市场。

到 20 世纪 90 年代初，寿司开始在美国主流餐饮中占有一席之地。在一些大城市，如洛杉矶和纽约，寿司逐渐成为高档餐饮的象征。日本寿司开始出现匠艺大师效应，寿司大师变得炙手可热。高山麻纱在纽约时代华纳中心创立 Masa 餐厅，浦泽用自己的名字在比弗利山庄成立 Urasawa 餐厅，而日本名厨松久信幸与好莱坞演员设立的 Nobu 寿司店则遍布美国。这些餐厅都已经成为一种餐饮与顶级时尚的结合物，形成了一种滚动的明星效应。寿司吧和寿司连锁店开始广泛出现，连超市也开始出售预制寿司。

在这一过程中，寿司不仅成为一种全球化的商品，也加深了美国消费者对日本文化的接受程度。这正是 JETRO 要达到的效果。即使在寿司已经被广泛接受的中国，JETRO 依然在帮助中小寿司店对接渠道和本地农产品资源。

JETRO 的服务能力，是基于人际脉络的编织与信息加工的能力。这得益于它在当地的日常穿梭，广泛拜访企业与当地组织，从而拥有强大的社交网络。例如，在广州，它可以作为日本企业的代表与当地政府进行有效的对话。这种沟通渠道能被认可，在于它一开始就帮助当地政府引入日资企业，与当地有着紧密联系。这些日资企业借助于 JETRO，对外发出统一的声音，强化了后者的权威。与此同时，它建立了大量的数据库来支撑企业查询，提供各种简报和深度咨询报告，供日本海外企业使用。在此基础上，还建立了各种实战培训和政策咨询业务，许多都是免费提供的。这给在海外打拼的日本企业提供了一个行业性的公共平台。

同样不停耕耘的还有日本商会。在中国，日本商会采用商业化运作，通过会员收费的方式，提供一对一的商业咨询服务。更为重要的是，它也是一个半官方的商业机构，能够面向当地政府，为企业发声。位于北京的日本商会，每年都会推出"中国经济与日本企业年度白皮书"。在《中国经济与日本企业2024年白皮书》中，针对中国8 312家日资企业面临的问题，归纳整理了569条解决建议，内容单刀直入，开门见山。

尽管中国日本商会是民政部唯一许可的日本商会组织，但中国各地依然活跃着50多个日本商会组织。这些或大或小、或明或暗的商会，支撑着日本企业获得源源不断的商务力量，而日本外交机构则跟民间团体保持高度的同频共振。日本小企业的活动，很容易通过商会邀请当地的大使、参赞等外交官员前来为企业站台，其外交力量通过商会与企业紧密缠绕在一起。

如果说企业在海外作战属于地面部队，那么它还需要来自海上、空中的火力支援。大小商社、信息服务机构、商会甚至外交力量，都是整体商业作战能力的组成部分。**企业在海外的空间拓展，其实是不同国别的跨国公司对阵的系统之战**。一个商业系统的海陆空立体作战体系，需要被整体构建出来。

第三节 "真出海"就是全球化

与美国、德国、日本等企业出海的周密规划不同，当前许多中国企业可以说是仓促出海，整个进程被显著加速。然而，从长周期看，这也是中国制造的必由之路。<u>如果企业只是基于短期利益的考量，那么这些行动只能意味着形式上的"假出海"。对于企业而言，完全可以将其视为一次融入全球化的最好时机。这就需要一套完整的"真出海"的战略。</u>

三个空间

真正意义的企业出海，并非仅仅是产品出口的自然延续，而是公司基因在海外的再次扩张。很多企业对于海外业务并不陌生，然而，单纯地拥有海外业务、海外员工和海外工厂，并非完成了"真出海"的使命。

"产品出口"的贸易形态，往往通过当地企业的分销商网络四下扩散，这使得制造商几乎很少需要跟当地人打交道。一个国家的人文风貌和文化差异被遮掩在后面，不被制造商所了解，产品价值的流动管道被切断了。这其实是一种基于不连续价值链的战术出海。这类企业在转向陌生市场的时候，往往存在巨大的障碍。

企业出海可以分为两种不同的表现。一种是"真出海"，企业构建了一种长期扎根海外的生存能力。另一种是"假出海"，是成本与风险考量的现实主义者。<u>企业能否围绕地理空间、认知空间和价值链空间这三个维度考量，是"真出海"与"假出海"的分界线。</u>

地理空间，是战略出海的基本之意。大出海就是找位置。 中国企业出海的核心问题，首先考虑的就是去哪一个国家。企业需要在不同的国家和地区有实体公司落地，而工厂、物流中心等资产则是基本的配置。如果没有法人公司的落地，没有广泛的组织动员，没有精心筹划的工厂，那么这种出海基本还是销售驱动型。2018年以后，确定工厂的地理位置就不再只是技术性的成本问题，而是全球化的整体战略考量。**地理位置的选择，需要上升到地理战略的高度。**

认知空间是由企业与当地社会的相互评价构成的。企业需要深度融入本地才能获得当地的信任和认可。 构建一个良性的认知空间，是双向理解的过程。企业只有通晓当地的法规，才能避免掉入各种陷阱而持续地成长。而只有理解对方的文化，才能在行事逻辑上符合当地的要求。

在价值链空间上，企业需要在上下游审视，重新进行外部的价值连接。 企业要能通过设计能力，驱动供应链的升级。一个在当地制造的企业，也有责任去扶持本地供应商。如果只是单纯地组装制造，则很难实现新的价值组合。

地理空间、认知空间和价值链空间，三者有着相互影响的关系。

即使有了地理空间的考量，对价值链空间的塑造也不可省略，否则对企业在海外的生存能力仍然要打一个巨大的问号。这样的企业即使有很高的海外销售占比，也依然可能只是阶段性"假出海"。价值链空间意味着在本地可以重新获得新的价值源泉。企业需要深度分析地理空间所带来的资源变化。

一家公司在当地建立起令人赞许的认知空间，往往是一个艰难的旅程。联想是在美国市场占有率领先的中国品牌之一。它通过高度本土化的运营方式，将收购自 IBM（美国国际商用机器公司）电脑事业部的 ThinkPad 品牌很好地延续下来。这个过程也强化了自有制造的能力，只有通过价值链的塑造，才能固化认知空间的良好印象。

尽管一个企业可以为自己赢得品牌的认知空间，但这种空间的打造也依赖团体行为。这往往会牵扯到对整个国家的印象。很多海外公民对中国的认知少得可怜。"中国最喜欢穿的是中山服""市民骑着自行车上班"等想法，依然广泛存在于很多外国人的印象里。反过来也是如此。我们会认为非洲几乎都是黑人，而没有意识到黑种人只占非洲总人口的约 60%[1]。一个企业在当地民众的认知空间，往往跨越了单个公司的边界。这是由国家实力和众多公司群体塑造而形成的。

一个企业要实现全球化，需要在三个方向取得突破。除了地理空间的转移，还需要重新设计价值链空间。而更为重要的是，需要在当地舆论中构建被认可的认知空间。"真出海"是战略出海，是一种扎根本地的长期行为。

并非所有企业的出海都做好了充分的准备。有些企业没有长久的国际化目标，也没有海外人才储备计划。即使多年跟全球跨国公司打交道，

---

[1] 约翰·帕克，理查德·拉思伯恩.牛津通识课：非洲历史［M］.欧玉芳，译.海口：海南出版社，2021.

一些公司也没有建立国际化人才梯队，更没有积累跨国经营的方法。甚至有些海外收入占比超过 50% 的企业，依然缺乏国际化的管理人才梯队。

有些企业只是围绕关税杠杆开启了流浪式的迁移。这种围绕关税的成本规避行为，更像是在利用关税政策的时间差，而非真正意义上的价值创造。

在全球化 2.0 的背景下，中国企业出海呈现了与以前完全不同的特点。表面上看，这是一次涉及面相当广泛的群体性行为，规模之大引人注目。2022 年中国的海外投资达到 1 631.2 亿美元，2023 年中国对外直接投资规模增至 1 772.9 亿美元，连续多年位列全球前三。

中国企业的出海，不仅依靠企业自身的推动，外部资本也注入了大量充足的燃料。一直专注于"供应链创新"的钟鼎资本，在加码推动融资企业的海外拓展。对于选择落地海外的企业，钟鼎资本的甄别准则已经从供应链的"效率"视角，转移到供应链的"比较优势"。中国供应链优势明显的电动化、数字化应用、绿色化能源领域，更容易在海外产生激烈的化学反应。无论是生产电助力自行车的深圳十方，还是储能公司上海思格储能，在钟鼎看来都体现了中国企业扬帆出海的巨大机会。这些都是采用中国"优势供应链"和本土技术走向全球版图的"好生意"。

人们正在从各个角度思考海外商业版图的构建。许多企业正在下决心建立国际化的能力，并非只是将产品卖出去。这是企业真、假出海的一条分水岭。**如果不能决心成为一个全球化企业，那么即使企业的海外收入占比超过 50%，它在国际舞台的地位也仍然是脆弱的。**

战略出海是将世界市场当作一个整体进行考量，战术出海则是纠结于成本而四处迁移。当企业将出海看成一种长期化行为的时候，就会对配套的金融、保险、咨询行业有着迫切的需求。这是一个国家级的系统性布局。每一个企业都要成为一个全球化企业。

两种能力

中国企业的海外收入占比正在变得越来越显著。中国上市公司约5 300家，海外收入平均占比达12%。其中1 000家上市公司的海外收入占比超过30%。这背后是大量海外工厂的布局。例如，美的集团的海外收入占比达42%，其生产基地数量正在超过国内。这是一个重新从全球化获取能力的时刻。

企业战略出海，需要两种能力的支撑。一种是组织的高度柔性，企业靠它来适应各个国家不同的管理挑战。另一种是实现全球供应链的联动，这是成本和效率的关键。

全球化是跨国企业选择赢家、抛弃输家的地理再发现过程。20年就可能出现一个大周期，进行大的地理板块切换。而这样一个时间段，正是供应链成熟与衰落的周期。

过去20年，中国供应链确立了超级节点的地位。它是由一系列超级工厂与无数产品贸易出口共同支撑的。中国供应链能力，在这种本地空间的成长经历，并不能够自动支撑向外的辐射。而这种能力的缺失，则被丰富的上下游产业配套和繁荣的产品贸易所掩盖。

企业在海外建立工厂会增加供应链的复杂度。某个企业原来在中国只需要1个工厂，100个供应商；而为了满足美国市场的需求，整体上可能会变成3个工厂，150个供应商。为了满足当地制造增加值的需要，即使是一个螺母也要思考从全球何处采购。这涉及大量陌生流程，如物流、海关、税务等，更不用提建设工厂、劳动用工等更加棘手的运营事务。

企业工厂在不同地理空间的迁移，打碎了"超级工厂、超级外贸"规则的框架。由于零部件本地化的需要和复杂的关税规则，供应链体系不得不重新完成多点连接。供应链的节点化，使得新拼图的板块来源具有多种可能性。这意味着，即使是制造同样一个产品，在东南亚国家或在欧洲国家，其供应链体系也会有巨大的差异。中国企业不得不面临混合式供应链的挑战。

在发展中国家，供应链体系往往偏于贫瘠。而在欧洲市场，又过于成熟。欧洲的一些法规与商业环境相当苛刻，对于合规性、员工保护、处罚力度等都有细致的要求。德国在2023年推出《德国供应链企业尽职调查法》，加强了对上游供应链的追溯机制，这看上去像是给德国企业套上了一个紧箍咒。对于寻求欧洲市场落地的中国企业来说，同样也需要提前建立透明化机制的供应链。

全球化首先是企业的扩张，其次才是一个国家经济增长的话题。但企业战略出海的能力，也直接与整个国家的行业地位相关。这需要一种协同的力量。企业在全球布局的时候，大型企业作为链主的"龙头效应"非常重要。如果链主企业不能出海，那么上游供应链出海将非常艰难。

在墨西哥北部的蒙特雷，原来的汽车工业基础并不强。然而在2014年韩国现代起亚汽车入驻之后，直接带动了当地工业园区的韩国供应链。即使是韩国小的零部件企业，也能在这里站稳脚跟。而中国的北汽集团早在2016年就开始在墨西哥东部港口城市建立生产基地，但由于规模一直无法做大，中国汽车零部件企业很难扎根。在泰国，日本大量的摩托车零部件都是围绕日本企业如本田、川崎等建立了配套供应体系。有些关键品供应商，甚至不会给中国摩托车厂商配套。

与此同时，如果品牌的附加值低，那么也无法拉动供应链。如果链主企业的市场溢价不足，那么供应链就不得不跟着低价运行。没有规模效应也没有利润支撑的链主企业，往往难以带动供应链落地。日韩制造企业在海外的竞争力，部分源自品牌的溢价能力。如果产品整体价格较高，就可以使人力和原材料的成本占比并不那么显著。

无论哪个企业，都需要重点思考供应链能力的构成，从"有海外业务的企业"走向"有供应链能力的企业"。

这种转变，并非只靠切换外部供应商就能够实现。当外部上下游形成陌生的连接时，企业内部的组织形态也在发生翻天覆地的变化。这一次，它以管理者的风貌、斗志和专业性而展现出来。

20年前，当跨国公司大规模进入中国的时候，制造能力和管理理念的种子在各个工厂中落地，而大批外国管理者就是这些种子的携带者和幼苗的培育者。外企管理者在实践中带动了大批训练有素的本土管理者。这也使得这些跨国公司快速地融入中国经济发展轨道之中。人才在各类企业之间流动，外资企业的管理层也逐渐扩散到民营企业。他们与本土企业成长的管理者一起，形成了中国制造业管理者的中坚力量。

现在大批中国企业的出海，正是中国管理者带着种子出发的时刻。而面对管理水平完全不同的发展中国家和发达国家，中国企业决策者也要做出不同的选择。**如何选择海外管理者，往往是决定企**

业国际化成败的关键环节。

与已经习惯在全球化征战的跨国公司不同，很多企业或许是首次出海，这更依赖于外派管理者的个人能力。

同样一个企业，派出不同的管理者会产生不同的结果。实际上，企业在海外公司的负责人往往带有强烈的个人属性。他们并非一定要将企业文化完全复制到当地，实际上很多时候这条路也基本走不通。**海外派出人的能力和精神面貌，有时候比企业文化基因还重要。**

如果说企业文化具有水的特征，那么不同的国家就像不同的容器，让文化呈现出不同的形状。出海不能总是依赖从国内派出团队，也不能简单地建立起一种总部跟分公司的管理关系。**如何建立一种液态组织，在全球不同地理空间流动，这是企业组织进化的关键命题。**

然而在企业本地化的过程中，如何对待"外派人员"的职责、生活与家庭，是一个很容易被忽视的命题。企业的出海，本质上是一个个鲜活的人在出海。而他们背后，是一个个充满欢声笑语的家庭。如果不能解决家庭的后顾之忧，那将是企业国际化的一个巨大伤口。

呼唤新型服务组织

企业全球化不仅是企业的事情，也是行业能力的全球化。其中，行业组织的缺位，是中国工业体系最需要补的短板之一。在整个商业体系中，服务类组织的能力不足，很容易成为企业出海的软肋。

中国企业出海，生产服务体系往往严重不配套。与行政运营相关的服务，比如工程队、电信业务、家居装修已经非常便利。但是与金融相关的服务，企业往往只能得到最简单的业务支持。这也跟在当地的中资银行人员普遍不足有关。在越南的胡志明市，编制最多的银行也就 100 人。中资银行只能以收揽中资公司的员工存储业务为主，很少能够提供面向本地消费者的信贷业务。这使得银行无法有效地帮助中国企业开拓消费者市场。

知识服务则更加苍白，商会组织的服务能力基本是空白的。每个企业疲于应付税务、海关、法律、用工等各种风险，对于本地的商机分析难以展开。很多企业在海外磕磕绊绊，并非因为战略无能，而往往是战术无知。大部分企业对当地的程序审批、税收、税率、加速流程等并不清楚。本来是常识性的知识，却变成了让企业非常头疼的"陷阱"和"大坑"。

美国、欧洲、日本在中国的商会起到了两种主要作用。一方面为中小企业的经营保驾护航，消除文化冲击。另一方面作为本国企业的代表，跟当地政府进行高级别的对话，施加巨大的影响。这看上去是一种民间的商业组织，却起到了"一轨半"的作用：连接企业轨道和政府轨道。这种"一轨半"组织，是本国企业商业利益的保护者和代言人。

这些提升海外企业竞争力的民间组织，目前尚无法被中国全面掌握。中国企业出海，尚无法得到来自企业之外的深度帮助。"一人踩坑进，千人踩坑忙"的现象依然非常普遍。商会本来就是要成为"大坑守望者"，但中国商会组织还处于萌芽的成长阶段。

这使得中国的海外兵团只有兵将没有团，各个出海企业都在独自打拼。提高商会和知识服务公司的能力并非一蹴而就，然而，从长远来看，中国的行业组织机构或者商会，需要起到有价值的协同和共生作用。

到海外开辟基业，并非只是一个个工厂的剪切和粘贴。除了工厂经营者的勇气与智慧之外，行业组织也需要发力，建立企业的集体学习能力和共同发声意愿。企业的全球化离不开民间组织服务平台的护航，这是一种国家能力的建立，自然也需要国家支撑。得到德国政府全力支持的德国海外商会联盟（AHK），给人们留下了深刻的印象。中国企业在涌向出海口之际，需要尽快建立成熟的行业组织能力。**企业全球化也意味着全新组织的同步形成。**这是一个再次生长出新骨骼的过程。

罗伯逊早在1930年就在《工业管理》一书中提出，"商业组织就是有意识的权力之岛在无意识的交易之海上"[①]。这句话成为企业组织间划分界限的启蒙。**现在，中国企业也需要集体思考组织间的"岛海之合"。**这可能是中国企业大出海在未来10年最重要的课题之一。

[①] 小岛清，小泽照友. 日本的综合商社[M]. 何薇薇，译. 北京：国际文化出版公司，1988：101.

第二章

地理空间：再次连接

从地理空间寻找最大的价值，
是企业**塑造全球化性格**的必然一步。

不同的工厂定位，
决定了企业对本地的专注程度。
如果立足本地市场，
那么研发设计能力必不可少。

海外工厂的多点布局
已经成为新的潮流。

地理问题已经成为出海的战略核心。

规避风险、贴近客户,
正是全球化 2.0 的一个典型布局。

企业全球化是一种增长的动力,
它并非一种成本转移,
而是一个企业持续成长的全球之旅。
全球化企业的战略目标,
可以充满所有可能的地理空间。

关税工具并不能
让美国制造能力变得更加强大,
也未必能让中国制造能力变弱。

工厂的车间里并非只靠摆满机器就能完成制造，它有一半的功能运行来自工厂外部的货物吞吐情况。当生产基地转向不同的国家和地区时，原有生产的完整性就会遭到破坏。**这意味着企业选择地理空间，并非只是简单的工厂落地，还是一种全新的能力连接。**

贸易救济和关税措施，从战术手段上改变了中国制造既有的形态。全球各地分布式的工厂，代表了一种新的经济增量。企业家永远是一个追逐经济动能的群体，他们需要在新的地理位置上找到生长空间。企业需要能够快速适应不同的地理版图，从而能够在全球获得均衡收入。**地理问题已经成为出海的战略核心。**

第一节　多种选择

全球不同国家之间的贸易，存在各种复杂的关系。其中最重要

第二章 地理空间：再次连接

的关系就是中国和美国之间的贸易往来，其他问题都是这种交换关系的溢出效应。而中国制造大出海，大部分解决的是最大规模制造国与最大消费进口国以何种方式完成相遇的问题。

在全球化 1.0 的超级工厂时代，进入中国是跨国公司很容易做出的正确选择。而在全球化 2.0 的分布式工厂时代，要离开中国去出海，就有很多的航路可以选。企业决策需要有一个整体空间的考量。不能仅仅因文化相近，就一定要去东南亚。也不能认为墨西哥充满不确定性，就迟迟不愿意去落地。将一个国家简单地标签化和印象化，容易造成巨大的误判。**从地理空间寻找最大的价值，是企业塑造全球化性格的必然一步。**

三种动机下的工厂

中国企业的出海，受到了多种因素的推动。既有关税政策所形成的成本驱动，也有分散地缘政治风险而进行的避险迁移，还有企业自我驱动追求本土化布局的能力溢出。三种力量的叠加，推动中国企业加速向不同的地理空间扩散。

当一个国家的制造能力变强的时候，它的成本也会上升。受国内劳动力不足、成本压力上升影响的产能会自然溢出。2000 年后，中国依靠全球化红利成为世界工厂，出口对 GDP 的贡献率大幅提升。这是一个由出口主导的贸易世界，但本质也是一个外资依附型的供应链结构。外资企业主导着中国产能在全球的分配。

2008 年后，中国出口拉动力减弱，土地财政和基建投资成为新的增长引擎。国内劳动力成本开始上升，欧美也频频举起关税的武器。二者构成了一个十字扳手，推动劳动力密集型产业如服装、电子装配等工厂开始向外迁移。这是一个成本驱动型的企业出海形态，海外的产能开始加强。这段时间是中国对外投资的旺盛季节，中国海外投资从 2009 年开始成为全球第五名，此后投资热情不减，到 2023 年已经连续 12 年居于全球前三。尽管中国在海外投资工厂的兴致不减，但制造大本营仍然在中国。

然而，随着不同国家的贸易关税越来越高，通过中国本土成熟的供应链能力所支撑的产品贸易出口模式，对很多产业而言已经不可持续。企业需要规模化地在海外建立工厂，重点解决关税和国内成本的剪刀差。

从 2022 年开始，中国制造能力的布局出现了新的变化。一方面，很多外资企业可能受到疫情的影响，开始认真推行"中国+1"的产能备份机制。另一方面，这些外资企业也带动了它的上游供应商一起移动。在某些情况下，如果供应商不去海外建立工厂，就可能拿不到订单。关税阀门的大小调节，一直在贸易历史上发挥着巨大作用，并且成为全球产能分配的重要因素。而这一次，地缘政治则显著地成为情绪杠杆，影响企业家对未来的判断。从 2018 年开始，这种情绪就在持续发酵。到了现在，企业比任何时候都能感受到情绪杠杆的放大效应。

关税成本的预期，明显被避险情绪放大。不确定性带来的风险，已经超越了财务模型所能容许的成本操作空间。"避险降本型"的工厂开始大量出现。地理位置的选择，则必须为避险留下足够的空间。在这种关税受到放大效应的影响下，企业在各个海外的生产基地也开始高速启动。美的空调在泰国的基地已经成为海外最大的工厂，产能进一步加码。家居领头羊们则在墨西哥靠近美国的边境城市附近齐齐落下工厂。

第二章 地理空间：再次连接

然而，并非所有工厂的地理移动都跟关税相关。很多企业是正向出海。当国内市场空间逐渐变得狭窄时，优秀企业会通过"能力溢出"来满足区域用户的需要。这是一种国内市场竞争加强后的自我修补机制，优秀者会率先开始在全球空间进行资源匹配。而当国内产能利用率下降时，这种流动会进一步加速。

动力电池产业的企业在欧洲建立工厂，就是一种靠近下游用户的考量。在德国，宁德时代和国轩高科分别落脚在图灵根州埃尔福特市和下萨克森州哥廷根市，而宁德时代还跟亿纬锂能和欣旺达一起，在匈牙利扎下阵营。这些工厂离欧洲汽车主机厂更近，也更容易进入欧洲市场。

那些通过并购而拥有全球化竞争力的企业，同样令人印象深刻。宁波均胜电子在收购德国汽车电子品牌之后，通过资金注入、供应链能力共享等方式，大大激活了这个老品牌的活力。德国成为均胜电子面向欧洲汽车的重要基地。

本地化的"现地消费型"工厂，是中国企业日渐成熟的表现。在越南，海尔的工厂就是为了满足本地消费者。这里的洗衣机和冰箱产能，完全就是为越南市场容量而定制的，它的使命就是挑战韩国三星、LG和日本品牌等看上去坚不可摧的地位。与其他家电企业不同的是，海尔遍布全球的工厂就像是足球场上的区域防守，每个地盘往往各自负责。东南亚其他市场，则是由海尔在其他国家如泰国的工厂或者中国青岛的工厂而覆盖的。海尔在越南的洗衣机只有5%用于出口。相比而言，美的小家电大约有95%用于出口。**不同的工厂定位，决定了企业对本地的专注程度。如果立足本地市场，那么研发设计能力必不可少。**

蒙牛旗下的艾雪冰激凌、全新美妆公司海贝丽致在印尼一开始就通过渠道下沉的模式，借助强大的供应链能力，为本地市场设计产品。它们需要面对的对手是盘踞当地许久的英国和路雪和美国美宝莲。这样的地理战略往往是纯粹的，就是向全球竞争对手发起挑战。

"能力溢出型"和"现地消费型"工厂，都有自然内生的动力。而"避险降本型"工厂，则往往受到外在动力的压迫。三者之间有着相互加强的滚雪球效应。它们造成的共同结果，就是极大地丰富了供应链的内涵，这使得海外生产的成本开始大幅度降低。而本土化生产的成本结构一旦进入下降通道，就会形成诱导效应，进一步加快中国企业的出海速度。

从这个时间节点看，这也是中国企业思考全球化进程的最好时机。<u>出海不再是一个权宜之计，而是一个放眼未来 10 年的发展周期。企业家需要用更从容的气度和更长远的布局，来规划眼下四面涌现的工厂。</u>

四种突围的方向

在地理空间的分布上，中国向外投资方向并不均匀。就传统而言，中国更重视亚洲企业。中国加强投资亚洲的趋势，在最近两年得到了进一步强化。2023 年末，中国在亚洲的投资存量占总量的 68.2%。然而，2023 年直接投资 1 772.9 亿美元的 79.9% 都流向了亚洲。这表明中国资金在亚洲的方向上更加密集。然而对于不同企业而言，差异化的需求会使得各地都可能是热门市场。

<u>中国制造的落地，大致可以分为四种地理选择。</u>

第一种地理空间是东南亚。这是全球版图竞争的一部分。东

第二章 地理空间：再次连接

南亚是地缘政治与关税所推动的制造热土，也是中国制造参与全球经济的连接器。新加坡已经成为全球化2.0的受益者，它作为一种"旋转门"，成为进可攻、退可守的避风港，以及亚洲金融与贸易的桥头堡。随着大量企业总部的涌入，这个连接门户正在变得异常昂贵。富含矿藏资源，以及作为全球第四大人口的潜在消费市场，使印尼成为一个具备双重吸引力的国家。越南由于地理位置的便利性，成为中国供应链自然延伸的有力承载者。无论是家居、鞋类、纺织，还是苹果链、三星链，都在这里形成巨大的优势。"抬脚就到"似乎成了越南"剪切"和"粘贴"中国工厂的最便利的理由。事实上东南亚已经成为中国制造的中转站，中国供应链在这里落地，然后再次连接到全球。

第二种地理空间是印度、非洲、拉美和中东，还可以加上中亚。这更多考虑的是本地市场。在这些地方，全球跨国公司已经确立了品牌秩序的地盘。

非洲是初级商贸之地。看上去消费能力很低，但却有着庞大的基数。这里虽然人均GDP很低，消费量却可以稳步上升。只要市场稳定增长，就会有商业机会。进入非洲不同国家的策略，可以看成合并市场同类项的过程。非洲的许多国家具有相似性，几内亚湾的国家如利比里亚、冈比亚等，几乎可以按照同一个市场来看待，因此无须开发新的产品。而在这里的小商品批发市场，最主要的商人派系来自印度和黎巴嫩。他们的大本营也在中国，往往以浙江义乌和广东广交会为商品枢纽。而熟知中国产品生产基地分布的中国商人，则有着更加明显的优势。中国制造能够以多种面貌出现——廉价的、创新的、绿色的、多样化的。这些不同产品活力的组合，完全可以激活多层次的消费火山。这是一个正在扩大的蓝海市场，可以容纳更多的商家。

印度是一个很难被归类的市场。它独一无二，具有强烈的个性标签。一方面，它有着制造大国的雄心，力图实现全品类的发展。这跟越南、泰国的差异性扶持制造业有着本质的区别。另一方面，它作为拥有 14 亿人口的国家，也存在着单一的大市场。这使它有足够纵深的市场腹地来培育自有品牌的发展。第一人口大国的消费增长趋势，使每个企业都不得不认真对待印度市场。

第三种地理空间是北美洲。无论是墨西哥、加拿大，还是美国本身，其实都是围绕美国这个大市场。拥有"美国—墨西哥—加拿大协定"（简称美墨加协定）的区域贸易优惠政策，使得墨西哥正在成为美国市场所需要的后花园制造基地。对于中国企业而言，这本是一块遥远的投资基地。供应链的严重不足只是煎熬的一部分，语言不通也加剧了这种痛苦。当地大部分地区使用西班牙语，这让即使在英语环境下培养出来的管理者也非常不适应。

在墨西哥，一个研发产品即使是初步打样也要收费，而且价格很高。而在中国，很多供应商可以提供免费的样品，直到最后的成品阶段才开始收费。墨西哥不成熟的供应链，推高了产品制造的成本。这使得以代工制造为主的企业，在这里很难产生利润。一个摩托车的代工公司试图在这里生产车架，以抵消关税的影响，然而跟本地最大品牌摩托车厂的车架合资公司合作却迟迟无法落地。反复测算的结果表明，人工成本、零部件的配套都无法支撑一个合资公司的存在。最后，企业只能选择大仓库加上简单装配线。深度零部件的加工在这里还无法得到支撑。然而对很多企业而言，去墨西哥就是为了美国市场。即使有种种不便，依然是一个不可放弃的阵地。

第四种地理空间是欧洲。这是一个门槛很高的高端本地市场。

第二章　地理空间：再次连接

在欧洲，企业管理者的水平往往很高，管理体系非常完整。这对中国企业家提出了全新的挑战：如何跟更成熟的管理体系打交道？中国企业无论是作为收购品牌的股东，还是直接进行厂房投资，面对的都是成熟的高层管理者和高技能技术工人。这跟东南亚的情况完全不同，在这里，中国企业要寻找的是中层管理者和称职的工程师。可以说，在欧洲市场是"向高管理"，寻找能干的高管层；在东南亚则是"向中管理"，寻找稳健的中层管理者。

欧洲是一个极具吸引力的全球化舞台。作为一个充分竞争的市场，它具有高度的法规导向性。从法规的提案到执行，时间跨度很长，这使得政策风险相对可以预期。这比美国复杂的风险博弈更加简单。

由于欧洲顶级企业的存在和消费者心智的成熟，中国企业在这里收获的不仅仅是市场，更是一种全球化能力。这是一种全方位、彻底的锤炼。在这里扎住根、落住脚后，全球化修炼这门课就可以算是毕业了。

有着良好工业基础的土耳其往往被忽视了。土耳其和欧盟有关税同盟协议，绝大多数出口产品实行零关税。它有点像欧版的墨西哥，是通往欧洲市场的近岸制造者。土耳其有着良好的机械基础，汽车、机械和电气是出口的前三名。土耳其汽车年产量146万辆，在欧洲市场排名第四，排在汽车年产量150万辆的法国之后。这组数据对比，让人觉得法国汽车似乎过于名声在外，而土耳其则显得过于低调。土耳其汽车产量超过70%都是出口，已经成为第一大出口创汇行业。对于乘用车销量1 050万辆的欧盟市场而言，土耳其是一个重要的跳板。土耳其的制造商，可以跟欧洲用户有强烈的互动，因此具有良好的生产基地价值。土耳其的KOC集团作为世界 500 强企业，是中韩之外的少数家电巨头。它收购了日立旗下的海外家电业务股权，而旗下品牌 Arcelik 则将美国惠而浦的欧洲业务也收入囊中。这是一个在欧洲非常活跃的品牌。

2022 年土耳其吸引外商直接投资额达到 130 亿美元，半数以上来自欧洲。这一年，中国企业对土耳其直接投资流量 7.5 亿美元，占存量投资的 1/4，呈现了明显加速的趋势。2023 年，在吸引国际投资项目大量涌入方面，土耳其已跃居欧洲第四位。比亚迪投资 10 亿美元，在这里建立年产能 15 万辆的电动汽车工厂。在土耳其销售最好的中国汽车品牌奇瑞，稳居土耳其市场前五位。

陶瓷设备制造商广州科达，已经在土耳其陶瓷密集地区比莱吉克省的 BOZUYUK 工业区建立仓库与装配线。土耳其颇负盛名的威达（Vitra）等卫生洁具品牌就坐落在这里。土耳其也是陶瓷大国，总产量在欧洲排名第三，世界排名前十，位于中国、印度、西班牙和意大利等国家之后。它有超过一半的产量用于出口，西向欧洲，东向中东，南向北非，充分发挥了欧亚大陆桥梁的作用。科达在这里将近距离与来自意大利和德国的陶瓷设备竞争。科达陶瓷设备的成本只有意大利设备的 2/3，而墙材设备和石材设备的成本则只有意大利的 1/3。建立本地生产基地，与顶级的陶瓷品牌在一起更容易得到发展。除了在土耳其，科达也深耕非洲，在肯尼亚、加纳等地都有制造工厂，有力地支撑了广州森大的陶瓷用品。科达与森大在非洲抱团布局，成就了森大成为非洲市场的领先品牌。全球化的战略基地分布，使广州科达在 2023 年取得 100 亿元的历史最好成绩。这种超过 60% 的海外营收，是业绩上扬的关键。

不论企业选在哪里，往往都有适合自己的理由。不同的企业有不同的风险厌恶类型，因此很难用一套标准来衡量不同的国家。

第二章　地理空间：再次连接

"时光机"模型会误判越南

越南现在离追上中国还差多少年？胡志明市相当于中国10年前的郑州，还是20年前的深圳？将当下的东南亚城市跟过往的中国城市相比，是网络上一个热议的话题。

人们习惯用这种"时光机"模型来理解胡志明市、曼谷、雅加达当前的经济发展状况。然而，如果真的在城市现场看一下周围斑驳多样的境况，就会感觉到"时光机"模型并不太适用。这种纯粹的历史穿越，是一个过于简单的照搬类比模型。它所忽视的是，**一个城市的发展往往是压缩了各种时间片段的蒙太奇剪辑，跨越时空的要素会纠缠在一起。**

印度尼西亚是一个令人迷惑的国家。这里有全球第四大的人口，人口年龄中位数在29岁，而中国则是39岁。在这个地方，"人口红利"是最容易建立的模型，对于人均5 000美元GDP的增长性市场而言，许多面向消费者的生意似乎都应该有很大的增长空间。然而这里又是万岛之国，出岛几乎就是出国。近800种语言在各个岛屿上流通，将近一半的人口分散在爪哇岛之外的岛屿。这也意味着印度尼西亚很难被视为具有统一气质的国家，而且让人觉得人均GDP是一个在这里很难奏效的参考模型。

2023年越南人均GDP是4 200美元，大概相当于2009年中国的水平。然而越南城市里依然有繁荣的数字经济属于当下这个时代，例如，东南亚流行的打车应用Grab或者网红经济。胡志明市的最高建筑"地标塔81"的大堂里，梳妆得体的男女老少排着队依次到72楼喝咖啡，每人只需要40元，就可以在最豪华的酒店，俯视穿城而过的西贡河。奢华之中，平民穿梭。

更重要的是，越南的地摊经济空前活跃。南部胡志明市通向平阳省的大路两旁，到处都是炒大肉的光膀子师傅；而北部河内市的三十六条老街上，桌子被摆在路中央，旁边坐满了大嗓门的吃客。人们在拥挤中品尝着自己的酒菜，也呼吸着邻桌的味道。此外，还有各种耍蛇、舞蹈、玩具等五花八门的兜售者穿插其中。满路满街，漫天烟火气。脏乱当道，满眼欢笑。而城管的缺席，使嘈杂的声音更加震耳欲聋。不到现场不知震撼。这些庞大的地下经济其实并不在 GDP 之内。越南比人们想象中更加富裕，也更加充满活力。

如果从藏富于民的角度看，人均 GDP 容易成为一个思维陷阱。很多体系之外的财富，隐藏在 GDP 数据之外。越南人均 GDP 低于泰国的 8 000 美元和马来西亚的 12 000 美元，但是房价却远高于泰国、马来西亚和菲律宾等国家，胡志明市的消费水平甚至可以对接中国一线城市。这些表面现象自有经济实力作为支撑，单纯从人均 GDP 数据可能是看不出来的。

简单用"时光机"的模型进行城市对照，容易产生很多误判与分歧。更好的城市对比模型可能是模拟不同密度的分层鸡尾酒。经过法国多年经营，被称为"小巴黎"的胡志明市就是一个标准的混合型鸡尾酒城市——混合了北京、巴黎、小乡镇三种级别的市容。

2023 年，嘉士伯啤酒全球管理层大会第一次在越南举行，共有 800 多名高管涌入了中部城市岘港市。它宣告，越南就是未来。嘉士伯在越南的啤酒厂和包装工厂，都围绕着胡志明市和河内市这两个最重要的城市。当各种面孔的嘉士伯高管涌入这里时，他们会看见越南正在加快速度融入全球化的版图之中。

越南早已不是廉价的投资目的地。越南的招商引资项目，也开始变得挑剔。这里不再欢迎劳动密集型产业，环保要求也开始加码。类似服装鞋帽的新增产业只能转向孟加拉国、印度尼西亚等国家。越南不再是一个便宜的投资之地。地方工业园区开始有序地释放产能，不断抬高地价。越南工业用地价格，最近几年每年都在以 12% 的速度上涨。南方一线省市，如胡志明市及其周边的同奈省和平阳省，土地价格已经达到平均每亩地 90 万元。这个价格跟广州、中山，甚至苏州工业园也不相上下。越南的工业用地相当昂贵，这使得越南工人的低价工资已经失去参考意义。

中国制造的快速涌入是最直接的土地价格推手。它的另外一个直接的结果就是推动越南兴起了轰轰烈烈的"国产化运动"。既要生产成品，也要生产零部件，成为越南制造的新风尚。冰箱冷凝器、洗衣机不锈钢、电路板都是越南"国产化"的重点。这些产品在中国被当作普通的中低端产品，但在越南得以一一突破。

从国家的人均 GDP 来看，容易忽视这些国家所形成的产业优势。巴西有着矿产和农产品的优势，它的航空产业也很发达。作为全球少数能够生产支线飞机的巴西航空工业公司，创造了独立制造飞机的奇迹。尽管人均 GDP 与日本相差很远，但它做到了连日本这样的制造强国都无法做到的事情。

时光机让我们产生一种错觉，以为领先 10 年、20 年会是一个常量，从而忽视了那些冰山下蕴藏的静悄悄的能量。

第二节　多点布局的时代

对于一个全球化企业而言，在全球不同地理空间建立工厂，具有靠近客户和平衡风险的重要意义。中国制造商在向外进军的时候，需要同时盯着多个国家，而非只深耕一个基地。出海并非一次性尝试，而是一段长期旅程的开始。多点布局也是一个企业出海的重要支撑。在全球配置生产基地，可以帮助企业避免在一些特定国家的风险。在不同国家获得收入均衡性，正是企业全球化的重要特征。

消耗战与自我复制

中国许多工厂的移动，是源于通往美国大市场的一根指挥棒。企业不得不在全球建立工厂，以寻找最有利的关税差。然而，这种分布式工厂使企业投资有所增加，却没有使市场蛋糕同时增大。企业在国内建厂而做遍天下生意的时代慢慢结束了。原来投资一个工厂就能满足的市场份额，现在则需要投建两个甚至多个工厂，而且供应链和人员管理难度都在加大。在国外增加几个工厂却做同等份额生意的情况时有发生。加量不加价的"影子工厂"会越来越多。

美国对中国制造商征收关税，本质上是一种消耗战。这种贸易关税措施就像打羽毛球一样，采取了前后吊球的方式，使对手疲于奔命。被关税调动的企业不得不四处奔跑建立工厂，而工厂在不同国家的往复转移，也会消耗之前积累的财富。

在泰国、越南和柬埔寨轮胎行业的舞台上，可以将消耗战的场景看得极为清晰。中国是全球最大的轮胎生产国和出口国，凭借成熟的供应链和较高的成本优势，中国轮胎年产量占全球总产量的一半以上。然而，作为轮胎大国，目前中国出口到美国市场的乘用车轮胎量早已跌出前十名，甚至不到柬埔寨的零头。

第二章　地理空间：再次连接

在2014年美国半钢胎进口量中，来自中国的进口量占比为39%，而这一数据在2022年底已经下降至3%。欧盟全钢胎进口量中，来自中国的进口量占比从2017年的52%下降至2022年的18%。这就是美国指挥棒的作用。从2015年开始，美国接连三次对中国轮胎征税。而在2017年，欧盟也如法炮制。这使得全球最大的轮胎生产国通向欧美的出口已经被彻底堵死。

中国轮胎企业不得不大规模转移。轮胎制造成本中约一半来自天然橡胶，而东南亚橡胶产量约占全球的80%，其中泰国、越南、柬埔寨等是主要产胶国。泰国作为亚洲第四大汽车生产国，成为中国轮胎企业的率先落脚之地。泰国正迅速成为全球第二大轮胎生产国。

2021年以后，随着泰国和越南也被征税，柬埔寨逐渐成为中国轮胎企业追逐的"新星"。2023年，柬埔寨的轮胎产能意外地迅速放大。这一年，柬埔寨轮胎产能规划多出了2 370万条，几乎达到了过去两年产能投资总和的两倍。实际上，从2021年到2023年，至少有5家中国头部轮胎企业在柬埔寨的投资超过了110亿元。柬埔寨作为冉冉升起的轮胎明星，揭示了全球工厂东奔西跑的本质。

青岛赛轮轮胎是第一家在柬埔寨设立生产基地的中国轮胎企业。赛轮轮胎是对地理空间感知比较敏感的企业，早在2011年就开始在越南投资轮胎厂。彼时美国对中国产的轮胎尚未进行反倾销和反补贴调查，这让它走在了关税大棒的前面。现在，它再次提前在柬埔寨和印度尼西亚布局。赛轮轮胎在柬埔寨和越南设立的工厂，简直就像边境线的镜面反射。两个工厂挨着边境，一边一个，距离只有30公里。二者采用同一套采购和管理体系，大大地简化了管理工厂的复杂程度。这种双子星座的工厂，把地理空间的优势发挥到了极致。

柬埔寨轮胎出口美国不需要征收特别附加关税。同样出口到美国，跟从泰国出口相比，赛轮轮胎从越南出口有 10% 左右的优势，而从柬埔寨出口则有 15% 以上的优势。这个关税阶梯差，造成了中国轮胎企业在出海之后频繁地在泰国、越南和柬埔寨移动，甚至在老挝也开始出现中国轮胎工厂的身影。

中国制造涌到哪个国家，就能抬高哪个国家的全球制造地位。随着青岛双星、潍坊昊华轮胎陆续入驻，越南即将超过泰国，成为全球第二大轮胎生产国。这听上去似乎不太可能，越南每年的汽车产量只有 40 万辆左右，不到泰国的 1/5。**这就是关税指挥棒的力量，本地生产与本地消费市场可以严重地脱节。**

越来越集中的产能使轮胎厂家对越南轮胎出口美国的关税前景也不乐观，企业不得不未雨绸缪，不断增建新的工厂。双备份越来越多。落地泰国春武里府的山东玲珑轮胎，已经在塞尔维亚建厂。江苏通用在泰国设立了海外工厂之后，也开始在柬埔寨大兴土木。

正在海外扩建投资的中国轮胎企业，目前去了越南的有 7 家，去了柬埔寨的有 7 家。未来的市场上，将突然多出两倍产能的工厂。在需求大致不变的情况下，大量工厂的产能将无法释放。全球分布式工厂大多是为了安全而建立的备份，它压制了对商品生产的经济性诉求。如果未来美国对越南和柬埔寨加征关税，这里的轮胎厂商会继续寻找新的落脚之地。关税的阴影四处笼罩。

这样的迁移不会是无休止循环的游戏。2023 年，美国交通部为全球轮胎工厂发布了 21 个新的工厂识别码。这些工厂识别码作为轮胎的身份证，用来追溯每个轮胎的制造基地，以确保发生事故的时候能够准确追责。在这些新的工厂识别码中，有20个发给了亚洲轮胎厂。这代表了亚洲轮胎制造基地的牢固地位。亚洲之外，很难有更好的地理空间能满足大规模轮胎制造的要求。

轮胎基地在东南亚的不停转移，凸显了中国企业建立多点工厂的奔波。中国在多个国家基地分担产能，进入一个繁荣的跨国公司时代。一些先行企业尝到了优化利润的甜头。安信证券研究报告指出，以国内三家轮胎企业为例，2019—2021年，海外业务毛利率为国内业务毛利率的1.5倍左右。而赛轮轮胎2021年的海外业务毛利率为21%，国内业务只有12%。在这个过程中，中国也在参与国际品牌的角力，日本普利司通、韩国锦湖轮胎依然是强有力的竞争对手。跟家电行业一样，中国轮胎在跟日韩企业竞争。越南、泰国依然是竞争的热门之地。这些都让中国轮胎变得越来越国际化。

美国借助最大的消费市场和完善的关税规则，完成了对工厂的全球大调动。中国制造已经告别了往日的集中式超级工厂模式，大量分布式工厂不断出现。很难有一个十分稳健的目的地，移动工厂成为一种新的工厂形态。这要求这些工厂具备很强的适应能力，像野战军作战一样，不论进入何种地形，工厂都可以快速进入满负荷运转的生产状态。

中国企业的国际化才刚刚起步。只通过贸易销售商品的企业，已经成为陈旧的机会主义者，这在新的全球化浪潮下，将成为边缘化群体。海外工厂的多点布局已经成为新的潮流。长出长腿的工厂再也无法停下脚步，而在奔跑的过程中，中国企业若无法快速复制工厂，就很难积累足够的资金大力发展。

在多个地理空间熟练地完成跨国工厂的复制，这会形成全球化企业的肌肉记忆，即每落地一个国家就能强化一次企业的跨国工厂落地经验。这些工厂可以像水一样自由流动，适应各种地形。企业可以做到在各大洲的不同工厂之间自由地分配产能。<u>全球化的企业需要在工厂之间建立这种互相支援的联系，每个空间都不是孤立的。</u>

先知先觉，前瞻性卡点

<u>在全球选择工厂地址，需要有足够的前瞻性，提前布局。</u>在这一点上，日韩企业先行一步，在全球地域分布上保持了平衡。

从 2015 年开始，三星大幅度加大对越南的投资，它的本国供应链也同步跟进。韩国电子企业同步从天津撤离，使得这里的电子工业从鼎盛逐渐走向衰落。在越南，三星电子实际上以一己之力推动了越南电子工业的发展。当 2018 年中美贸易摩擦升级的时候，大量电子企业开始转向越南。此时的三星电子和 LG 电子则早已深耕当地，获得先机之利。

人们容易把关注的焦点放在离自己比较近的地方，这让三星电子的成绩格外瞩目。而在更遥远的北美，韩国汽车也进行了大手笔投资，开辟了新的地理空间。它几乎是独力拓荒，催热了一个新的工业化小镇。

就进入北美市场而言，墨西哥的地理空间优势过于明显。它的各个城市风貌也逐渐浮现在人们的眼前。位于墨西哥中部的首都墨西哥城是一个商业化与城市化缓慢交融的典范，这里环境友好，基础设施虽略陈旧但很成熟。这里也是华人居住最多的地方，具有老牌城市的风格，依然保存了西班牙数百年前留下来的痕迹。墨西哥北部与美国接壤的城市，则正在经历新工业化的影响。新莱昂州的许多城市，在相当长的时期内几乎都是不毛之地。然而，工业化改变了这一点。

离美国边境很近的蒙特雷市，就是一个明显被按下了加速键的城市。位于该城市北部的城镇佩斯克里亚，现在拥有 14.7 万人口，比 2010 年增长了 6 倍。这个小镇以一张人口激增的对比图像，展示了工业化对一个城镇复兴所起的作用。

这种小规模的人口爆炸是如何发生的？答案是来自工业的力量。韩国汽车的地理空间战略成为第一核爆力。2014 年，韩国现代起亚汽车选择在佩斯克里亚建立墨西哥的第一家工厂。它在这里投资 10 亿美元，在供应链沙漠上建立了现代汽车工业园。在园区之内，起亚汽车上游的供应链也尾随跟进。与此同时，墨西哥特尔尼翁钢铁集团（Ternium）的冷轧卷生产线投资 10 亿美元，也开始在佩斯克里亚运营。现代起亚的良好势头，使得钢铁厂在 2020 年决定追加投资近 10 亿美元扩大规模。热镀锌线、彩涂线和热轧带钢厂等以前无法生产的产品陆续加入进来，大量设备则开始不断更新。

这些平淡无奇的机器带来了旺盛的劳动力需求，整体投资 30 亿美元，创造了 6 万个新增就业岗位。**城市工业发展，带来了持续的人口涌入和民生繁荣。城市的活力脉搏，与工厂机器的轰鸣遥相呼应。**

韩国汽车在全球化 2.0 时代开始广泛地开拓新的疆土。它启动了电动汽车的"东欧化时代"，跟日本企业展开了新的地理竞赛。

中日韩三个国家的汽车产业在匈牙利的布局很好地反映了跨国公司的布局风格。日本企业最早从全球化布局入手，韩国企业先行感知到时代的脉搏，中国企业则擅长鱼贯而入。

061

在匈牙利，日本企业下了先手棋，这是企业自觉国际化的本能。1992 年，铃木开始在匈牙利的工厂投产，它是首家进入东欧市场的日系车企。在匈牙利的"向东看"策略出台之后，子公司马扎尔铃木公司追加投资。这种立足国际化的长期既定战略，自然为铃木带来丰厚的回报。

2023 年，匈牙利汽车市场销量达 10.7 万辆，马扎尔铃木公司占比超过 12%。在匈牙利 50 万辆汽车产能中，其产量超过 30%。2023 年实现了 28 亿欧元的销售，而 2018 年其收入为 20 亿欧元。

韩国汽车从东欧开始入手。韩国 LG 从 2016 年开始，分别在波兰和匈牙利科马罗姆建设电池工厂，为大众汽车做好准备。LG 电子在 2020 年与加拿大汽车代工之王麦格纳成立了合资公司，而它的电子动力总成系统，就落在布达佩斯东北 140 公里外的米什科尔茨。

2017 年三星 SDI 在匈牙利布达佩斯以北 30 公里的格德市建设电池工厂。这里曾经是三星 SDI 等离子体显示面板的工厂。随着韩国退出液晶显示面板产业，这些旧资产也在快速完成切换，产业形态发生了巨大的转变。至此，三星 SDI 在韩国蔚山、中国西安、匈牙利格德市形成了全球动力电池的金三角生产基地。跨国企业在地理空间的资产布局，可以承担不同的历史使命。

紧随而至的韩国高镍正极材料制造商 EcoPro BM，在匈牙利东南部的第二大城市德布勒森建造其第一家欧洲工厂，为格德市的三星 SDI 供货。韩国在匈牙利优先完成了动力电池的布局。这得益于韩国对全球地缘政治的敏感性。

德国一度是匈牙利最大的投资来源国，占外国直接投资总量的 21%。其中可见德国汽车倾注的心血，匈牙利是德国三大豪华汽车

BBA（奔驰、宝马和奥迪）在德国与中国之外，第三个同时拥有三大品牌工厂的国家。

随着三星等企业入驻匈牙利，2019—2022年韩国超越德国，成为匈牙利的最大投资国。这也成为匈牙利政府发出"向东开放"政策声音之后的一个关键回响。

在日本的全球化布局和韩国的地缘政治两轮布局之后，中国制造加入其中。迟到的中国制造，选择了以奔跑速度和投资强度取胜。铃木在匈牙利30年，累计投资超过20亿欧元，而中国动力电池企业宁德时代在3年之内的投资就超过70亿欧元。这种投资强度的巨大差异，反映了中国绿地投资的急切性格。它的背后，伴随着中资企业的扎堆行为。在宝马汽车、韩国材料制造商所在的德布勒森市，宁德时代、亿纬锂能进行了大规模的投资。这个城市正在变得拥挤，城市面貌也在改变，而当地居民的焦虑开始明显。2023年匈牙利外国直接投资总额超过130亿欧元，同比翻番，其中60%来自中国。中国压倒韩国，成为这里的第一大投资国。

<u>在狂飙猛进的投资浪潮中，中国企业急进求快的群体画像也呈现在全球版图上。如果战略判断出现一点差错，那么企业就会选择用战术加速来弥补。</u>

慢欧洲和快中国的适配

<u>规避风险、贴近客户，正是全球化2.0的一个典型布局。</u>中国企业在匈牙利的投资，展现了市场推动的巨大力量，外部刺激信号一旦被放大，中国企业的行动往往就会格外坚决。

宁德时代最初也曾经打算去塞尔维亚和波兰，但最后还是来到

了匈牙利。塞尔维亚不是欧盟成员国，即使有大众汽车在这里，未来关税政策的变化依然难料。而波兰对中国的投资，则在半信半疑中出现了怠慢现象。东欧对于超大投资项目保持了一贯谨慎的态度，它们还没有完全适应中国投资的脾性。

亿纬锂能的策略就是跟着厂家走，当宝马决定在德布勒森投资的时候，亿纬锂能很快就宣布在这里投产。它的速度比宁德时代还要快。而更早来的则是生产电池隔膜材料的恩捷。这些企业瞄准的都是宝马这个大客户，而宝马选择这里的原因是德布勒森离斯洛伐克、罗马尼亚、乌克兰都很近。一半是辐射市场的需要，一半是对吸收劳动力的考量。

匈牙利企业挑选落地城市的时候，看上去容易挑花眼，但实际可选项并不多。整个欧洲普遍是这种状态。先人一步是一种战略，它有着更从容的空间可以选择。先来者先得，后来者惆怅。宝马、亿纬锂能、宁德时代在德布勒森的布局，已经将当地的工业容量撑到了极致，电力和土地都已经饱和。当动力电池厂家欣旺达来这里考察的时候，已经没有足够的土地了。

布达佩斯附近 120 公里，一座只有 8 万人口的小城，从未有过如此大的电力规划，整个城市的用电还不够欣旺达一家工厂使用。欣旺达最后来到有 12 万人口的尼莱市，这里到处都是农业用地。当地政府正在计划投入巨资以升级基础设施。2015 年就已投产的乐高工厂，正在将这里变得更加宜居。这吸引了 50 公里外德布勒森的很多中国企业员工也选择在这里居住。人口数量、宜居性、电力供应，样样都是企业需要考虑的大事。这些欧洲小城市，呈现了跟国内完全不同的城市特性。

工厂的选址工作是单调而重复的。尼莱市本来是亿纬锂能考虑

第二章 地理空间：再次连接

的地方，后来成为欣旺达的地盘。而欣旺达最初打算入驻匈牙利第四大城市塞格德市，该市现在则成为比亚迪的工厂所在地。数得过来的几家公司，在数得过来的几个城市一度纠结，最后结果也差不多。

然而，城市居民的反应，跟想象中的场面有着巨大的反差。宁德时代宣布投资建设德布勒森工厂，一度引发了当地人和环保组织的不满情绪。工厂所在的小镇居民举行游行，抗议这样的工厂可能会耗尽当地的供水。这个有着 20 多万人的城市，面对这样的超级工厂心存疑虑。而它后续带来的大量外国工人以及推高物价的问题，对当地人来说都是潜在风险。

从选址风波能够看出，对于快速扩张的工业，欧洲一些国家的资源承载能力很有限。在整个欧洲，也经常看到不同国家与中国企业在融合过程中所产生的双向不适应。融资市场也是如此。包括国轩高科、浙江中控在内，一些企业在海外发行 GDR（全球存托凭证），在瑞交所上市，从而筹集海外资金，并提高企业国际知名度。然而瑞士证券市场的资本池，本来容量也不大。中国企业的到来，很快就使瑞士资本市场告急。这就像是一口小池塘里充满了活蹦乱跳的鱼，突然来了一头大象，一口水喝下去，整个池塘的水位瞬间下降，每条鱼都感到恐慌。中国企业通过在瑞士上市来融资的这条路，很快就难以通行了。

中国企业的集体出动，常呈现出一派蜂拥而至的景象，使欧洲资本市场无所适从，制造能力也在蜷缩中无法释放。瑞士狭小的资本市场和匈牙利饱和的城市空间，都暴露了欧洲国家"小市场、多样化"的结构性形态的本质。欧盟区 4.5 亿的人口分布在 27 个国家，分割的地理空间没有想象中那么大。每个国家面对突然扎堆的工厂群，都会感觉"幸福过了头"。

慢火平衡态的欧洲与极速放大态的中国并非自然相融。无论是渴望再工业化的西欧，还是极度需要制造业的东欧和南欧，对于中国制造的落地都有着复杂的情感。敌意依然是广泛存在的，而本地负面舆论也甚嚣尘上。

中国技术、欧洲制造与欧盟市场的金三角模式，远远没有形成。欧洲工厂与中国制造，二者就像热水器的冷水阀和热水阀一样，都需要重新调整容量，才能释放平和的能量。

超级工厂的形态似乎并不适合欧洲，中国动力电池工厂在匈牙利的窘境正是这种写照。特斯拉汽车在德国柏林的超级工厂也无法发挥它的最大价值。总有各种麻烦接连发生，本地居民甚至会烧掉工厂的变压器，就连全球半导体设备炙手可热的荷兰阿斯麦光刻机，要想追加投资，也很难得到市政的配套解决方案。

这些对于擅长大规模生产的中国企业而言，是一个巨大的考验。超级工厂带来的快节奏，并非只是对中国企业的考验。挑战是双向的，欧洲各国政府也没有现成的政策包和工具箱来应对这一切。这让人感到迫切需要推动各方高层进行建设性的思考，满足"共同分蛋糕"的利益。在这种"平衡态与放大态"的冲突下，双方需要建立"合作态"的架构设计，否则就会导致欧盟、欧洲国家和中国等利益攸关方各自为政。这种架构设计的缺位，对于中国和欧洲的未来都会是灾难性的。然而，没有任何一个企业能够设计出这种架构。即使是对华友善的德国大众汽车、博世零部件集团，以及在匈牙利投入巨资的宁德时代，都无法独力完成。这需要更强大的顶层设计力量介入其中。中国和欧盟如果无法完成合龙，达成共识，那么每个企业都容易成为碎片化意见的受害者。

第二章　地理空间：再次连接

去充满每一个地理空间

全球化的策略并不需要区分公司规模大小。大公司固然需要占领广阔的市场，小公司也不能将独门核心技术集中在有限封闭的市场。**评判全球化程度，并非只是看规模，拥有良好的地理空间分布，才是健康的全球化公司。**

联想在全球有 30 多个生产基地，每个基地都有明确的分工。在日本的生产基地，主要面向日本生产 NEC 品牌电脑。在匈牙利新建的工厂，面向欧洲和特定用户，生产少量的台式机和大量的服务器。而墨西哥工厂，则以生产服务器和台式机为主。其中 80% 的服务器出口到美国，其余出口到拉丁美洲，台式机则全部出口到美国。

不同的地理空间，受到市场、政策和供应链的多重影响。企业需要灵活做出判断。巴西是拉丁美洲最大的 PC（个人计算机）市场，每个龙头企业都不能忽视。巴西对自己国家的工业有着执着的保护。它的电脑进口税超过 60%，这使电脑制造商只能在本地生产。而大量母板、芯片等，都要通过进口来解决，本地只留下一些小型供应链，如 Wi-Fi（无线通信技术）卡等，是从巴西贸易商采购的。

联想在巴西工厂的产品并不出口，全部服务于巴西本地市场。周边巴拉圭、乌拉圭、玻利维亚等国家的市场容量，无法承担起建立一个生产基地。然而，巴西工厂如果出口产品到这些国家，成本也很高。由于这些国家从中国进口是低关税，因此即使加上运输费，也比从巴西生产、就近出口要便宜。

工厂在地理空间上的布局可以有多种组合，而一个高度多元化的公司则有更广阔的战术组合来实现全球布局。

美国自动化公司艾默生是股市的常青树。它的海外收入占比超过55%，而全球8.5万名员工中，有60%是海外员工。艾默生旗下有多种业务，在全球各地充分布局。在欧洲市场，它以频繁的品牌收购来扩大自己的规模。它曾在10年中收购了20多家欧洲机电与仪表公司。在这样的收购过程中，艾默生看到了东欧作为制造洼地的价值。因此，凡是能在捷克、斯洛伐克、匈牙利和波兰建厂的子公司都收到了总部的设厂要求。与此同时，为了实现这些生产基地的规模化效应，艾默生会继续寻求新的收购目标，然后将这些新品牌的生产基地转移到东欧。对于规模不足以形成独立建立工厂的子公司，欧洲总公司则作为总业主向这些子公司提供共享的制造基地。例如，在斯洛伐克的工厂，一度驻扎了8家子公司，涉及2 000多名员工。[1] 然而当这些子公司陆续羽翼丰满的时候，欧洲总公司最后被裁撤了。而面向子公司的共享工厂则开始了新的迁徙，转移到了亚洲。

那么欧洲作为一个区域经济体的价值是什么？艾默生提出了一个新的"区域连接计划"。那就是成立一个欧洲顾问委员会，将英国前首相、德国财政部前部长、英国石油公司前董事长等业界精英重新聚在一起。这就像是一个"区域思想总部"，将欧洲精英的想法注入艾默生企业内部。他们每年会跟艾默生的高级管理层举行三四次会议。这种高层联络给艾默生提供了强大

---

[1] 查尔斯·奈特，戴维斯·戴尔. 艾默生管理：50年持续制胜之道［M］. 刘安国，等译. 北京：商务印书馆，2007：229.

第二章 地理空间：再次连接

的政府关系连接。

艾默生用各种方式将制造洼地的优势发挥到了极致。这是一个较早观察到地理空间的分布会彻底影响全球业务，从而改变竞争格局的企业。

当艾默生进入亚洲市场的时候，它采用了跟欧洲不同的打法。亚洲市场很难通过并购来实现规模化增长，那么多点同步开花则是一个突破方向。一开始，艾默生会从印度孟买、新加坡、泰国曼谷、日本东京沿着海岸线建立办事处。通过一连串的办事处来增加总公司的存在强度。这些办事处一开始只有一个员工，其重要任务就是加深对当地的了解。这些共享的信息连同办事处就像是本地的碉堡，会逐渐吸引各个子公司到这里扩大业务。

艾默生的全球扩张之路，体现了不同地理空间连成一片的互补优势。然而并非只有大企业有全球一体化战略，中小企业也可以是全球化的急先锋。德国隐形冠军企业尤其突出。它们在技术上掌握独门绝技，在寻求全球扩张时也毫不犹豫。每一个隐形冠军平均有 30 个外国子公司，1/3 为生产型企业，2/3 为销售和服务公司。[1] 这些公司往往是由企业直接经营的。

用于清洗厂房的工业清洗机往往不被人关注。德国凯驰在全球 60 多个国家有 100 多个子公司，而且还在继续扩张。全球化成为蔓延至全

---

[1] 赫尔曼·西蒙. 隐形冠军：未来全球化的先锋 [M]. 张帆，等译. 北京：机械工业出版社，2016：148.

球各个国家和地区的过程，全球200多个国家和地区或许都是可以填充之地，而这些不同的地方并非都制造同一种产品。在美国产品目录中，德国家具五金配件公司海福乐有85%的产品是不重样的。这种产品的异化表明海福乐正在为贴近当地市场做出巨大的改变。

隐形冠军企业一定要进入最膨胀的市场。2012年，德国混凝土设备生产厂家施维英被徐工集团收购。尽管看上去这是2008年金融危机的余波对德国企业的重创，但根本的原因在于，施维英在之前10年丢失了中国这个最大的混凝土市场，失去了竞争力。它和同样被中国厂家收购的另外一家德国厂商，从占有近2/3的市场跌落到不足5%，而此时中国市场正在快速放大，消耗了全球60%的混凝土。[①] 隐形冠军很难承受丢失发展最快的市场所带来的后果。

按照《隐形冠军：未来全球化的先锋》一书的推算，从德国到欧洲市场，规模会扩大4倍。而扩展到全球，规模会扩大11倍。用同样基因的产品组合，就可以完成市场的规模性放大。这种市场倍增效应无疑具有极大的吸引力。

大部分德国隐形冠军一开始就考虑出口业务，这是一种令人羡慕的全球化基因。很多中国企业习惯了本地市场，现在才开始转向，阻碍组织转型的惯性会更大，但转型的时间也可以

---

① 赫尔曼·西蒙. 隐形冠军：未来全球化的先锋[M]. 张帆，等译. 北京：机械工业出版社，2016：158.

很快。

从事有色金属业务的厦门盛屯矿业从 1996 年就已经上市。2017 年盛屯在刚果（金）调研时，发现这里的铜矿品质远高于国内，于是决定在这里建立工厂。企业的海外收入从零开始急剧放大。盛屯矿业以本土资产收入为主的公司性质发生了根本性改变，只用了 7 年时间，就从一家本地公司迅速转变成跨国企业。它在海外的资产占比达到 40%，为企业带来 60% 的收入，而利润占比达到了 70%。

即使在中国看上去相对劣势的软件产业，也可以积极开拓新的空间。中望是国内一家做设计软件的公司，2023 年的海外营收突破 1.5 亿元，占比 20%。中望能够实现高速增长，得益于其在日本、韩国和东南亚国家的布局。

在东南亚有很多代工厂，这些企业的需求跟中望产品的高性价比正好相互匹配。与此同时，快速成长的本土企业也带来巨大的机会。原来越南电动汽车 Vinfast 负责软件设计的只有几个人，现在团队组织扩大到数十人，他们积极使用中望的软件，并且提出很多反馈意见。

这些发展中国家提出的用户要求更适合中望的发展，而在发达国家，中望不得不按照全球巨头的标准去追赶。发展中经济体的制造业需求其实跟中国软件能力正好匹配。

这使得中望越发坚定一个信念：即使是一个追赶者，也要进入全球化的海洋。而只有在各个国家和地区都开始建立阵地，才有更好的机会与高手缩小差距，这是"本地化追赶全球化"的策略。

与此同时，也不能放弃发达工业国家的市场。在日本、韩国的市场上，中国软件可以从严苛的用户端获得成长的力量。除了产品的技术性能之外，还有很多的细节需要完善。在日本开拓业务，充分准备"使用说明书"之类的文件，是非常重要的事情。中望软件的"帮助文档"（Help）一直都采用英文。那么，是否有必要翻译成日文？会真的有人去使用"帮助文档"吗？毕竟，翻译成日文，需要几十万元的翻译成本。然而，事实证明，日本经销商非常看重帮助类、说明书之类的基础性文档。对于宣传材料中留下的邮件和电话，很多日本客户也会去使用。这使得中望特别注重对产品细节的完善，而且在当地的服务支持体系也必须到位。

日本用户不喜欢不成熟的产品。这种对缺陷功能的态度也使得中望需要在推出产品之前反复进行产品打磨。

这些海外打拼的经历刷新了一个企业的体验。从中国企业开始，不断打开全球版图的视角，可以成为一个亚洲企业、亚欧企业或者跨太平洋企业。**企业全球化是一种增长的动力，它并非一种成本转移，而是一个企业持续成长的全球之旅。全球化企业的战略目标，可以充满所有可能的地理空间。**

第三节　一个国家对一个省份的"奔袭"

在大国博弈的时候，许多发展中国家的制造业开始受益。越南的外商直接投资在快速扩张，墨西哥也是如此。二者的共同特点就是对美国的出口急剧增加，成为中国出口美国减少份额的最大受益者。从2018年到2024年，在美国的进口贸易中，从中国进口的份额降低大约8个百分点，而同期越南和墨西哥则"吃掉了"其中的

4个点，出现了明显的定向替代效应。这些国家开启了一种平行替代的模式。它们并非在全面取代中国，但是对一些省份的产业结构却形成了挖墙脚般的侵蚀。在同一个赛道里，这是一个国家在跟一个省份竞争。

平行链、转链与替代

全球的供应链正在拉长，原来在一个国家可以完成的工作，正在分离出更多的节点。节点之间的联系在新的空间中重新加强，实现了同频共振。

观察越南的贸易结构，可以很好地理解中国制造正在发生的变化。2023年，越中双边贸易达1 719亿美元，逆差接近500亿美元。同样，它跟韩国也是逆差，但越南对欧美的顺差则达到1 250亿美元。这样一个单向大进大出的贸易吞吐结构，展示了背后中国制造移动的轨迹。中国制造的集结地，一部分从中国转移到越南，然后再次出发到达美国和欧洲。

这是中国正在成为越南最大投资来源国之一的原因。2024年前10个月，在对越投资的106个国家和地区中，中国位列第二，超过36亿美元。中国的企业正在这里扎堆。

越南从中国进口，然后去美国市场销售。在美国市场增加多少，就会基本同比例地从中国市场进口多少。这种增长的动力会依次传递到中国的供应链，这是一条连续流动的价值链。

越南是一个高度出口导向型国家。2023年，越南进出口额近7 000亿美元，是中国第一大进出口省份广东的60%。而与中国第三大进出口省份浙江相比，进出口额已经非常接近。中国占据越南进口总额的35%，美国占据越南出口总额的28%。两个数值皆近似于1/3，揭示了越南财富轮盘的本质。越南作为一个冉冉升起的局部制造枢纽，背后则站着中国的供应链。中国正在经历从贸易成品出口转向中间品出口的阶段。

越南正在建立新的产业根基。它成为全球纺织服装的第三大出口国，消费电子更是进展迅速，计算机出口排名世界第五。得益于强大的三星产能，越南已经成为全球第二大手机制造国。2013年，三星手机在中国市场排名第一，份额将近20%。从这一刻起，它在中国的跌落速度令人惊讶，2017年份额已经降到2%。三星手机随后关闭了天津工厂，这让天津作为信息制造基地的领头地位迅速衰落。离开了中国的三星开始在越南苦心经营，尽管没有了中国市场，但它依然占据全球第一大市场份额。对此，越南制造功不可没。

类似的故事在印度重新上演。苹果要求富士康在印度建立手机工厂，直接的结果就是郑州产能削减。河南在2024年前8个月手机出口额为857亿元，全年1 000多亿元。而在2022年，河南出口手机的总额为2 500多亿元。这样的快速下降，源自富士康手机工厂从郑州转向了印度的金奈。河南进出口额的波动，意味着富士康转移所形成的那些干涸河床在短时间内无法再次丰盈。这些新兴的制造力量，以国家之力完成了对中国特定城市的"袭击"。

令人惊讶的是，越南对中国实现了反向输出。就手机而言，中国已经成为越南制造的最大出口市场。2024年前9个月，越南手机和各类零部件的出口额超过400亿美元，在越南出口商品中排名第二，仅次于电脑、电子产品及其零部件，其中对中国的手机和零部件出口额已超过100亿美元，其次是美国和韩国。对于中国这样作为越南最大逆差国的制造大国，反向成品出口实属意外。

越来越多的中国投资也使越南有了足够的底气。越南像中国一样，开始系统地进行产业升级规划。很多行业被增加了新的定语，从而得到更强的激励，如大力发展"世界级"电子产业、"高附加值"纺织业等。这些熟悉的政策术语容易让人感觉越南似乎在专门亦步亦趋地借鉴中国政策。这些名称反映了越南对传统产业的警惕和对新技术的渴望。而可持续绿色发展早已被提上日程，越南工厂的环境标准采用欧标，有的环评要求比中国还要高。中国落后的产能其实已经不可能再进入越南。而在工厂的车间里，大量企业采用先进的设备和自动化产线。中国工厂培育多年的高效生产线，已经开始在越南工厂重新复制。

对于中国而言，无论是印度、越南，还是墨西哥，能否成为"第二个中国制造"其实并不重要。从多个维度来看，这些国家很难复制中国超级工厂的荣耀。这些国家的本土品牌也很难有机会像中国品牌那样，挤入全球竞争的赛道。无论是在墨西哥还是在越南，都是老面孔在竞争，即中国的品牌企业和日韩企业在竞争。它并非新兴国家的品牌与中国品牌的决战，但对中国企业的影响却是决定性的。

这些异地工厂的新增产能不可避免地对中国工厂形成了某种替代，国内的就业机会也必然变得紧张。**然而中国工厂只有在全球落地才能继续留在全球价值链，继续从流动的全球化过程中获取财富。二者之间如何保持平衡，将是中国企业全球化所面临的一个难题。**

关税悖论

无论是贸易关税，还是反倾销、反补贴政策，都是发达国家对付身后追赶者的一种阻滞器。但这种政策的效果看似适得其反，出现了一种"关税悖论"——<u>被关税保护的产业反而在制造能力上呈现了越保护越孱弱的局面</u>。

2010年，欧洲不锈钢的炼钢量达790万吨，占当时总量的近1/4。到了2023年只有590万吨，全球占比约10%。其间，美国对中国、印度和印度尼西亚的不锈钢施加了各种关税壁垒。然而，即使是通过了严厉的反倾销、反补贴措施，也依然保护不了欧洲不锈钢的冶炼能力，其价格依然高出中国很多。欧洲不锈钢只能在内部供应，而无法出口到其他国家。另外一个原因在于欧洲市场需求的减少。不锈钢是生产刀叉、家用电器等下游产品的工厂的必要原材料，但这些终端产品也在失去竞争力。终端产品跟上游不锈钢一样，也是靠着双反的"价格保护套"而生存，产能在不断降低。减少的需求形成了反向传导机制，使不锈钢产能进一步萎缩。这是整个供应链因同频共振而受损的现象。

即使以各种理由征税，美国产业也无法在征税期内恢复和发展起来。大量产品仍然靠国外进口，只是制造产地在不断更换，从中国换成了越南、墨西哥。这些产品在很多时候会导致价格抬高，而价格多出来的部分，往往是由美国消费者所承担的。

那么，征收的关税去哪里了？

美国频繁发起反倾销税，导致这些收入大多成为那些立案申请人的补贴。申请立案的美国行业组织成为关税征收的既得利益者。可以说，整个惩罚性关税的游戏规则的一部分就是以牺牲美国消费者为代价来补贴缺乏竞争力的美国制造商。

这种变相补贴自然也受到其他国家的抵制，很多案例被送到WTO仲裁。美国在打输很多官司之后，就不再将征税直接返还给

第二章 地理空间：再次连接

立案企业，而变成贸易调整的援助项目。立案企业和产业组织仍然可以向政府申请援助，但直接的定向性补贴则被取消。

在这些受挫的案例中，美国逐渐意识到 WTO 争端解决机制的不利一面。WTO 作为全球化最重要的调节机制，对于美国而言不再是友善的工具。认定"WTO 工具变弱"的基本逻辑，使得美国加强双边贸易谈判而疏远多边贸易机制。

美国的制造业回流不是通过对国外产品加征关税就能够解决的。无论是"双反"还是贸易征税，都无法解决美国的产业结构问题。关税不能使美国产业恢复发展，也无法缩小中国产品竞争的价格优势。

从某种意义而言，美国征税是对本国产业的一种交代。它的政治意义远大于恢复产业竞争力所需要的激励。**关税工具并不能让美国制造能力变得更加强大，也未必能让中国制造能力变弱。然而，它造成了另外一个结果，就是对全球工业化的空间分层进行了搅拌。**

平均工业化浪潮

新的平均工业化浪潮开始出现，而全球制造能力则走向国家均匀化的态势。更多的国家从中获益，无论是孟加拉国、印度尼西亚，还是泰国、缅甸，或者是尼日利亚、摩洛哥，这些国家形成了大兴工业园的招商引资局面。泰国围绕首都曼谷而建立的东部经济走廊（EEC），成为中国企业进军泰国的热点区域。越南工业园区的土地费用甚至接近苏州的某些工业用地。南京江宁开发区在尼日利亚最大城市拉各斯东部投资建设的经济特区，在沉寂近 20 年之后，现在也迎来了更多的中国投资者。

中国制造所代表的能力，无疑是全球平均工业化浪潮的中心。中国制造能力也开始扩散，与本土形成一定的空间分离。中国工厂就像离开大坝的湖水，重新涌入新的洼地。而在不同的地理空间进行阵地转移，会让第三方国家充分受益。

如果对眼下制造的局面感到迷茫，那么蜡烛这个小产业所带来的亮光则可以提供一种穿透迷雾的光线。这个似乎被遗忘的行业，在某种形式上可以看成中国行业在外力施压下不断演进的活化石。它在海外的历程，或许也是中国千行百业的一种预演。

早在20世纪80年代，香氛蜡烛产业就被美国反倾销政策盯上，这是最早一批受到"特别关照"的行业之一。2004年，美国开始加大调查力度，这使得大部分中国蜡烛企业开始在东南亚尤其是越南布局。

从越南首都河内市向南两个半小时的车程，越南宁平省的一家蜡烛厂在这里拥有6万平方米的工厂。车间到处都是装在架子上的瓶瓶罐罐，工人在这里装瓶、纺芯，最后拉直灯芯。这个工厂也是20年前由于美国"双反"调查而迁移过来的。它给当地带来了新的技能需求，农民开始学习操作各种机器。大量的原材料和成品进进出出，带动了当地小镇的交通运输行业。在工厂里，也能看到大量中国制造的影子。在搬运车间里，来自安徽的合力叉车在忙碌；厂房外一排排的通风设备，是来自南京天加的商用空调机。中国制造能力跨越了地理空间，重新在这里编织着工业秩序。

越南各地都分布着来自中国的蜡烛厂。杭州美通蜡烛公司在越南的海防建立了生产基地，在南方胡志明市附近建立了香原料种植基地。作为亚洲重要的蜡烛制造企业，它与美国蜡烛品牌扬基蜡烛

第二章 地理空间：再次连接

建立了战略合作伙伴关系。

美国也试图将这样的工厂带回美国。2010 年美国出台了制造业回流的政策。在马里兰州的小镇上，美通建立了工厂，招聘了 80 名全职员工，每月生产 50 多万根香薰蜡烛。这是一个极具象征意义的工厂，点燃了美国政府从头振兴制造、每个小镇都要有制造业的热情。这家蜡烛公司的创始人，为此受到了总统夫人的邀请而在白宫发表演讲。

然而，这样的工厂并不可持续，它在 2017 年还是被转手出去了。美国就像保留濒危物种一样，在每个行业都留有一些样本。少数蜡烛工厂依然在美国有存在的空间，但这些"稀有工厂"总是面临着"物种灭绝"的挑战。俄亥俄州新奥尔巴尼市的 Alene 蜡烛工厂有 250 名全职工人，当旺季来临的时候，工人数量会临时加倍。

然而，Alene 这种"稀有工厂"面对的最大挑战来自劳动力。很多看似简单的工作，实则暗藏玄机。制作蜡烛的倒数第二道工序，是要拉直烛芯。这是一项挑战人的眼睛与手指协同能力的关键工序，谈不上复杂，但需要认真操作。这种枯燥无比却又精细的活儿，总是缺乏足够的人手。

在蜡烛车间里缓慢移动的传送带上，一支支蜡烛像等待被检阅的士兵，而烛芯则像枪头一样向上。这些烛芯有时候会出现歪倒的现象，传送带两侧的工人需要用弯嘴钳夹住蜡烛芯，把它们一一拉直，置于蜡烛的中心。随后，这些挺直了烛芯的蜡烛才会进入包装环节。就是这项平淡无奇的工作，机器人一直很难胜任。

工人的动作看似简单，却充满了精细的判断。这些细烛芯有时会在热蜡中被浸没，当蜡油冷却后，需要将它们轻轻地"捞"出来。人眼会判定那些多种姿态的蜡烛芯是偏左还是偏右，而弯嘴钳的角度和力度只有指腹才能感受到。这些弯嘴钳上经常附着蜡油，需要用抹布快速抹去。

自动化与机器人的热潮，从2022年开始走强。然而需求也在发生巨大的变化。以前的机器人主要是降低劳动力成本，与全球低劳动力成本的地区进行竞争。而现在的机器人热潮，则跟劳动力短缺直接相关。它并不都是"机器换人"，而是希望"找不到工人的地方让机器人上"。这是全球平均工业化浪潮的一部分，人们希望用机器人将制造能力带到不同的国家和地区。

然而很多类似"拉直烛芯"这样的工序，机器人却很难胜任。在蜡烛车间里，各种机器人都在这里打了败仗，几十家工程公司的自动化解决方案都不管用。但这对工人而言，却只需要经过基本训练就可以轻松胜任。

于是看似平淡无奇的拉直烛芯的岗位，时薪往往达到16美元，比其他岗位高出10%左右。但制作蜡烛这样的小生意，也很难将时薪拉得更高。

然而，更大的危险是来自时薪天花板之外的吸引力。更多涌入的企业，正在对这家蜡烛厂的既有员工虎视眈眈。Meta、亚马逊和谷歌在这家蜡烛工厂附近设有仓库和数据中心，开出了更有吸引力的薪水。英特尔和本田也在该地区开设工厂，对技术工人的争夺将更加激烈。

Alene蜡烛厂或许并非被万里之外的越南蜡烛厂打败，附近高工资的邻居工厂也足以对其造成致命的一击。

2024年美国蜡烛行业依然是一个充满吸引力的市场。随着香氛保养和芳香疗法等逐渐受人喜爱，蜡烛需求还会提升。令人啼笑皆非的是，当年提出反倾销调查的美国公司早已倒闭，而这条关税

第二章　地理空间：再次连接

指令依然执拗地存在。中国的蜡烛产业在海外顽强地存活下来，很多管理者已经在当地扎根。无人关注的行业在无人关注的地区，建立了中国制造的新的局面。

无论是面大量广的贸易关税战，还是反倾销、反补贴等政策工具，都无法让美国制造全面复苏。很多行业是美国无法带回本土完成回流的。而积极的地理空间腾挪，则让中国制造在海外变得强大。

在经历了漫长的"双反"调查的挑战后，中国的蜡烛产业依然有着长明灯一样的温暖，为中国制造燃起希望。这个早早受到冲击的行业已经完成了历史性的迁移，并在本地扎根。前后近40年的历程，蜡烛产业依然保持倔强的姿态，这是中国制造未来的一个隐喻。所有当下的暴风骤雨，20年前早有预兆。

虽然蜡烛竖立了一道温和的光芒，照人前进，但不是所有的产业都能如此幸运，尤其是面向未来的技术。光伏产业这种指向未来的绿色技术，其地理空间选址复杂得多。中国的光伏产业也是一个越大越强的例子。即使美国反复立案，也始终无法压制中国光伏的发展。它只能通过增加工具箱的武器，包括通过"涉疆法案"等单边措施打击中国。

对于光伏的产业迁移，美国正在继续收紧包围圈。针对中国的供应链，美国已经改变"一次性击倒"的策略，而是采用复杂的组合战术。它拉长了时间轴，在更大的地理空间进行调度。它先是逼迫供应链离开中国，在一段时间之后再次出手，逼迫中国制造商继续迁移。

随着美国对中国光伏提高关税，很多企业转向越南、马来西亚等地生产光伏组件，但大量电池片、银浆、铝箔等组件依然从国内输入。美国在 2022 年出台了政策，规定 6 种辅材必须至少有 4 种在本地生产，才能获得原产地证明。然而，美国迫于对光伏需求的压力，这一政策被暂缓制定。更多的中国光伏投资开始涌向东南亚。

到了 2024 年 5 月，美国宣布将对来自东南亚的光伏进口进行征税。一纸令下，中国光伏企业在这里的重资产投入立刻变成包袱。投下巨资的晶澳、隆基、天合光能，不得不立刻收缩规模。在越南河内附近的北江省，一些光伏工厂开始暂停运行。低关税进入美国的通行证，似乎快速失效。

这些光伏巨头去哪儿了？很多企业选择了美国。隆基开始在俄亥俄州加快建设 5 吉瓦的太阳能电池组件生产设施。这正是美国政府希望看到的。美国有着极大的愿望，驱赶整个光伏供应链进入美国本土。早在 2018 年，晶科已经在美国佛罗里达州建立工厂，但是产能很少，主要是生产传统型号的产品。光伏生产的代价是高昂的，无论是建厂，还是员工效率低，都会导致成本远高于国内。但是在东南亚的曲线出口之路堵死之后，光伏巨头只有这一条路可走。

然而，美国不太可能对所有的产业进行这种针对性极强的封堵。因为这在平行供应链羽翼未丰的时候，会导致美国进口产品价格大幅度上升，并进一步刺激美国的通货膨胀。它只能根据战略性清单，有选择地将产业迁移到美国。实际上，光伏在美国的价格比在中国本土高出 30% 以上。这导致即使企业在美国运营成本高出其他国家，仍然可能实现盈利。而对于美国本土而言，就是政府在为自己的政策决定而超额买单。这种情况很难持久，也无法大面积铺开。2024 年 10 月初，美国对东南亚光伏的反补贴税率进行初裁，税率之低出乎意料。发展美国光伏行业，离不开中国的低成本制造技术。这让美国的政策制定者犹豫不决。

这些行业的制造竞争力依然掌握在中国制造商的手里。只是它们需要以分布式的方式在全球重新储存能量。第三方国家获得收益，而全球工业平均化的水平在不断上升。

第三章

认知空间：对抗或者共生的源头

一家公司在
各个地理空间应对不同认知空间的挑战，
正是全球化企业的基本功。

文化与法规，是认知空间的
两大关键支柱。

度量一个企业全球化程度的最好标尺，
就是合规部门的地位。

压缩学习曲线的时间，
正是企业全球化能力的一部分。
在这个过程中，**构建正面风险防范机制，**
可以快速减少认知空间所带来的伤害。

合理的对抗不仅是为了赢回敬意，
更重要的是赢回生意。

每一家优秀企业还是需要尽可能地
建立自己的情报分析体系。
商业帝国有一根神经网络，属于光明正大的情报体系。
这是企业建立正面防御的关键一环。

每一家跨国企业在全球范围内扩展时，
不仅传播技术，还积极吸收本土知识，
并编织本地的社会关系网络。
认知空间的正向评价，源自文化差异的消融。
这正是全球化公司行走天下的奥秘。

一个优秀的跨国企业需要有
一种自省的意识，
将公司形象与当地认知融合在一起。

用实力赢得发自内心的认可，
这是认知空间的最高奖赏。

认知空间是因跨国公司与本地社会对事物的看法差异性而形成的。每一个企业都会花很多的时间来理解在地国的文化、政策和风险。然而这只是单方向的感知。在地国的大众、舆论、商圈和官员，如何理解中国企业的行为？

认知空间里可能充满了陷阱、风险和对抗，也可能是理解、欣赏和融合。这是双方在心理上相互评价之后的结果，往往与单方主观意愿并不相同。<u>一家公司在各个地理空间应对不同认知空间的挑战，正是全球化企业的基本功。</u>

第一节　异地成长的烦恼

一些出海企业习惯自己摸索自我成长的模式。但这种逐步解决问题的自我修正方式，代价过于高昂。那些"石头"并不都是深不可测的。它们的位置，在认知空间里是很容易被锁定的。**文化与法规，是认知空间的两大关键支柱。前者是约定俗成的行事准则，后者则是约束企业的刚性边界**。很多风险都是法律常识和文化常识的缺失造成的。找到合适的工具，人们就可以顺流而下。

无意识对抗

企业容易对出海产生犹疑的情绪。这里既有对成本黑洞的忧虑，也有海关、税务稽查方面的烦恼，还有难缠的工会和不肯配合的工人。出海成为企业发展过程中的一道大坎，而这些困难的源头往往是因为企业无法建立一个良性的认知空间。

企业在海外不能照搬国内模式，很大的原因是文化的阻力。企业无法只是一味追求经济增长，文化的兼容往往是头等大事。对方如何认知我们，比我们如何认知对方更重要。很多在越南的企业，容易低估本地特有的民众情绪。在这个国家，任何使用地图作为背景的创意，都是一个坏主意。如此简单的"地图红线"，却总有企业前赴后继地栽跟头。无论是征战全球多年的家电品牌商，还是新进来的两轮电动车厂商，都容易在这方面引发巨大的公关危机。

成熟的跨国企业，往往能够深切理解当地习俗和思维方式。文化差异性应该被欣赏而不是被抱怨夸大，毕竟差异性正是贸易往来的根本动力。也正是因为拥有文化差异性的包容能力，跨国企业才从全球化进程中获利斐然。

认知空间的存在，意味着企业需要将不同国家的文化进行深度对比。"为什么在国内看似惯常的行为，在别的国家却不被认同？"提出这个问题往往是一个好的开端。

<u>所有文化之间都会有一定的冲撞，这并非单方面能够左右。**认知空间作为双方共同创造的心理空间，每一方都会不断做出自我调整**</u>。中国企业则需要更加主动地识别这种虚拟但有力的心理空间，让企业行为尽量融入当地民俗之中。

关于食品饮料，越南有很多让人想不到的事情。越南的国土面积不及我国的四川省大，但是大米出口却排名世界第二。很多泰国香米，其实都是从越南进口再出口的。越南也是世界第二大咖啡豆出口国。越南拥有丰富的咖啡文化，街上遍布咖啡馆。这些咖啡馆既没有商务，也没有休闲的意味，它只是街头平民的一种生活方式。同样，啤酒也是当地人的最爱。越南啤酒市场容量达到600亿元，人均消费啤酒在亚洲排名第一。

这样的市场，自然群雄逐鹿。荷兰喜力通过收购新加坡的虎牌而成为行业领头羊。泰国啤酒集团通过收购越南本土最强品牌西贡啤酒而排名跃居第二。而一家中国国内知名的啤酒企业，在这里却生意清淡。这家企业既没有收购越南当地品牌，也没有建立工厂，并且坚持使用自有品牌。它维持着国际贸易的原始形态，用集装箱将啤酒从中国运来，然后进入当地经销商手中。面对庞大的消费热情，这家企业没有做出一点适应本土的改变，甚至连包装罐上的中文也没有去掉。带上中文标志，看上去是一种满满的品牌自信，但对于落地销售其实是一种巨大的阻碍。

越南南方很多城市的年轻人，对中国品牌非常敏感。这种有着中文字样的啤酒会大大影响它的接受度。越南其实在相当长的历史时间内，一直大量使用汉字作为书写文字。但越南后来经历了"去汉字化"行动，并在独立之后建立官方文字。受到一种强烈的民族情绪的推动，越南的语言文字进行了高速进化，至今在越南几乎已经见不

第三章 认知空间：对抗或者共生的源头

到汉字的痕迹。而这种历史的心跳，依然传递到年轻人的血脉中。这是民族文化的底色。对于寻求商业突破的跨国企业而言，这是构成认知空间的危险部分。在越南发展迅速的蜜雪冰城和名创优品，都隐掉了中文样式。它们以一种毫无语言间隙感的方式进入了越南市场。自说自话，是一种传播效率最低的心智渗透。而放弃自以为是的品牌执念，才更容易缩小认知空间所形成的阴影。

位于西非的加纳有3 000多万人口，主要集中在首都和几个大城市。规模比较大的中国企业目前有50多家，其中不少是工程建设公司。许多公司的中方员工，往往认为加纳员工做事机械，只能单线程工作，不能同时做几件事情，否则一定会出错。而加纳员工则认为中方人员过于强势且不愿意授权。

真的是这样吗？

加纳中资企业在当地基本属于大企业，因此能够招聘的本地员工不少都受过良好教育。加纳曾经是英国殖民地，英式教育传统对一些家庭依然很普遍。在加纳的政府部门，很多管理层都是英美名牌大学毕业生，当地也有非常发达的与世界同步的信息系统。

然而本地人员对于指令的传递有着非常严谨的一面。在加纳，人们之间习惯提出书面要求，将事情通过书面指令去布置。[①] 但很多国内企业

[①] 刘易. 突围[M]. 新加坡：环球出版社，2023：252.

喜欢口头传递指令，而且语焉不详。这自然就导致理解上的分歧，且事后无法追溯。但在一些中国企业的管理者来看，布置得越多越容易错，对此加纳员工则有莫大的委屈。

在印度也有同样的现象。印度员工非常习惯用书面文档来描述各方的要求。有的人甚至认为这一点才是印度 IT 软件外包行业能够脱颖而出的关键。用文档详细明确甲方的需求，的确会避免软件开发过程中的返工作业。然而，这种"文档文化"也带来了交流上的低效。同事之间的交流，大事小事不厌其烦地发邮件，这导致了邮件满天飞的局面。一个负责制造的中国管理者有 20 多个下属，每天会收到 80 封邮件。如此"邮件膨胀"，让管理者也头昏眼花。这是不同的指令习惯在发威。

对于很多出海企业来说，各自习以为常的两套指令，会在无意识中形成交流障碍。

理解一个国家的文化，会更容易避免掉进交流的陷阱。

日本企业和中国企业在大型展览会上呈现的展板，会体现出交流的差异性。中国企业参加展会，展台的海报有时采用全球化的简洁风格。公司标志往往很大，搭配言简意赅的口号性文字。但在日本参展，则需要非常务实的风格。日本展板的信息密度往往很高，堆满了密密麻麻的文字。这种做法，并非展商的偏好，而是为了照顾观众。日本国民性格比较内敛，喜欢自行接收信息。只有观众对内容真正感兴趣，才会主动上前询问。因此，在日本的展板上，一定要尽可能展示更多的信息。日耳曼民族是交友慢热型和行事计划型的典型。德语有两个专有概念，能够反映出这种底层逻辑。德国人在向别人介绍他人的时候，会严格区分"朋友"（Freund）与"认识的人"（Bekannter），谨慎地传递信任。同样，德语有一个特别的词——"计划的安全性"（Planungssicherheit），将更改计划视为一种威胁。德国这些独特的专用词，正是人们理解文化差异的起点。**语言是人类思维逻辑的基石，它的颗粒度定义了人们思考的最远边界，而反过来又将人们的行动约束其中。**在《三打白骨精》的故事里，孙悟空为唐僧画出一个安全保护圈，可以保常人平安。语言就是当地文化的安全圈。**看清行事规则的边界，就能构建有利的认知空间。**

一家中国家电巨头在收购当地公司之后，公司大领导周末临时约见德国企业总经理，总经理则以要去看歌剧为由直接拒绝。在这位德国管理者看来，即使母公司董事长到来，也不能占用个人的时间。个人"计划的安全性"，不容受到侵犯。

很显然，这种抵触并不是独特的个体抵触，而是一种集体性的认知。两种文化发生碰撞的起因，很多是企业忽视文化差异导致的。

不自觉陷阱

人们容易将一切冲突简单地归为陷阱。陷阱听起来是邪恶的圈套，但很多时候它只是无知的代价。大量的冲突往往是企业行为跟法规形成了碰撞。并非所有的法规都是一目了然的，人们对法规的理解，可能有着巨大的不同。当地执法者在对法规的理解尺度上，也会因为不同而造成歧义。法规解读的复杂性，会导致合规的含义变得模棱两可。双方认知的差异，会在不自觉中形成众多的陷阱，从而引起巨大的心理反应和情绪对抗。

大量的小冲突，并不容易为人知晓。只有那些大规模的罚款，才会将这些细节放大而引人注目。2022年印度执法部门冻结了小米约48亿元的账户，一时引起巨大的反响。小米印度公司被指在未取得必要外汇许可的前提下，将其在印度的巨额利润以特许权使用费和贷款的形式，频繁汇回中国母公司。这起冻结资产的案例在国内被广泛解读为投资印度会面临巨大的风险。

实际上，这个问题的根源在于双方对规则认定存在差别。印度政府认可纳税之后的分红回流，也认可品牌授权费。如果在中国研发，则可以收取知识产权的费用。然而对于比例的认定，需要提前有明确的规定，否则在实际执行过程中，就会形成鸿沟一般的分歧。而当交叉辩论引发诉讼时，双方认知的精确性已经无关宏旨，巨大的国家法律机器开始启动。它引发的滔天舆论声浪才是真正的次生灾难，超过了当事人本身的辩解。**企业能够从中得到最好的教训是，只有严格按规则先行确定的边界行事，才能跟世界经济紧密融合在一起。**

虽然地方保护主义正在抬头，但大部分执法条例也都在商业规则之下。欧洲是全球法规执行最严格的地方。欧洲经常以隐私和数据保护为由，对美国高科技企业如谷歌、Meta进行巨额罚款。但这些罚款背后往往都有完整的规则。这些规则所引起的罚金和企业的反弹，与印度所发生的类似事件，本质并无不同。

一些企业在向海外拓展的时候，采用了粗犷式出海的经营方式。这些企业对地缘政治有很高的敏感度，但对出海的细节并无太多敬畏之心。**实际上，不管是在欧洲，还是在东南亚，各种法规、环保、税收以及党派政治等信息，都需要企业家建立广谱天线来一一接收。**

而很多企业经营者对于海外的各种决定往往是靠想象力决策

的。选择地理空间，似乎成为企业家"饭桌上的决定"。企业领导之间靠口耳相传，选择去某个国家。"你去我也去""你买地我也买地"的心态非常普遍。如果有第一家企业出海，其他企业往往紧跟其后。这就出现了很多同行企业扎堆在一个国家或一个城市落地建工厂的现象。道听途说或者简单的圈内讨论，基本构成了全部决策过程。这种过于随意的决策，使企业的后续经营变得阻力重重。

2018年，国内女装风头极盛的上海企业拉夏贝尔，分两次实现了对法国时尚品牌 Naf Naf SAS 的全资收购。但在收购之后不足一年，该品牌就宣布因无力清偿供应商及政府欠款而启动司法破产程序。这场不足一年的闪电战，使拉夏贝尔损失巨大。它以4.5亿元收购的资产，在清算时只获得了800万元。而此后，快速扩张的拉夏贝尔一蹶不振。在并购过程中，但凡进行详尽的尽职调查，就不会发生这种暴雷事件。而且很多企业调查不是在"论证可行性"，而是指向"论证正确性"。这种调查只是一种表面上的程序执行。无论结果如何，最后都要完成领导的意志。

领导者的任性决策，给企业开拓海外市场带来很多麻烦。而企业呈现的快进快出的风格，容易让人瞠目结舌。企业一旦认定要在欧洲大力发展，就会立刻在德国着手建立研发总部。买一幢楼，工资翻倍，四处挖人，就此形成一套研发机构。而如果短期没有看到效果，就会选择关门。这种战略行动的反复，会在海外圈子里造成很差的影响。它会留下长久性的口碑酸化，让采取短期化行为的这些企业将来也很难融入当地的商业圈子里。

决策者的深思熟虑不仅是美德，更是效率的保障。相反，任性则等同于预算灾难，在修建工厂时更是如此。在德国，建筑成本非常高。建造一座10吉瓦的动力电池工厂，成本往往是国内的三四倍。企业必须做好足够的规划，否则就会导致预算失控，周期也会无限拖延。

在国内的工厂建设过程中，业主往往会突然修改原来的设计。这对施工方而言固然痛苦，但也是家常便饭，无法多收取费用。但在德国，更改图纸就是一场灾难，严重影响了"计划的安全性"，所有的设计、评估，都必须推倒重来。一家做电池隔膜材料的中国公司，由于中间改造图纸，触发了重新审批流程，本来2022年就可以投产的产线，却被拖延了一年半。

任性领导者的决策会造成巨大的损失，而无知无畏的一线管理者如果忽略当地法规的细则，就会招惹惩罚性的麻烦清单。

在匈牙利德布勒森的宁德时代工厂，或者亿纬锂能工厂，有很多工程师来自国内。获得这种签证并不容易，但对于工业巨头则并非难事，地方政府有良好的诚意来配合大企业的行动进程。但即使如此，依然会有高度警惕的执法者盯着各种签证的合法性。

欧洲的法规，不可掉以轻心。宁德时代在德国埃尔福特市大规模建造厂房，动员了大量的中国工程师前去增援。由于中国员工多，食堂还特别配备了中餐厅。员工忘我工作，迎来的并不都是赞誉。这里曾经受到德国海关、警察等多部门联合执法，审查是否存在非工作签证。200多人包围了整座工厂，上空还盘旋着警用直升机。这种犹如谍战片一样剑拔弩张的架势，凸显了德国政府严苛对待劳工的合法性。德国商务签证只能用于商务场合，不能在工厂上班，否则就是非法工作。这些简单的规则看似是小事，却可能引发巨大的麻烦。此前出现过的零星事件，使得宁德时代不敢掉以轻心。而这次在400多个受审查的工人之中，只有一个人出现签证问

第三章 认知空间：对抗或者共生的源头

题，还是一家德国施工公司的员工。准备充分的宁德时代得以幸免。但这也并不是一场值得庆祝的胜利——不过是合规作业的及格分数而已。

未来，这里的人工也面临着巨大的挑战。德国工人很多都是分布在乡下小镇的。埃尔福特市方圆200公里，可能很难招到1 500人。这里规划的电池工厂产能达到100吉瓦时，当真要拉满产能的时候，劳动力的短缺将成为最严重的挑战。

在对待安全管理事故方面，欧洲企业有着严苛的法律保护。在德国和法国，大小企业往往都要设置HSE（健康安全环境）岗位。一个公司如果出现安全事故，对企业可能是致命性打击。如果事故原因是设备不符合欧盟的安全要求，那么企业会被罚到倾家荡产，企业家也可能会负刑事责任。HSE总监的权力一般都很大，只要发现存在安全隐患，他可以随时要求停机。德国、法国企业将这种习惯带到了全球。中国的工厂应该也能感受到这一点。波音在天津的总装公司就设有HSE这样的岗位。法国施耐德电气公司的HSE总监可以到全球任何一个工厂去巡检。如果他在武汉工厂发现问题，即使面对当地厂长，也会直接叫停生产。

对于中小企业而言，还有更琐碎的细节要处理。例如电动小摩托车与电动滑板车如何才能上路？适用何种交通规则？自行车应该停在哪里？这些都涉及路权确认问题。不同国家各有不同的规则，在德国法兰克福市政府部门交通局下设一个处，会负责法兰克福所有的路权。这既包括出租车，也包括自行车。遇到这些问题，企业往往会兜很大的圈子才能发现问题的症结。

而在匈牙利，工业厂房的标准是缺乏的。许多企业认为没有标准是好事，可以自行制定。然而，只要有一条触发规则，相关法规就会联动生效。<u>规则的触发是一种程序连锁的结果，根本不在乎当事人是否知情。而这种权责追溯的牙齿，往往显得异常锋利。</u>

同样，中国企业和美国企业对签订意向书的看法是完全不同的。在中国，合作意向书只是用来表达双方的合作意愿。它经常出现在筹备项目建议书和可行性研究报告之前，并不具备多大的约束效力，也不具备排他性。然而在美国，签订意向书是非常严肃的。此前双方往往经过艰苦谈判，合同的主要条款基本敲定。即使法律和账目的尽职调查还没有最后完成，双方也都有强烈的信心将合作进行到底。意向书一旦签订，往往应该对外公开。它对合作各方的股票走势也能产生重大影响。

对这些基本常识的漠然，往往容易使企业不断跌入同一类陷阱之中。而类似的大坑、小坑比比皆是，消耗了很多企业有限的资源。磕磕绊绊的不如意和现实中操作的细节魔鬼聚在一起，成为认知空间的浓厚的负面情绪。

低效率、高成本、慢进度，还有不期而至的罚款，都给企业带来了巨大的成本消耗，往往被笼统称为本地经营的"坑"，让人望而生畏。 由于每个人陈述的角度不同，"经营之坑"的故事往往会被添油加醋，广泛传播。然而"经营之坑"的说法不过是掩盖了企业对合规的战略轻视和管理者的惰性。从成熟企业看过去，不过是"我的合规，你的陷阱"。

度量一个企业全球化程度的最好标尺，就是合规部门的地位。如果一个企业连合规部门都没有，那根本谈不上全球化。如果合规部在法律部的下一级，那这家企业可以勉强算是有全球化意识的入门级企业。<u>只有合规部放在战略部下，才能最大限度地发挥防御性功能。这是一种建设性而非事后疗伤的机制。</u>

第三章　认知空间：对抗或者共生的源头

管理者短板的反射镜

无论是文化差异还是合规陷阱，都并非让企业精疲力竭的真正原因。<u>一线经营者的管理能力，才是企业本地化能否成功的关键。很多看上去似是而非的困惑，都跟管理者息息相关。</u>

在任何地方，人们都会对劳动力成本产生激烈的讨论，工人的工资容易成为一个热门话题。然而，劳动力价格本身所造成的影响，并没有人们所想象的那么大。企业的综合成本还会体现在工厂的围墙之外，包括外部采购的成本、物流运输的便利性，以及市场开拓的代价。同样，工人加班、工会强势等问题，也是劳资双方互动的结果。它并不只是由劳动者的单方诉求所决定的，管理者的驾驭能力也会影响这个结果。

在过去 20 年，中国高歌猛进的发展业绩掩盖了管理者的短板。国内的工业化机器运行良好，得益于应有尽有的丰富供应链，以及纪律严明的熟练劳动力。只要是在高速发展，粗放管理、粗暴经营、粗疏大意的管理短板都不值一提。而当经济增长放缓的时候，这些"粗字诀"的缺陷就会被加倍放大。放在完全不同的文化环境下，它引发的后果也容易是灾难性的。

在越南，复杂的税收、海关政策和文化差异，连同供应链和劳动力缺乏的现状，都会成为管理者短板的"照妖镜"。一些中国企业在越南工厂的运行体系就像一个时间沙漏，有上层和下层，而没有腰部。来自中国的高管层和本地工人往往是直接摩擦，严重缺乏中间管理层。在越南，会汉语的工程师很少见，说中文的管理者很难直接跟工人进行有效的沟通。

由于无法有效管理当地员工，很多中国中小企业不得不采用计件制。计时制看上去效率更高，但员工磨洋工也容易变成"大锅饭"。广泛采用计件制，会使质量管理成本陡然提高，因为产品不得不被反复抽检。对于金属加工件而言，计件制往往比计时制的工资成本高出 30% 以上。一旦发现产品质量有缺陷，管理者与工人的沟通就会因为语言障碍而产生诸多误解，很多因果关系无法用语言交代清楚。

越南的劳动法并不主张计件制，成熟的外资企业在越南基本是采用计时制，效率提高得益于自动化和信息管理系统。总经理在办公室也可以跟踪工厂的所有角落。计件制在一些中资的中小企业意外流行，是信息化管理系统的缺失，也折射了中国海外管理者的实际水平。管理者群体尚未完成工业精细化蜕变就不得不出海，是中小企业的集体磨难，而各种细则与法规很容易成为粗心大意者的绊马索。事实上，劳动法里的每个字都是一把刀。

印度尼西亚是一个穆斯林人口众多的国家，当地员工一天需要祈祷多次。这里的工厂都会修建祈祷室，也需要跟员工协调好时间，分组进行祈祷。不同技能的人要提前分组岔开时间。如果不做好计划，就会出现整条生产线停工的崩溃局面。

一家上市公司的墨西哥工厂，在 7 年内连续更换了 5 名中国总经理。作为公司外派出去的管理者，如果总是想强硬地套用国内的管理模式，难免会以失败告终。在墨西哥，工人大多对尊严很看重，因此管理者要小心谨慎地提出批评或者要求某种集体仪式感。一家中企工厂在集体开会时，要求员工像在国内一样必须背着手，这引发了现场巨大的抗议，情绪激动的员工一度离开了工厂。

在一些国家，再微小的事情都有可能触发复杂的情绪。在越南工厂，本地员工可以相互指责。但是如果中国管理者介入其中，小问题就可能被放大，升级到超越工厂的民族话题。越南是东南亚唯一一个经过激烈战争而获得独立的国家，之后依然有连绵的战火。这是民众情绪深层次的伤痕，它已经形成一种集体记忆，很容易产生一种自卫式反应。

每个国家都有许多细节是不可触碰的，它们隐藏在人们的行为背后。管理者需要更充分地理解当地文化，才能更好地激励工人的成长。

成熟的管理者逐渐会找到合适的对策来适应不同的风俗。印度人员流动率非常高，行业内跳槽也是实现涨薪的一种手段。在印度经营多年的中天科技，特别注重副手文化的培养。关键岗位往往采用一种A角加B角辅助的设置。如果A角跳槽，B角也容易顶上。这种方式固然提高了人才培养的成本，但也是海外构建本土化能力的一部分。

在面对成熟的发达国家的工业体系时，中国企业管理粗放的短板则会受到更大的冲击。企业员工往往会基于价值来判断这些指令的合理性。无法得到员工认同的要求，强推下去只会适得其反。很多中资企业采用的做法是，聘用当地高管进行管理，而减少对中层和一线管理者的直接干预。风险防范体系，围绕董事会对于高管的制衡来设计。员工的薪酬体系，只需要授权给这些本地人高管。所有向下执行的细节，都由当地职业经理人来处理。这些训练有素的高管，会大大减少认知上的冲突。

欧洲企业的工厂往往有着非常强的年度计划性。奥地利的北欧化工公司提供电缆护套材料，是很多欧洲电缆厂的供应商。工厂的产能甚至提前几年锁定。如果一家电缆企业在年初没有提前预订，而是在年度中间增加订单，那么这种订单往往很难得到北欧化工公司的配合。它甚至要求电缆企业先下单并付款，之后才会给出供货周期。这类供方市场的企业，很少有足够的动力去扩增工厂。对于临时插入的订单，它们非常简单地采用向后延期排产的方式。这给一些缺乏规划的中国企业带来非常大的不确定性。下游订单拿到了，但上游的物料却无法配齐。如果在国内，很多供应商会加班加点完成用户临时插入的订单。这些巨大的反差，往往会击碎管理者已有的思维框架，也会倒逼企业管理者建立前瞻性预测的能力。

跨国企业本土化会带来种种不适，因为世上没有一个标准的模式可以套用。在一个国家能够做到的事情，在另外一个国家则并不可行。**管理者的适应能力成为一个企业关键的能力之一。而在这背后，需要公司在战略层面上对认知空间的价值有清晰的认识。**

黄金并购时代的褪色

并购曾经是中国企业快速进入全球的最佳选择。欧洲制造与中国资本一度形成了一个良好的搭档。在双方的认知空间里，优势互补可以相互成就，到处洋溢着全球化的乐观主义。

2016年，美的家电并购德国机器人公司库卡，这是一个百年难遇的事件。这一年，中国在海外的投资近2 000亿美元，超过了美国。而中国在德国的投资，也第一次反超德国对中国的投资。这是中国企业全球化并购最值得记忆的一年，中国在海外的并购占整个投资额的40%。中国企业跨国并购进入了巅峰时刻。

库卡被中国企业成功并购，彻底改变了中国在德国的投资轨迹。库卡是一家正在流血的负债公司，但却代表了德国最看重的未来战略方向——"工业4.0"。失去这样一家机器人制造公司，使德

第三章 认知空间：对抗或者共生的源头

国媒体舆论产生了巨大的情绪反应。德国政府一度想否决这次并购，但被律师援引法条而说服。德国政府从这场挫折中得到的最大教训就是，必须修改德国法律才能阻止收购。于是德国的投资管理法《对外经济条例》（AWV）由此出台。它的限制条件越来越严格，使中国企业的并购机会越来越小。

不利的因素在叠加。德国的投资管理法先后经历了20多次改动以堵塞各种漏洞，原来规定25%的股权变动需要报审批，之后收紧到15%，并进一步降至10%。审批时间也从最早的4个月左右，拖到10个月甚至更长。不确定性大大增加，并购的力度开始走衰。根据咨询公司荣鼎的报告，2022年，中国在欧洲的并购投资已经被面向新工厂的绿地投资超过，而且差距开始拉大。

危险的气息从四面扑来。值得注意的是，任何一起对德国公司的并购都需要考虑美国法律风险，否则后患无穷。美国外国投资委员会（CFIUS）是一个需要高度警惕以及需要经常沟通的组织。并购的陷阱都包含在细节之中。增加一个"美国风险"的审视窗口，就可以掌握个别细节所隐藏的关键风险。如果一个德国公司拥有一些军用基地用过的技术，那么这种并购就需要格外小心。无论年代有多久远，这种技术在正式并购之前就必须先剥离出去。

库卡的收购案在整个欧洲发酵出一种新的情绪，并以此为基础构建了一个敌视并购的认知空间。此前的欧洲到处都在热烈地欢迎中国投资。这段令人难以忘记的黄金时光已经褪色。而现在，即使欧洲企业处于濒临破产的局面，来自中国的投资也更容易遭到拒绝。

安徽的埃夫特智能装备公司在2023年的营业收入接近19亿元，而境外销售收入占比达到55%，这得益于它在海外多年的布局。从 2014 年开始，埃夫特就接连收购了意大利的机器人和零部件制造商，如喷涂机器人提供商 CMA、金属加工领域系统集成商 Evolut、汽车柔性焊装系统集成商 W.F.C，以及参股投资运动控制公司 Robox。然而，2022 年埃夫特试图在原 Robox 40% 的股权基础上再次增持 9% 的时候，被意大利政府用"黄金权力法案"阻止。对于中国企业并购而言，这类法案已经实质性地巩固了认知空间的敌意。

中国企业并购策略的减缓，对欧洲企业而言也是一个损失。在欧洲制造的虚弱期，中国企业也爱莫能助。中国并购的认知空间已经被大量的对立情绪缠绕。尽管并购依然存在机会，但中国企业需要做更多的准备工作，克服商业之外的情绪风险。

第二节　正向防御机制

来到海外的企业，往往都是在国内脱颖而出的优秀者。以往成功的经验使管理者容易过度自信，并不热心于建立正面的风险防范体系。许多企业未曾仔细准备应对方案，也未曾严格训练出海团队。这些匆忙出海的舰队，就很容易被一些低级错误的暗礁撞翻。

出海的能力可以看成一种学习曲线，越练习越强大。这种习得的经验是可以通过提前训练获得的。**广泛的沙盘推演和主动式能力训练可以避开很多陷阱。依靠集体经验的系统化学习，可以使出海舰队变得更聪明。**

第三章 认知空间：对抗或者共生的源头

改变学习曲线

在全球化 1.0 时代，大部分企业依赖于中国所形成的超级工厂能力，供应链也编织在这样一个枢纽之中。而在全球范围内配置供应链并不是优先项。

然而在全球化 2.0 的分布式工厂的时代，企业最典型的特征就是将供应链能力落地在海外。企业与全球的联系，将不再以产品出口贸易作为唯一的通道。制造的阵地，从国内大幅度推进到海外。而地理空间的不断移动，正是中国企业全球化的过程。

生产位置的变化对中国企业产生了巨大的影响。中国工厂从主场转向了客场。企业会离开原来熟悉的场合，进入一个陌生之地。曾经习以为常的环境，其实充满了大量隐形支撑。无论是人们之间的共识（如对加班的看法），还是随时可得的零部件供应，这些都是高效运营的必备要素。一个工厂与外部社会的紧密关系，与工厂自身的运转具有等同的价值。现在进入新的国家，支持着工厂正常运转的隐形支架突然消失了。

企业面临的最重要任务，就是重建这些支架。这也是编织一张新的网络，与外部环境的人际、政策、物流等重新连接。在这个过程中，管理者的搜索雷达经常处于无信号状态。"不知道自己不知道"，是管理者深处规则盲区而无能为力的一种写照。陌生地区的规则默认项，对企业管理者而言，变成了一个不可捉摸的隐含缺失项。只要管理者无法意识到所缺失的环节，往往就会付出高昂的代价。

无论是企业钻规则空子，还是无心之举，最后遭遇到事后惩罚的代价往往十分高昂，而企业的应对方式往往非常被动。企业决策者不能套用固有思维，总是试图将国内做法复制到海外。认知空间的差异性，会导致这种平行移动的失败。

很多企业干脆采用"以罚代学"的方式，宁肯事后挨罚，也不愿意提前布防，建立良好的风险管理体系。有的企业通过四处挖人的方式来避免掉入陷阱。这些过于依靠个体的微观经验，无法消除企业整体上的风险。

<u>如果企业能有积极的战略导向，就可以建立一套系统化的主动性防御体系。对抗文化差异性所带来的风险，需要企业更仔细地研究不同国家的管理体系。</u>

海外的公司治理架构与国内有很大的不同。例如在德国的"有限责任公司"是不像中国企业那样设立"董事会"的，它只有监事会和公司管理层会议这两个层级。这种无法直接对应的决策结构，让很多中国企业不适应。而且在德国法律框架下，企业高管也受到法律监管。当企业资不抵债而且没有及时申报时，高管需要自行负责抵债。这让很多高管非常警惕，也会主动提醒股东注意这些法律要求。如果在最后一刻依然没有看到母公司的行动，高管可能就会自行雇用律师，并向法院寻求破产。

这种被动型破产，对母公司而言是一个巨大的悲剧。但对于这种危险时刻的降临，中方母公司往往认识不到位。

无论是在欧洲还是在东南亚，都要充分尊重当地的公司治理架构。一个人到海外担任法人代表，是需要获得工作签证的。而这种签证，只有在当地劳动局签字之后才能生效。同时，公司变更法人也需要时间。在等待签字的两三个月里，新任的管理者其实没有任何权力。公司的行政任命，此时并不能凌驾于当地法律之上。在法人更换签字盖章之前，新任领导即使已经进入了公司办公室，本质上仍然是一个局外人。当地的管理者仍然可以忽略"局外人"而径自行事。

这些一点即明的常识，遵守起来似乎并不容易。总有性子急的管理者无意中践踏底线，人为造成风险。

在积极对抗风险的过程中，最为重要的外部咨询公司、会计师事务所、律所的身影往往被忽略了。这些本地化的专业机构本身就是风险防御机制的一部分。当企业漠视这些专业机构而自行其是的时候，大量不合规的种子撒得到处都是。

德国公司在进入中国的时候则谨慎得多。2004 年德国最大的化学公司巴斯夫在广东茂名与中石化建立合资公司的时候，借助了国际大型咨询公司的陪伴。同样，西门子的磁悬浮导轨被应用于上海地铁项目的时候，同样使用了跨国会计专业服务机构的支撑。这些德企巨头进入中国时都提前做好了准备。现在当中国企业广泛进入德国市场的时候，也要有专业机构的精心陪伴。

能源管理公司南京天加，对全球第二大地热装备公司意大利 Exergy，完成了一次闪电收购。从听到对方破产、等待并购的消息，到决定参与竞标，只用了 3 周的时间。在这高速旋转的 20 多天内，天加兵分四路展开行动。首先派出商务小组跟意大利管理层密集谈判，同时派出技术人员在海外调研 Exergy 的用户端是否有过纠纷。如果这些运行项目存在技术缺陷，将来就会随时暴雷。对于天加而言，用户的口碑是衡量技术的最好的刻度尺。在法律尽调方面，天加聘请了意大利最大的律师事务所。而财务审计方面，则由财务四大公司之一的毕马威操刀执行。有了这四管齐下的细致工作，天加最后得以胜出。

这些豪华的律所、会计师事务所的团队，会大大减少并购中的潜在风险。而在实际运营中，也同样需要明亮的眼睛伴随始终。

德国的税率几乎是欧洲最高的，而它的税种又特别多，让人眼花缭乱。如果企业的各个业务不能各自分清楚，所有的业务就会搅在一起使用同一税率。当一种高税率的业务出现审计的时候，会连带其他业务一起触达高限税率，从而导致交税更多。而且在很多国家，经济行为一旦发生，税收立刻就伴随产生。要防范这类风险，往往需要构建更高一级的公司架构，并且建立预防性费用机制。

风险的预防不能只靠想当然，而是要依靠专业的伙伴。例如，一家企业为了解聘一个CEO（首席执行官），动用了3个国家的律师。因为这家公司有着复杂的结构，它在德国有业务，控股股东来自中国，还有一个小股东来自荷兰。尽管同时聘请3个国家的律师费用高昂，但让公司平安地渡过险关才是最重要的。

一些企业并不愿意提前重金聘请律师事务所、会计师事务所进行合规预防。表面看上去是一种"少花钱、多办事"的稳健想法，但本质上是对知识服务的轻视。对很多人而言，相对那些软件、知识等不可见的事物，只有那些看得见、有重量的事物，才更有价值。这可能也跟中国工业企业的发展阶段有关。做制造的企业，利润是从很多地方省出来的，因此费用也会算得很细。然而这种一分又一分血汗钱的成本结构，很难套用在律师事务所或者咨询公司的知识服务模式上。

在实际操作过程中，这也与双方的信任度有关。在发达国家，律师和会计师往往会成为企业家最值得信赖的朋友，这些精英对于个人的信誉也非常看重，这是一个极其依赖信用与口碑的小圈子。如果律师泄露了雇主的信息，或者行事有丝毫的不专业，对个人而言都是灾难性事件。因此，跟专业的陌生人建立一种商业上的信任感,对中国出海企业来说,也是正面防范风险的关键一环。

压缩学习曲线的时间,正是企业全球化能力的一部分。在这个过程中,构建正面风险防范机制,可以快速减少认知空间所带来的伤害。

游说与诉讼的武器

在中文的语言环境中,很多词语的用法跟国外的差异很大。国内往往将"游说"看成略带贬义的政治拉票行为,"诉讼"则是很多机构唯恐避之不及的行为。然而,在西方国家,"游说"是一个正面且公开的词语,它让己方的观点被更多人接受。"诉讼"则是一种采用当地法律应对当地干扰的有力武器。在这些认知差异性很大的词语中,蕴藏着一种普通而实用的商业形态。用好这些武器,可以推动认知空间向有利于投资方发展。

游说无处不在。

泰国对于进口燃油车仍然有着很高的关税,但对于电动车实行零关税。然而,电动摩托车进入泰国却并非零关税。从某种意义上说,泰国是在保护摩托车现有的秩序。泰国有187万辆摩托车,日本四大摩托车品牌——本田、雅马哈、铃木、川崎占比达93%,其中仅本田一家就有80%的市场占有率。将电动摩托车这样的可能威胁者阻挡在市场之外,日本企业的游说起了很大的作用。

一个国家的政策制定受到多方面因素的影响。虽然对纯电动汽车有着巨额补贴,但泰国政府并没有补贴支持混动和油电混合的车型。前者是日本的强项,后者的优势则属于中国。日本汽车品牌商正在对泰国政府游说,希望可以对混动进行补贴。一旦游说成功,就会极大地削弱中国在纯电动汽车和插电汽车方面的优势。大量的游说，往往是为了一个国家的优势行业而建立面向未来的护栏。

这些以技术名义而展开的政策游说本身就是商业规则的一部分。为寻求政策支持而加强商业对抗的游说，也无处不在。印度的征税采用商品及服务税（GST），传统燃油车和纯电动汽车的税率有着很大的区别。传统燃油车的税率是28%～45%，这使得燃油汽车售价很高，而纯电动汽车的税率只有5%。这同样引发了中国和日本汽车界的竞争。丰田正在为混合动力汽车HEV游说以获得18%的税率优惠。而能够提供插电混动PHEV的上汽名爵，则希望印度政府将优惠税用于插电混动。

这是一场事关未来市场主导权的争夺。放弃游说，就是放弃商业的主动权。

游说并不只是表现在对市场利益的争取。对于企业内部的管理，面向工会的主动性策略也可以看成一种游说。

很多企业对国外的工会不太了解，其实工会也有可以合作的价值点。毕竟，工人利益和企业利益不是完全对立的。在越南，工会相对更容易受到政府的牵制，因此对于擅长体察人性的管理者而言，处理好工会的关系其实并不难。而在德国，情况非常特殊。

在德国，工会代表有权进入公司监事会。这一制度被称为"共同决策"，是由"共同决定法"所保障的。这些由公司员工选举产生的工会代表，能够确保员工在公司的监督和决策过程中有直接发言权。明智的管理者会充分尊重这种结构，加大沟通力度。

当年重庆轻纺收购位于德国萨尔布鲁肯的萨固密汽车密封件时，迎来的并不都是掌声。情绪激动的工会员工举行大游行，抗议中方的并购，而中方负责人花费大量时间跟工会代表沟通。这些积极的行动，有效地安抚了工会人员的情绪，也使德国员工能够心平气和地继续工作。中方领导多次邀请工会代表来到重庆了解工厂运行情况。在密切的接触过程中，双方的理解进一步加深了。

当山东潍柴动力收购德国一家公司之后，在德国的中方高管每个月都会和德国公司的工会主席开会，交流工作进展。这让工会主席也能时刻了解业务进度，这种方法大幅度提高了双方的信任度。在订单突然增多的情况下，德方员工也同意在周末加班。如果没有工会主席的支持，这种加班是不可想象的。

在公开场合，工会代表往往会表现得非常强势，坚决捍卫主张，但是在真正谈判的时候，则有很多可以通融的地方。无论哪种姿态，都是真实需要。然而，并非所有中国企业都能够如此看待工会的角色。一些企业管理者会故意躲开工会负责人，凡事不做私下沟通，都在公开场合直接对话。这种方式往往失去回旋余地，导致企业受到更多的工会压力。

中国企业要扎根德国，就要嵌入这个国家的方方面面。在不同层面和场合，也需要有人为企业说话。工会代表是其中的一个重要发声器。

如果说游说是主动布局，那么诉讼更像是一场反击战。在发达国家的商业环境中，诉讼是一种非常重要的公开价值主张。这不过是跨国公司商业策略中的一个环节而已。

这正是中国企业需要积极学习的一种商业能力。企业要善于诉讼，将打官司视为再正常不过的行动。

2017年，一家中国公司试图收购德国电网公司50赫兹的部分股份。德国政府无法直接拒绝，于是劝说大股东比利时国家电网实现优先购买。随后，卖方决定继续出让更多的股份。德国政府直接要求德国复兴信贷银行参与收购。这是一起用行政行为干扰经济行为的典型案例，存在明显的法律瑕疵。如果这家中国公司坚决跟德国政府打官司，那么会有很大的机会获得这部分股权。然而中方选择了沉默和放弃。最后，该公司也不得不退出了德国电网市场。

就在第二年，来自山东烟台的公司准备收购一家面临破产的德国金属材料公司，德国政府以安全为由进行阻拦。这种阻拦存在很多法律漏洞。但是，这家山东公司也选择了放弃。或许中国企业总是下意识地认为，跟政府打官司是一件很麻烦和不值当的事情。

德国企业并不如此认为。2024年7月，德国48家供应商在经历了4年的诉讼拉锯战之后，终于赢得了对德国联邦卫生部的官司。后者在疫情防控期间大量采购口罩，事后却一直拖欠款项。现在法院裁定德国联邦卫生部需要给口罩供应商支付1.2亿欧元。尽管以前也有德国企业起诉政府，但是从没有这么大规模的诉讼事件。这次集体诉讼，开创了德国历史上的先例，估计后续将有更多的企业跟德国政府打官司。这本身也是企业对权利的宣示。

在德国，利用法律武器坚决地进行诉讼，反而可能会赢得尊重。一味采用息事宁人的态度，不仅可能失败，而且容易强化对方的轻视感。

合理的对抗不仅是为了赢回敬意，更重要的是赢回生意。

2024年5月，为自动化驾驶提供激光雷达的禾赛科技，将美国国防部告到了哥伦比亚特区联邦地区法院。大约3个月后，上海中微半导体设备公司也正式宣布向美国法院提交诉状以控诉美国国防部。美国国防部根据"2021财年国防授权法"第1260H条的要求，发布了一批涉华"中国军事企业清单"，指控名单内的企业属于"军民融合"战略的执行者。

第 1260H 条法则的前身是由美国国防部首次根据"1999 财年国防授权法案"第 1237 条指定的"中国涉军企业"清单，它建立的名单每年更新。尽管这个名单对于很多企业意义并不大，但对于有海外业务的企业容易起到隔绝作用。通过污名化，美国政府也在恐吓与这些企业来往的商业伙伴。

然而，第 1260H 条也是以极限压线的方式逼近法律红线。它的漏洞是明显的。禾赛科技和中微都起诉了美国国防部，认为美国国防部这一决定是错误的，不符合事实，没有法律依据，并通过援引《美国法典》第五卷《行政程序法》（APA），认为美国国防部违背了程序正当。此前在 2021 年，小米公司已经通过诉讼，从所谓的"中国军事企业清单"中被移除。而在 2024 年 12 月，中微也成功地被移出这个名单。这表明，企业积极参与应诉，其实可以有效改善其国际生存环境。如果美国国防部接连败诉，那么第 1260H 条款可能也就难以维持下去。

无情报不战略

很多国内企业到海外缺乏系统的信息服务支撑，这就像导弹部队缺乏空中卫星导航系统的支撑一样。而如何利用公开信息进行科技竞争情报的分析，也是中国企业当前的短板。

对于中国企业而言，"情报"（Intelligence）二字往往过于神秘。它似乎经常与"某类地下渠道所获得的信息"联系在一起。其实这是对"情报"二字的极大误解。"情报"本来是一个中性词，只是因为大多被国防和国安使用，所以被赋予一些额外的含义。即使现在，它在海外的语境依然是一个标准的商业中性词。在海外，

"情报"经常被商业人士挂在嘴边。

中国第一个科技情报机构建立在中国科学院。当时中国科学院院长选用"情报"而不是"文献"为名称。情报所从事的就是"光明正大"的科技情报。这开创了中国最早的情报体系。情报在很长一段时间才走出象牙塔，缓慢地与商业挂钩。然而随着该词语的敏感性和服务机构能力的弱化，情报机构又慢慢地从商业画布中被抹去。情报机构也没有机会成为董事会最得力的决策信息源。

日本信息服务机构的情报能力奠定了日本企业出海的根基。在日本工商界，情报的地位被充分认可。日本很多公司都设立"情报室"作为公司重要的决策支撑部门。"情报就是经济的神经元"，成为牵一发而动全身的第一触点。

日本花王日用品公司有自己的情报部门，即数字商务管理室，它的口号是："没有情报，就没有战略；没有算法，就没有方案。"从中可以看出数字技术在情报体系中的价值。

在海外，日本的这种能力表现得更加突出，每个服务机构都是一个强大的情报体系，它们为日本企业出海提供了"千里眼"。日本商社更是做到了天花板级别的竞争情报分析。在商社多元化的产业结构中，离不开一个核心机构，那就是情报研究所。日本商社在国内已经将总部、生产厂家、家庭的广域信息集中在一起，而在海外的分支机构和员工也被充分地调动起来。这些宽大无边的松散节点，被商社有效地编织成一套紧密相连的信息网络。

可以说，日本商社首先是一个情报所。每位海外员工都是全球信息的接收器，全球各地每一位普通的商贸人员，都是行走的信息携带者，一边谈业务，一边收集那些"响铃信息"。这就像蜜蜂一样，在每朵花上都可以为自己沾满花粉。

第三章 认知空间：对抗或者共生的源头

三菱商事最初在华盛顿设立事务所，很长时间内并没有实质性的商务活动，它仅仅是为了收集信息和人员交流设立的。而这种特殊信息使命的分支结构在德国杜塞尔多夫、迪拜都有类似职能。在美国硅谷，到处流淌着科技的蜂蜜，那些异想天开的商业模式层出不穷。三菱商事和三井物产在这里设有信息分支机构。与此同时，这些商社也直接下场投资，以风险投资者的方式与初创公司交流，进一步理解新的商业模式和行业动向。

三菱商事招聘的员工，前3年都需要接受情报工作培训。三井物产的情报体系相当庞大，它利用全球人力资源系统，每天处理近7万份情报并返回总部，其中至少有100件要送达最高领导。

这些公司的情报体系如此强大，以至于很多部门最后被拆分出去成为单独的咨询公司，例如日本三菱商事旗下的化学咨询公司MCR。这些咨询公司的能力甚至远超一些协会或者学会的水平。

日本竞争情报体系也会随着时代的变迁而不断调整。三菱商事在2022年设立了全球信息委员会（GI），负责将全球的信息综合加工成顶级的决策参考。

对于企业在海外的分支机构而言，一个重要的任务就是从普通的新闻事件中捕捉信息的价值。信息就是不断流动的事实与数据，情报则是通过数据分析得出来的洞见。人人可以获得信息，而经过专业训练的人会更容易发现浓缩后的真相。

情报具有独特的价值，在企业竞争力光谱上属于不可见的部分。这正是企业对复杂的认知空间的一种穿透能力。公开披露的信息同样存在着大量高价值的情报。这种信息加工能力本身也是商业竞争力的一部分。而从组织体系来看，情报向来都是与公司战略挂钩的。

情报能力不足是企业出海需要重点补足的一块短板。国内大量的信息服务机构还缺乏为企业提供深度信息服务的能力。

<u>每一家优秀企业还是需要尽可能地建立自己的情报分析体系。商业帝国有一根神经网络，属于光明正大的情报体系。这是企业建立正面防御的关键一环。</u>

第三节　文化消融的生存法则

一家全球化企业在当地最好的生存方式就是安静地存在，让当地人习以为常。企业无缝嵌入当地文化之中，消融于当地社区，受到当地人的尊敬。<u>全球化企业最高的境界，就是让品牌的国别属性消失。任何地方的消费者，都能从品牌中感到愉悦。</u>

国民企业，下沉社区

企业在任何一个地区的开拓，如果能够与当地社区实现深度融合，那么它将更容易扎根在本地。

中国家电在东南亚市场，实际上就是跟日韩品牌进行三方竞争，包括三星、LG、索尼等。在越南，海尔AQUA品牌像一把尖刀，出其不意地划开了巨人的肚囊。只有充分扎根本地，AQUA才能够在日韩品牌占据多年的市场中撕开一条口子。在冰箱和洗衣机市场，AQUA已经跟日韩品牌不相上下。AQUA洗衣机在越南排名第一，AQUA冰箱在越南仅次于三星，成为本土具有较强竞

第三章 认知空间：对抗或者共生的源头

争力的国际品牌。

海尔在越南采用了"在本地、为本地"的策略。胡志明市附近有一家约 2 000 人的工厂，总部只派过来 3 个人管理。这里几乎完全由越南本地人完成制造、营销和渠道推广。这里的品牌并没有采用"海尔"，而是使用了一个高度国际化的名称 AQUA。这里的营销符号，都是为当地文化而设计的。越南人民喜欢纤细之美，民族服装奥黛是女生的最爱。这里的人们崇尚选美大赛，越南小姐、世界小姐和环球小姐三大赛事在时尚界也举足轻重。选美可以看成越南最商业化的本地时尚行为，也是一种国际化语言。当 AQUA 宣称自己的"时尚"属性的时候，它选择了与本地的流行时尚和文化风俗融合在一起。它积极参与赞助选美比赛，并将选美冠军作为品牌代言人。时尚就是一种认知追随，AQUA 驱动了当地消费者的追随。

很多企业意识不到"义工思想"的重要性，对慈善事业也关注不多。实际上，这些工作对于一家企业能够下沉到当地非常重要，它收到的效果往往也超乎想象。AQUA 非常注重与当地的融合。它每年都有固定的慈善和社区活动费用。在做慈善活动的时候，AQUA 会拉着当地的国际医院一起，提供定期义诊活动。它将空调捐赠给当地的清平华文学校，使后者成为越南同奈省第一家有空调的中学。每年 AQUA 都会根据学校需求定向捐赠。到了春节，学校校长会带着学生到海尔表达感谢。

每一家跨国企业在全球范围内扩展时，不仅传播技术，还积极吸收本土知识，并编织本地的社会关系网络。认知空间的正向评价，源自文化差异的消融。这正是全球化公司行走天下的奥秘。 而当地员工是公司最好的代言人，这也是企业建立正面认知空间的第一批要夯实的桩子。AQUA 有专门的员工家属日，邀请家属一起来认识这里的工厂。每次有外部人员来访问时，基本由工厂员工讲解。当这些员工谈论起产品的时候，两眼发光，充满自豪感。在这里，为谁工作并不重要。围绕品牌所形成的快乐、自豪和尊严，抓住了每一个员工的心。

每个跨国企业都可以从员工角度出发，激发当地的活力和认同感。中天科技在收购土耳其电缆公司得美之后，决定避开竞争激烈的本地市场而转向欧洲中高端市场。这需要一支高度国际化的团队。然而在土耳其，英语并非常用语言。100 个白领员工中，只有 20% 能够讲英语，而要跟欧洲市场做生意，英语技能是必备的。于是中天科技开始在工厂开设英语培训班，鼓励土耳其员工学习。销售、市场和质量检测作为对接欧洲的窗口，英语被要求重点渗透。在这个过程中，大量土耳其员工因为英语熟练而得到升迁。生产部、技术工艺部的经理从大都不会讲英语，到现在可以直接跟前来验厂的欧洲质检人员对话。3 年时间里，白领员工英语普及率达到 80%。这是当地员工在学习个人工作技能之外，第一次集体参与自我能力发展。它给企业带来了意外的美誉，使员工对企业的评价大幅度提高。

找到融入本地社区的方法，可以使企业快速发展。印度尼西亚是一个多岛屿的国家，人口散布在不同的岛上。和路雪作为全球冰激凌巨头，一直将印度尼西亚看成全球版图中增速稳定、盈利能力很强的市场。即使如此，它也只是出现在大商场和连锁超市中。

2015 年初来乍到的艾雪，注意到了印度尼西亚地理的碎片化特征。中央城市与县镇生活的脱节，意味着当地人对品牌的认知空间会有多层的差别。看似成熟的商业版图，依然存在大量有待引导

第三章　认知空间：对抗或者共生的源头

的空白之地。

印度尼西亚的商圈结构呈现一个标准的金字塔形。最上面是全国性的综合商场和类似家乐福的大超市，中间是类似便利蜂、好邻居这样的便利店，底层还有遍布各个岛上的夫妻店、小卖部。

从地图上看印度尼西亚的地理形状，岛屿从上往下就像一个豌豆荚，星星点点的村庄分布其间。这些村子沿着几个大岛的海岸线，从西向东连成一片，居住环境大多是一层的民房。社区居民和村民都在小商店买米、面、香烟等基本生活物资。这正是艾雪"进攻"的对象。

艾雪的对策是"抢占空白渠道、决战无主之地"。这些散落在村子里的个体户和小商店，被艾雪定义为亟待组织的"无主之地"。本地小店的特点，就是产品高度同质化。如果一家新增加一个品类，马上就有小卖部跟风引入。印度尼西亚各个岛屿具有一种普遍的特征，那就是家族的力量。这些家族并非显赫的贵族，而是基于对亲缘关系的高度认同感。岛上居民很容易排出宗谱，成百上千人挤在一张宗谱上也是常见的事情。这些特点使得印度尼西亚群岛对于新闻事件往往能够快速传播。

艾雪决定将这个"宗谱效应"放大，而传播的名头一定要响亮。艾雪在小卖部店铺的"无主之地"，嫁接了一个全新的空间，那就是冰柜。结合印度尼西亚政府"帮扶中小企业"的号召，艾雪提出了"中小商店帮扶计划"。小店可以免费得到冰柜，但需要售卖艾雪的冰激凌。这个帮扶计划得到了政府的高度认同，也作为政府业绩广为宣传。这使得艾雪在布局冰柜的初期非常顺利。

在分发冰柜时，艾雪同时提供了"零售生意经"。许多小店没有做小生意的思维，只知道香烟 5 元进、6 元出的简单生意经，对于到底卖什么赚钱、怎么卖、如何对产品进行陈列等完全没有意识。于是，艾雪除了切实帮助冰激凌业务，还围绕小店的其他业务规划和算账方法进行帮扶，包括提供商品信息、陈列布局、推荐畅销品、指导店主补充缺失品项等。逐渐地，这些"无主之地"有了新的生意主张。

店主发现这个新鲜的冰柜可以很好地帮助小店引流，加上出售冰激凌，收入会明显增加。许多小店对艾雪充满感激之情，因为除了冰激凌，还会学到各种生意经。印度尼西亚群岛小卖部的作业是最容易抄下来的。申请冰柜卖冰激凌的模式，被夫妻店广为接受。集聚效应开始出现，艾雪收到大量申请冰柜的加盟请求。艾雪一度将冰柜免费发放到印度尼西亚近80个城市的贫困社区，覆盖7万个贫困家庭，数万个贫困家庭的妇女在家实现就业。在跨国巨头看不到的地方，一股暗流正在印度尼西亚群岛蔓延。

然而从社区出发的小卖部系统，并不足以支撑一个真正的品牌建设。当这些下沉渠道积累到一定程度时，就需要放大声量。2018年在雅加达举办的亚运会是一个很好的机会，这是印度尼西亚60多年以来再一次举办亚运会。艾雪在成为亚运会的合作伙伴之后，进行了高强度的体育广告营销。火炬在印尼全国传递，艾雪邀请夫妻店的人员参加。这极大地激发了本地品牌的亲切感。随着知名度的提升，艾雪开始向上深度渗透到金字塔商圈。在印度尼西亚1 600多个综合商场，艾雪已经全部进入其中。而在5万个便利店中，艾雪已经进入其中的4万多个。至于社区小卖部，艾雪投放了40万台冰柜。艾雪从社区出发，赢得民众口碑，从下向上实现了商圈的反向渗透。这使艾雪在印度尼西亚市场份额中排名第一。

第三章 认知空间：对抗或者共生的源头

与社区共同发展，不仅适合零售商品，对大宗商品也一样。中国的棕榈油一度全部依赖进口，无论是主要产地，还是全球物流商权，都掌握在那些靠近资源产地的本土企业手中。例如，人们熟悉的粮油品牌金龙鱼、欧丽薇兰和胡姬花，其背后就是新加坡丰益国际集团。其他还有马来西亚森达美、印尼金光集团、印尼春金集团等外资巨头在控制，这些巨头通过多种形态渗透到中国市场并且掌握着行业的话语权。

全球85%的棕榈油产自印度尼西亚和马来西亚，进军资源腹地是企业出海的唯一出路。天津聚龙集团决定在2006年进军印度尼西亚。高管组成的先遣小组在印度尼西亚各岛屿考察了一年多之后，感受最深的就是当地民生与棕榈树的血脉关系。尽管工人产出效率很低，但人与树天生在一起，呼吸相通。作为木本油作物，棕榈果串采摘后需要在24小时内抢鲜压榨完成。这既离不开采摘工人的组织，也离不开就地压榨的加工能力。显然，外部的工业化力量不能将二者割裂，而是加强了这种融合。

为此，聚龙战略规划的第一张蓝图并不是棕榈树种植园的布局图，而是种植园的社区配套图。这张蓝图清晰地规划了清真寺、教堂、小学、医院，甚至菜市场也在其中。一个外来企业不能只规划自己的目标，社区价值需要成为企业战略的一部分。在进军印度尼西亚8年之后，聚龙集团收入约200亿元，而此前总收入不到30亿元。天津聚龙打破了新加坡、印度尼西亚和马来西亚的棕榈油巨头所形成的全球性垄断。它与本地的共生交错关系，成为后来者站稳地盘的根基。

真正的出海，就是要站在当地民生的角度，融入日常的生活与文化之中。全球化的重要一步，就是成为一个社区友好型企业。

融合至上

对于分散在全球的中国工厂而言，如何成为本地社区的公民企业，是一种至关重要的生存能力。**一个优秀的跨国企业需要有一种自省的意识，将公司形象与当地认知融合在一起。**

当人们漫游在匈牙利首都布达佩斯多瑙河沿岸时，或许可以感受到融合的含义。雄壮而水流湍急的多瑙河两岸，分别是布达和佩斯两个地区，这正是布达佩斯城市名称的由来。布达位于城市高地，建筑依地形而起；佩斯位于平地，布满精美的建筑群。夜晚看过去，灯火辉煌如天空之城。双向融合，构成了多瑙河两岸的独特之美。大河两岸，两个城市区域的布局，呈现出一种视觉上的平衡，它们似乎天生在一起。

匈牙利地处欧洲东部，经济水平相对落后。但作为欧洲大家庭的一员，它与东南亚的社会面貌迥然不同。这里的人员受教育水平普遍很高，而当地社区对外来投资者的看法，也超越了单纯经济方面的考量。

离匈牙利汽车零配件之都米什科尔茨 20 公里的地方，有一座"化学"城市：卡辛茨巴茨卡市。该市人口不足 3 万人，却有 3 000 多名本地人在中匈宝思德经贸合作区工作。这里以化工为主导产业，配套轻工和机械加工等制造基地。13 家企业中，有 6 家为中资控股。这得益于领头羊企业的落地所形成的巨大溢出效应，滋养了更多的中资企业在此落脚。

宝思德化学公司一度是匈牙利最大的化工企业，它的聚氨酯产能在欧洲位居前列。在公司连续亏损破产之后，烟台万华集团在 2011 年正式完成对它的收购。

第三章 认知空间：对抗或者共生的源头

对于烟台万华而言，面对德国化工巨头巴斯夫在中国的强势，它需要在欧洲找到反向制衡的力量。这种在竞争对手腹地进行的产能布局，也是一种全球化地理空间的对冲策略。然而一开始的几年，企业一直处于亏损状态。万华的高层不得不每年花费近一半的时间，反复蹲点调研。直到 4 年之后，公司才终于开始盈利。

并非只有盈利能力需要特别关注，企业在本地的嵌合能力也至关重要。宝思德在当地属于大型企业，镇上有 1/10 的人口都在为这家公司服务。并购完成后，万华并没有让自己处于主导地位，而是更多考虑与本地民生的结合。这个工厂对外提供社区服务，工厂医院可以为当地人服务，设立的幼儿园也对当地人开放。

医院、幼儿园让万华在这里的工厂产生了溢出价值，得以在小镇的圈子里传播。它带来的是可信赖的美誉度，超越了品牌的国别属性。当一个跨国公司建立起本地社区公民身份的时候，员工的归属意识变得更加强烈。

烟台万华的本土化是长周期的，成为本地化发展的一个样本。如果要在出现时间更短的新工厂里寻找答案，联想布达佩斯工厂则是另外一个快速有力的模式。从匈牙利首都驱车向东 30 公里，在绿油油的田野里会突然出现灰色的平顶厂房。厂房的屋顶，就是蓝天白云下面唯一的地平线。而"Lenovo"的红色标志，则像一个红色箭头一样插在绿色农田里。

这是一个快速发展的工厂，只用 10 个月就完成了生产线的建设，并成为欧洲的服务器重要生产基地。这里只需要将深圳的母本工厂的实践，像抓草药一样按配方配置一遍即可，工厂中使用的大部分零部件是从中国运过来的。

联想的 IT（信息技术）软件、制造系统，已经在全球范围内形成了标准化的"一个联想、一套系统"。能够将一套系统在全球快速部署，是一种完全不同的工厂建设经验。在未来，流动工厂将极为普遍。快速在异地完成工厂的复制，是一种稀缺的核心能力。

然而，更稀缺的是文化落地能力，这是许多企业出海的命门。在这里，一切都是本地人的天下。3个土生土长的欧洲管理者，会向各式听众虔诚地解读企业的品牌故事和工厂实践。霎时间，人们会感受到一个全球企业的行事理念在厂房内回荡。

这里的1 000多名员工没有一个是中国国籍。他们来自15个不同的国家，而他们生产的电脑将流向70多个国家和地区。多元化是这个工厂最强烈的主题，它用各种方式将多元文化编织成一个旋律。墙上到处都是绚丽的色块，员工的衣服也根据岗位不同设置成不同的颜色。工作台的屏幕上流动着各种颜色的数据，标示出设备正常、故障或待修。

十几年前，企业曾经因为全球化的碰撞，启动了寻求包容文化的"联想之道"。至今，这种包容文化已经无形地融入全球各地工厂的系统之中。从某种意义而言，联想是一个全球公司，而不是"全球化"公司。它已经度过转"化"的阶段。或者说，这是一种"羽化成蝶"的"化"，是一种自由向上的状态，而它的品牌也无处不在。那种穿梭在日常生活中的形象，在匈牙利大街的公交汽车上一眼就可以看到。这个品牌已经与当地的社会融为一体。

每个企业在不同的地区，自有不同的落脚方式。然而永远不破的真理是，只有拥有实力，才能赢得真正的尊重。海尔越南负责人在7年前拜访同奈省边和市第二工业区管委会主任时，需要提前一周预约，同事会反复提示要穿着正装。即使到了管委会办公室，还要等20分钟，而最后出来见面的只是一个副手。现在海尔企业做

第三章 认知空间：对抗或者共生的源头

强品牌有了影响力，情况就开始大反转。作为园区的智能制造样板工厂，园区主任往往不请自来，而且还带着国际投资者一起观摩。管委会主任会自豪地向德国、印度、泰国等国的投资者介绍海尔，如数家珍。海尔工厂的智能化和可视化做法，已经成为该工业园区的一张亮闪闪的名片。电视台等媒体也会经常前来报道，以前是官员来视察工作，现在则是来工厂学习。目的不同，官员的心态就会发生转变。在这里，文化隔阂早已消失，**用实力赢得发自内心的认可，这是认知空间的最高奖赏。实力越强大，与当地的融合也就越容易实现。**

第四章

价值链空间：改变价值生成的公式

出海并不只是复制企业的原有能力，
而是通过本地化建立全新的竞争力。

企业全球化，需要驾驭全球各地的资源，建设更完整的价值链对抗能力。

**调整在价值链中的位置，
并攀升到更高的价值空间，**
这正是一个企业如骨骼拔节成长的时代。

厘清贸易、品牌和供应链
这三者关系的企业，
会成为中国制造大出海的新玩家。

出海并不只是向海外布局工厂，
**而是在更大的空间范围内
完成各种可能的能量交换。**

出海企业只有**找到与本土制造商的价
值缠绕**，才更容易在本土生存。

如果能**找到价值链的合作关系**，
看似竞争的双方也有共生的空间。

精巧的股权结构，
就像一种强壮的键合力，
将不同的组织结合在一起。

**两个国家的关系，根系在于民间，
制造业最容易形成抵御风雨的大树。**

不同属性企业的价值链不同。代工企业、品牌商或者零部件供应商都有自己的侧重点。进入新的地理空间，原有的价值链之间的连接就会发生部分断裂。实验室里的化学反应会让人耳目一新，分子键断裂之后的重组会构成新的物质。**每个出海企业在本地都会形成一种化学反应，经历"断键"和重组的过程。**重新思考设计、制造和服务，可以在当地找到新的价值点。

企业工厂的地理迁移，并不只是为了应对关税成本。价值获取是头等大事，而这也会深刻地改变成本结构。这是一次全价值链优化的过程。**出海并不只是复制企业的原有能力，而是通过本地化建立全新的竞争力。**

第一节 价值获取

在中国的工厂群进行制造，借助贸易通道将产品卖到其他国家，这是中国企业多年来最熟悉的参与全球经济的方式。这种超级工厂生产范式的黄金年代已经远去。分布式工厂的新模式改变了超级枢纽的方式，中国企业需要在全球版图上重新布局。寻找新的价值源泉，可以成为企业最高战略的行动纲领。

重构价值链

很多外贸型生产企业，尽管海外收入占比很高，但只是一条价值链上的某一个节点。即使有海外订单，工厂往往也都按照图纸的要求完成。这些企业对海外的生活习惯、风险和文化缺乏体验。因此，即使有海外业务，企业也并不存在真正的海外战略。企业没有海外战略部门，也没有支援海外活动的复合型岗位，更没有全职海外负责人。离真正出海全球化，有着相当长的距离。

价值链是战略层面的考量，它决定了一个企业以何种方式来获取利润。这跟它在整个价值链条的环节有关。富士康是苹果手机最大的代工制造商，它的核心价值在于提供精密制造的规模化生产能力。因此，向前扩展到设备的自研能力十分重要。作为最大的小刀具使用商，富士康拥有大量的材料工程师，也有强大的刀具制造能力。对于一级汽车供应商浙江均胜电子而言，它需要识别新的电子技术对于大众汽车的价值。只有在欧洲基地围绕汽车电子系统进行多元产品开发，才能确保它在行业中的话语权。只有将前后价值链打通，才能实现"战略出海"。

作为成熟的行业，中国家电企业在越南也呈现了不同的状态。有的企业在越南建立工厂，只为越南本地生产，仅有很少的一部分出口到其他国家；有的企业将大部分产品出口到美国，少部分面向东南亚销售；有的企业则完全没有工厂，而是采用区域代理制进行销售。不同的生产与销售策略，决定了企业获取价值空间的能力。如果为本地生产，就会追求研发能力的本地化。如果面向出口，则规模化生产的效率就是重要目标。

全球最大的工厂零部件企业日本米思米，以闪电交付零部件而知名。它的商品种类有 2 000 多万种，基本可以做到一件起订。2023 年米思米的收入接近 200 亿元，海外收入占到一半。然而它在 20 年前却是一个地道的本土企业，海外收入只占到 10%，这对一家日本上市公司而言，就像是一个另类的存在。它后知后觉，错过了日本全球化经营的黄金时间。直到创始人退休，继任首席执行官决定走全球化路线的时候，米思米才开始经历脱胎换骨的变化。一家日本本土企业，开始踏上全球化之旅。

米思米在进入中国的时候，决定改变从日本进货的方式。仅仅依靠贸易，很难适应本地的高速发展。为了确保质量与交期，米思米劝说它在日本的供应链集体搬入中国。为此，米思米在上海松江建立了"上海米思米村"。这是一个专门围绕一家企业所建立的工业园区。米思米提供了完整的厂房等基础设施服务，并邀请它的上游供应商加入园区。只有各个供应商都在这里设立工厂，才能大幅度提升米思米的配送效率。然而它也并不只是一个采购方，而是要保持整个价值链的高效。如果供应商缺乏资金，米思米就会提供配套资金援助。

如此积极地带动日本企业落地上海，也有另外一层含义。日本供应链串成一个兵团，就起到了防护墙的隔离作用。它要减少中国供应商的参与，避免为未来培养本土化竞争对手。即使后来有中国供应商陆续加入，它的要求也往往是买断工厂产能，即要求工厂只

第四章 价值链空间：改变价值生成的公式

能为米思米供货。米思米自有一套关于制造和流通的知识体系，也将这些知识传授给上游工厂。但是只要接受米思米独家知识传授的工厂，都要尽量成为米思米封闭生态的一部分。这些前后打通的价值链，使得米思米的交货速度从开始的 3 天提升到 2 天。

然而，米思米并非只看到了工厂本地化的价值，它在总部也做出了特殊的改变。它建立了"国际战略会议'中国会'"，要求总部的高管都得参加。来自上海的负责人自然也是重要角色。米思米用这样高规格的总部会议，传递了对海外业务的重视。任何一个高管都要支援中国业务，而不能置身事外。总裁亲自主持的月度会议，在东京和上海轮流举办。前线的炮弹也开始落在总部办公室大楼，这大大激发了总部高管对中国业务的兴趣。中国市场的行动，成为各大业务部门高管的关键日程。

无论是在中国还是美国这样的重要市场，米思米都保持了整个价值链空间的饱满度。每一个环节都被认真打磨，组织配套性也经过周密的设计。2023 年，米思米全部员工约 11 000 人，海外的员工则超过一半。在 20 年前，其海外员工的数量几乎是零。这个惊人的比例，让人意识到业务占比与海外人员占比之间存在着某种强烈的线性关系，二者高度匹配才是一种真正意义上的战略出海。

保持不同地理空间的价值链的完整性，是米思米全球化的支撑点。客户下订单之后的高速供货，已经成为企业的核心竞争力。这种高速交付是企业之魂，在任何一个地理空间都不会改变。本地价值链的打通，就是服务于这一点的。

从对待供应商的态度能够看出米思米如何整合价值链。为了确保美国市场，米思米在很早的时候，就邀请日本骏河精机在美国芝加哥建立工厂。当后者经营持续亏损的时候，米思米干脆收购了这家日本公司。在此之前，米思米并没有自己的制造工厂，只有贸易能力，这是全球化的一个短板。不懂得制造的真谛，不能实现制造、物流和贸易的整合，就不太可能成为一个全球化企业。而这一切，都是为了在整个价值链上实现米思米的"快速交货"基因。

企业出海要获得持久的回报，就需要尝试改变价值链的组成部分。

机器人公司南京埃斯顿在国内已经稳坐国产机器人的宝座，而在国际市场的开拓则以并购为主。被并购的海外品牌会加快与中国的供应链嫁接。在收购德国老牌焊接机器人公司克鲁斯、英国伺服电机公司翠欧之后，全球交互嫁接的行动就开始了。克鲁斯的技术实力雄厚，但产品种类却比较单一。埃斯顿借助南京研发设计密集的特点，为克鲁斯开发了新的机器人。这家有着百年历史的公司，第一次在德国工厂制造来自中国设计的机器人。而为了丰富翠欧品牌的产品线，埃斯顿为翠欧开发了配套的运动控制器。这种交叉互补的方式，将中国激烈竞争的市场所形成的十足活力，注入海外老品牌之中。

对于自有品牌，埃斯顿也开始积极在国内训练出海。全球对于机器安全要求最高的地区莫过于欧洲，这体现在苛刻的欧洲 CE 标准上。埃斯顿机器人在国内开始按照 CE 标准进行新的机器人开发，机器人周边被设置了绿色、黄色和红色的扇形区域。当人们无意中进入黄色区域的时候，机器人就开始减速，并开始报警。当人们进入红色区域的时候，机器人就会停机，避免出现伤亡。

具备安全功能的机器人会增加 10% 以上的成本，而且需要一年半左右的认证周期。但对于埃斯顿而言，这是产品走向深蓝海洋的必由之路。实际上，这也是全球化更大雄心的一部分。欧洲机

第四章 价值链空间：改变价值生成的公式

器人市场正在发生巨大的变化。欧洲 CE 标准已经开始进行大的革新，对电机编码器、控制柜都有全新的要求。而这些标准的制定者，正是欧洲机器人企业，如 ABB、库卡、史陶比尔等。这些企业试图提高进入的技术门槛，将低价格的日本制造和中国制造的机器人品牌拦在外面。日本的雅马哈、爱普生也是欧洲防御的对象。如果要走向全球，埃斯顿就需要提前练兵，应对提高的标准门槛。

中国企业的价值链空间正在向外延展，以满足全球地理空间的需要。 按照不同地方的标准体系来设计产品，正在成为中国研发工程师的基本理念。这种改变，并不只是对中国企业而言。即使是落地中国的外资企业，也在中国企业出海的转变进程中寻找新的机会。

以端子和电气产品而知名的德国隐形冠军菲尼克斯，在南京已经有 30 多年的历史。面对中国企业的出海浪潮，这家德国家族企业也开始提出"外企再出海"的理念。

国产零部件迅猛替代，大量国内零部件企业正在成为中国机器制造企业的供应商。然而当这些机器出口到海外的时候，由于涉及海外的法规和标准适用性，被广泛采用的依然是外资企业的零部件。这些零部件的设计往往需要依赖中国本地的研发，而本地研发的灵活性会反映出外资企业在中国的适应能力。以前，很多产品都是在总部研发后直接拿到中国使用的，现在这种"总部配方、中国稀释"的传统已经过时。对本地需求无法做出快速反应，凡事都要回到总部请示的做法使很多外资企业丢失了竞争力，僵硬的组织架构无法适应灵活的中国制造。

菲尼克斯呈现了不同的风格，一直追求成为"最'中国'的德国企业"，大力推进本土化的工厂建设和研发，因此成为国内为人熟知的明星公司。由于拥有本地触觉，菲尼克斯中国公司也先于总部研发了电动汽车的充电枪。而德国总部的管理层则对中国公司保持高度信任，从一开始就接纳中国团队负责公司整体运营。

当中国企业大量出海的时候，菲尼克斯迅速调整了产品战略，积极实施"向外看"的产品开发策略。为了更好地支持出海制造商，它制订了"好鞍配好马"的计划。借助自身对于全球合规和欧洲市场的优势，为中国出海的设备提供了专门的设计方案。

不仅仅是中国企业走向全球化，深度扎根中国的外企也会面临"再全球化"。

实际上，这是一个双方借力、互相交织的过程。金风是全球最大的风机制造商，高度重视国际合作，深度融入全球价值链。金风长期保持与海外科研机构的开放合作，以及和欧洲供应链的长期技术与订单合作。这不仅仅是商务合作，更是与全球技术发展潮流同频共振。金风跟德国弗兰德减速箱旗下的威能极有着长期的合作。后者不仅提供了可靠的齿轮箱，还可以从齿轮箱受力机构和部件磨损机理，为整机提供有借鉴意义的分析视角。这种来自零部件企业的知识反哺，对中国主机制造商有着重要的意义。感知全球不同地域的实践经验，是技术升级的重要环节。

在这种新技术跃迁的过程中，国内企业与国际伙伴的紧密合作至关重要。而这些跨国公司的全球备件网络，也使走出国门的中国整机机械，能获得高效畅通的本地服务支撑。中国风电市场的迅速发展，带动了海外企业零部件技术的飞跃，这是一种健康的律动，形成了风电行业全球化发展态势，而这些国际渠道则是中国企业在海外售后服务的有效补充。在中国企业规模出海的过程中，看清楚从哪个方向、哪个渠道获取知识，是构建价值链的重要命题。

全球制造格局的移动，对中国企业而言是一次能力再塑造的过

程。中国企业要面对的是全球对手。在整个价值链环节上，从设计、制造到品牌、服务，企业需要进行一次全方位的自我审视。**企业全球化，需要驾驭全球各地的资源，建设更完整的价值链对抗能力。**

走进自己的无人区

出口海外和国内销售的产品，即使是同一款，细分差别也很大。出口产品的标准与质量要求基本是由国外客户推动的。例如，美国的家用割草机品牌对产品需求有着精确的定义，无论是尺寸还是材料，或者是加工所用的工具，甚至上游关键零部件，往往都有明确的规范。因此代工制造企业只需要做出一两台样机，基本就可以进入工程环节，三五个月之后就可以开始规模化生产。这种快速规模化制造的能力，得益于海外客户定义准确、流程清晰，因此质量也容易把控。

一些制造企业容易出现"外贸内行、内贸外行"的现象，外贸做得好，国内市场却做得很差。这是因为企业的全部能力都建立在外部订单已经明确的产品需求之上。

在客户精细的规则指导下，制造企业会在生产过程中形成很强的制造能力。然而，产品需求如何定义、制造规则从何而来，代工制造商往往并不清楚。这是一种因陷入路径依赖而导致能力逐渐退化的现象。

就价值链而言，企业只拥有制造能力，在其他方面存在盲区。当企业试图建立自己的品牌时，才会意识到缺少"产品定义"的能力，也缺乏建立渠道面向用户营销的能力。从本质而言，企业缺乏与用户互动的能力。

本田摩托车的制造资产很少，它的重点在于设计和装配。它自己并不做零部件，发动机的很多零部件都是外采的。然而，它在产品需求的确认方面投入巨大，仅仅做产品定义的就有数百人。

要完成制造环节之外的第二增值空间，已经无法依靠工厂能力来解决。**只有提升设计端的能力，才能使企业进入自由境界**。实际上并非只有高科技公司才有无人区，各类出海企业都可能会开拓未知的疆土。到了国外之后，市场不再有明确的标杆，也没有人在前面蹚路。企业需要习惯在无人区行走，不断提升能力。

设计环节很容易成为中国制造的软肋，它带来的问题经常难以察觉。柳工的装载机在最初进入印度的时候，一个常见的问题就是铲斗动作缓慢，液压系统效率非常低。技术人员在现场未能发现问题的根源。工程师经过反复测试，终于将症结指向液压油。柳工的标准液压油通常选用黏度相对较低的46号油，更适合气温较低的环境。这是与中国市场的温带气候相匹配的默认选项。而印度大部分地区处于温度较高的热带，更适合使用黏度较高的48号油。设计师留下的默认选项，容易成为售后服务的噩梦。然而设计师很难预料用户实际使用的场景。柳工装载机在印度主要被用在铁矿场，当地铁矿石的密度非常大，而柳工装载机的斗容却是基于普通物料的密度设计的。这自然会因为设备效率低下而被诟病。这些隐藏的"设计无预知"的缺陷，会导致本地人的不信任。而文化上的沟通不畅，容易使这些麻烦雪上加霜。

当成本漏斗接二连三出现的时候，企业的利润就会不断被消耗，使本地经营变成现金黑洞，经营者的信心也会遭遇挫折。然而在很多场合中出现的质量缺陷问题，是本土化设计能力的缺失造成

第四章 价值链空间：改变价值生成的公式

的。人们过多地将焦点集中在既有产品本身，而非它的设计环节。只有强化设计能力，才能大胆探索企业自己的无人区。

中国制造能力的边界，还需要进行更好、更广泛的探索。而通过设计改变价值链的节点，是企业最需要考虑的战略方向。

作为一个跨境物流服务商，纵腾一直在整个价值链上强化竞争力。为了建设更快速的物流网络，纵腾购买了2架波音777飞机，这使它不得不学会面对运营飞机这个全新的领域。这种全新能力的建设，正是一个企业打破组织认知边界的主动探索。有了货运飞机，纵腾可以大大提高配送的竞争力。纵腾运输的85%的订单，可以在5天内从中国送达欧洲用户手中。而其中15%的订单可以在44小时内送达，这意味着深圳客户的电商包裹在交付纵腾后，可以在44小时内被巴黎的消费者签收。巴黎和深圳的空间距离被急速压缩。**而快速交付背后是在不同国家的规则下对诸多环节的高效打通。**

纵腾的海外仓库已经不仅仅是物理仓库的概念，更是一个价值链条的节点。面向不同行业，它要不断挑战自己的知识盲点，从而提供不同的服务。面向化妆品行业，它可以提供有效期管理，对每件商品增加时间分选的维度。面对服装行业，它可以定制智能化拣选仓和退货上架服务。对于高货值3C消费电子类产品，它可以提供序列码管理，有助于追踪管理。至于危险品，更有一套经过认证的全流程防护措施。只要不断挑战自己的"无人区"，就可以不断延伸价值链。纵腾从一个"物流商"发展为全球跨境电商基础设施服务商。

进军海外的产品不再只是模仿，而是独立定义独特产品，任何一个企业都要进入这样的无人区。从企业生命周期看，这正是企业长大、成熟的成年礼，出海大大加速了这个进程。**调整在价值链中**

的位置，并攀升到更高的价值空间，这正是一个企业如骨骼拔节成长的时代。

品牌与供应链嫁接

为海外品牌进行贴牌生产的代工模式，容易使企业缺乏感知用户变化的能力。企业往往围绕品牌商的指令，致力于完成供应链端的优化。大型代工厂往往能够在全球嫁接资源，例如为耐克代工的申洲服饰，或者为苹果代工的立讯精密。这种超级规模的代工有很强的风险防御能力。

一些代工制造商选择各种方式寻求自有品牌的突破。有些外国品牌的代工制造商，往往担心品牌商的忌讳而放弃自建品牌，这些企业很少接触超市和经销商，只是按照订单的要求，完全沉浸在制造这一端。然而放弃了对用户的洞察，切断了与经销商渠道的联系，就会使原厂委托制造（OEM）永远被锁定在"代工"这个环节之中，利润空间也被品牌商锁死。

优秀的代工制造商，往往从 OEM 代工开始，进入原厂委托设计（ODM）阶段，最后走向原始品牌制造（OBM）。一家在越南的中国企业为美国品牌 Charble 代工制造烤箱，销往沃尔玛超市。这家企业也在生产自有品牌的烤箱，并建立渠道来销售。它既不去美国，也不去沃尔玛超市，而是在本地进行品牌试水。在产品定位上，针对户外野餐的小众市场进行尝试。加上企业可以实现模块化的产品设计和共享供应链，制造端的成本压力可以大大减少。

更加进取的企业则通过持续并购，改变在全球价值链中的位置。电动工具公司创科实业依靠成熟的供应链能力，通过收购品牌，

第四章 价值链空间：改变价值生成的公式

快速走上了全球化之路。它在 2023 年达到了 140 亿美元的收入，成为电动工具销售额最大的企业。早在 1988 年，它只是一家普通的东莞工厂，为博世电动工具做贴牌代工。在这个过程中，企业主动向下延伸价值链，寻求分销电动工具。能够接触到用户、锐化市场触觉，使得它的代工制造并不只是一个盲端。在生产过程中，企业借助海外品牌的品质控制要求，建立了畅通的供应链体系。1999 年它收购美国当地的 VAX 吸尘器品牌，并在此后 10 年陆续收购了 10 个家居品牌。至今，它的旗下已经有十几个品牌，这些本地品牌最大的特点是有着明显的地域属性。它们的故事在欧美小城镇悠闲的慢节奏生活中慢慢渗透。然而，这些品牌也跟那些熟悉它们的小镇居民一样在缓慢地变老，生产系统已经变得笨重不堪。

创科实业为此注入了新的能量。收购这些品牌之后，创科一方面带来中国东莞的强大制造能力，重塑了这些产品的成本结构。另一方面也开始强化营销机器，唤醒逐渐沉睡的品牌意识。创科实业开始在价值链上延伸。它打通了电动工具的开发平台，使得这些电动工具可以共享一个设计平台。共享设计平台最大的好处，就是可以大幅度减少零部件的种类。同样一个马达，可以在不同型号的吸尘器上使用。这就避免了设计两种马达，从而增加零部件管理的复杂性，规模成本也得以降低。企业还对每一个品牌都进行产品线的扩充。如果小镇居民喜欢一个吸尘器的品牌，那么现在这个品牌拥有了新的割草机系列，二者传递了同样的情绪价值。这是一种"饱和渗透"的方式，让一个品牌最大限度地占据用户的家庭空间。

在代工时代，品牌价值塑造与供应链集成的能力是分开的。品牌往往被看作比代工制造更强势。但实际上，拥有强大供应链集成能力的企业，也可以收购盈利能力不强的小品牌，从而获得更高的利润。**品牌越多，供应链的集成效应越明显**。

针对强势的渠道，创科实业的多个品牌发挥了巨大的区隔作用。一个产品在不同渠道的销售往往需要避免标准化，后者意味着因价格透明而失去利润空间。品牌区隔对于定价保护则有着重要的绝缘意义。同样是吸尘器，创科实业为沃尔玛提供的是哈特牌，而给另外一家大型零售商得宝提供的是独家售卖的良明牌。二者可能是在广东省或者越南同奈省的同一家工厂的不同车间生产的，但被赋予了不同的品牌内涵。两个强大的零售商，获得的是不同品牌的议价权和独享权。创科实业开启了"品牌矩阵与供应链集成"的一体化模式，它在电动工具市场取得了巨大的成功。

以生产电机和变压器为主的浙江卧龙，同样也是品牌和供应链嫁接的佼佼者，它在全球电机市场的地位仅次于瑞士百年品牌ABB。卧龙的特点就是通过大量并购，增加自己在全球价值链的嵌入深度。它拥有10多个子品牌，分布在海外数十家工厂。卧龙通过丰富的品牌矩阵，为工业用户带来了"品牌饱和渗透"。卧龙也进行了很好的供应链协同。由于制造电机需要使用铜金属这类大宗商品，公司建立了一套行之有效的贵金属原材料的采购方式，通过套期保值等对冲铜价的波动性，从而使旗下各个企业都有很好的原材料成本。

有品牌偏好的全球化企业往往会大量收购海外品牌，激活小品牌的能量。这些中国企业在国内持续提高制造能力，强化供应链能力，而在海外则致力于品牌多元化。<u>品牌与供应链的共振，强化了企业在海外价值链的地位</u>。

并非只有大企业可以这样做，很多海外贸易商也发现了新的机会。如果能掌握用户的需求，就可以推动贸易、品牌和供应链三者

第四章 价值链空间：改变价值生成的公式

之间的组合，形成新的价值链。

莱比信公司最初是靠贸易起家，买进德国实验室仪器并销售到中国，通过差价来获利。这是一种在全球化 1.0 时代非常典型的商业模式。然而，随着供应链的在地属性变得日益重要，这家实验室仪器的贸易公司开始重新组合资源，形成了全新的战斗力。

莱比信首先在德国收购了一家生产离心机的小公司。这类只有 10 人左右的家族企业，算得上"隐形小霸王"（还没有到"隐形冠军"的地步）。有着成熟技术但体量一直没长大的家族企业，在欧洲比比皆是。当人们在称颂德国西门子、大众汽车这样的巨头，以及菲尼克斯电气、旺众购物车这样的"隐形冠军"的时候，德国大量的"隐形小霸王"似乎被淡忘了。当欧洲陷入能源危机的冲击时，很多德国小型企业受到的冲击往往是致命的。这是海边退潮、四处翻拣螃蟹的最好时机。

为了形成实验室自动化的能力，莱比信跨界到德国汽车自动化技术。在德国汽车未能迎头赶上电动化趋势的时候，汽车自动化技术成为一种略显过剩的行业能力。这种汽车自动化技术被轻松嫁接在实验室仪器自动化的流程之中。莱比信开始在中国寻找合适的制造工厂，生产新的实验室自动化技术所需要的设备，以及连通离心机的部分零部件。

技术和供应链已经打通，接下来就是前端品牌如何适应用户的需要。如果用户需要国产替代，那么莱比信的自有品牌产品就在国内生产，优质零部件依然由德国提供。如果用户想采购德国品牌的产品，那么就在德国制造，但部分零部件仍然可以在中国生产。这套灵活组合模式被进一步复制到美国市场。美国是德国最大的出口国目的地，德国流向美国的渠道是很容易打通的。只要控制好制造成本，就能获得很好的利润。这家熟悉贸易规则的企业，重新组合了出海能力。在直面用户的贸易通道上，向上叠加品牌的运营能力，向下则重新整合了供应链能力。三种能力叠加在一起，使正值虚弱期的德国品牌重新得到强化。

厘清贸易、品牌和供应链这三者关系的企业，会成为中国制造大出海的新玩家。在许多并不引人注目的垂直领域，这种三节鞭组合呈现了价值链要素重组之后的威力。

大出海需要一种新的供应链世界观，将全球能力节点化，然后重新组合，在一个更加柔性的组织中，寻找新的财富机会。以供应链为龙骨，中国制造新的力量也在形成。

中国工厂的能力可以在全球视角下重新被审视。供应链能力可以与品牌进行最大胆的结合。在美国、德国，到处都是丰富的小品牌，它们往往习惯于在本地活动。用全球化包围本地化，驾驭好这些小品牌，就可以借用中国供应链的旺盛能力。

位置改变价值

当一个企业的地理空间发生移动的时候，由于更加靠近用户端，企业也有更好的机会重新调整价值链。

江苏中天科技在收购土耳其的得美电缆之后，需要面对激烈的本地竞争。全球电缆领头羊意大利普睿司曼和法国耐克森也都在这里建有工厂。土耳其本土电缆制造商往往有着巨大的成本优势。这里大量使用来自俄罗斯的铝和来自伊朗的铜，使得原材料价格十分低廉。而中天科技由于合规原因，不可能采购这些低价的原材料。以中低压电缆为主的产品结构基本行不通，中天科技决定改变既有的价值链结构，向更高端的高压和超高压电缆进军。

要做超高压电缆，就需要直接面向欧洲电力公司。这些更有价值的用户，对工厂的要求也非常苛刻。这就要求得美电缆在研发产品的同时，必须建立一套欧洲认证体系，以符合电力公司苛刻的要求。

受益于地理上的便利，得美电缆不断派出研发团队，与欧洲电力公司频频接触以获得用户需求，同时也邀请一些欧洲专家作为顾问。在南通总部研发部门的支持下，得美电缆的土耳其工程师成功地开发了400千伏超高压电缆。

如果只是卖电缆产品，那么很难打入欧洲电力公司的圈层中。为此，得美电缆开始进一步研发高压电缆的配套产品，例如中间接头、隔离套管等附件。这些附件的技术含金量很高，并不容易被攻克。许多本地电缆公司往往都是直接采购第三方的产品。然而，只有在价值链上占据更多节点，才能真正锁定大客户的需求。

由于可以快速了解欧洲客户的需求并得到专家顾问的指点，土耳其工程师的设计思路也很开阔。整个设计直接瞄准欧洲最流行的干式附件。干式附件虽然复杂，但它是一种无油设计，可避免传统油泄漏导致的高维护成本。巧妙的设计使安装过程无须使用复杂的设备，因此流程被大大简化。这就非常符合欧洲的快速安装、低轻维护的要求。附件的成功开发加强了得美电缆产品组合的丰富性。这正是从设计端出发，改变价值链的一种典型。

普睿司曼在土耳其本地并非没有漏洞。它在这里的工厂只有高压电缆，但并不生产附件。这些附件需要从欧洲运到土耳其。这使得中天科技采用一体化生产的模式有着巨大的优势。中天科技的得美电缆已经对普睿司曼形成一定的市场压力，被其视为重要的竞争对手。

如果仅仅靠着代理商渠道销售电缆和附件，是很难直接跟电力用户公司打交道的，后者更关心的是整体打包方案的能力。因此，整体安装的施工能力也非常重要。

得美电缆建立了工程服务公司，加上高压电缆和独一无二的附件，实现了在用户端建立一站式服务的能力。而得美电缆也从承揽零星小活开始，逐渐强化了项目的管理能力。

后来，得美电缆终于在芬兰国网获得一个输配电的电缆项目。这是一个联手合作的成功案例。得美电缆作为总包，负责整个项目的管理。而电缆的敷设，则分包给一家法国企业在芬兰的子公司。得美电缆跟这家法国企业在德国的子公司曾经有着密切的合作。价值链越是缠绕在一起，能够落地的项目就越复杂。

对得美电缆而言，未来的价值链还有很多潜力可挖。如果得美电缆可以完成更多这样的项目，那么它就可能进入工程项目的食物链顶端，整体承包项目，实现路权管理和在地面上开槽挖沟这样复杂的工作。

本地一家生产厂商 Hes Kablo 也可以做高压电缆，这与得美电缆形成了一定的竞争。然而该厂商用了 5 年的时间，却迟迟未能成功研发出附件，最后它不得不转向得美电缆寻求供货。得美电缆有机会将自己的产品再一次深深缠绕在本地的价值空间之中。

实际上，"出海"并非只有一个向外的箭头，它也有价值向内的指向。德国技术与中国供应链能力的嫁接，正在产生新的生命活力。源自德国中小企业的技术回头浪，就是一个重要的方向。

在传统燃油车领域，日本车和欧洲车都是领先者。而在新能源汽车领域，中国则占据了创新的有利位置。传统的德国中小企业

第四章 价值链空间：改变价值生成的公式

只有与中国车企从设计端开始绑定，才能真正感受到客户需求的变化。

新能源汽车无须发动机，对轻量化的要求远远超过燃油发动机。轻量化涉及新材料和新工艺，德国企业有很多这样的技术储备。例如，汽车前门和后门之间的位置被称为B柱，以前使用金属材料，现在这种材料正在被碳纤维替代。德国一家生产汽车B柱的零部件公司已经在向保时捷交货，然而产量并不高。这家企业正在尝试跟中国汽车一级供应商嫁接在一起。如果在本地供货，就可以显著放大产能。这正是德国企业希望搭乘中国发展的快车的原因。而很多中国车企已经开始将部分研发机构设立在欧洲，就近与这些中小企业进行技术嵌入。

一名中国创业者计划开发碳化硅电机。这位创业者在德国慕尼黑找到昔日的同事。这家企业为德国工程师在当地建立了研发子公司。研发设计师会跟德国英飞凌芯片的工程师一起交流，与德国汽车传动巨头采埃孚一起开发高功率电机控制器。最后，这些产品重新面向中国电动汽车制造商。距离的远近从来不是开发产品的阻碍，创新者的灵活性和热忱反而放大了地理空间的价值。**出海并不只是向海外布局工厂，而是在更大的空间范围内完成各种可能的能量交换。**

当厦门建发集团在日本东京成立建发商事株式会社时，两个城市节点之间的价值交换发生了巨大的变化。二者在贸易订单上的往来，升级成为在商业价值上的挂钩。实体公司会像蜘蛛结网一样，主动与周围的商业组织连接在一起。在大大小小的当地会议上以及在与本地人交往中，建发商事的员工发现日本废铝回收业非常成熟。这些铝制品对于建发在东南亚的有色金属再利用渠道非常有价值。建发商事加入了日本铝业协会，并且跟当地废铝回收企业建立了商业关系。这样，日本的回收铝制品开始源源不断地输送到建发在东南亚的渠道。一条全新的商业通道被打开。

地理空间的变换，会出现一些本土化的资源优势。这会彻底改变母公司利用资源的方式。一家全球化公司在不同的地理空间建立子公司的时候，就会注意到差异性带来的增值机会。子公司获取价值的方式也可以跟母公司有很大的不同。

第二节　成本重塑

企业在不同的国家经营时，成本结构的表现并不相同。有些成本是供应链的贫瘠导致的，有些成本是工作方式的差异性引起的，还有一些成本则是无知的代价。克服这些成本所需要的时间周期，会因企业的禀赋不同而各有不同。能够对成本结构有全局意识的企业，往往可以缩短打怪通关的时间，快速进入盈利模式。

看待成本的方式

在海外，纳税是合规经营的要务。很多国际化公司都要通过专业咨询公司报税。即使是小公司，也要选择合格的税务公司作为帮手。身处海外陌生之地，企业必须学会相信专业的力量。这种比国内多花的成本，正是一个企业在国际化进程中所必须付出的。当企业向海外跨出第一步的时候，原有的成本结构表需要进行有针对性

第四章 价值链空间：改变价值生成的公式

的更新。许多新的成本科目要成为固定开支被纳入成本列表中。

一些企业在新进入一个国家的时候，成本结构里往往不包含咨询公司、律所或者会计师事务所的服务费用。读不懂文化风俗，看不透法务、会计规则，往往会导致更大的成本损失。这种会计列支项目的缺失，可以看成总部管理者的疏忽和怠慢。

向咨询公司、会计师事务所、律所学习，是一堂无论如何都不能缺失的大课。华为一直在借鉴西方的管理经验。1998 年，华为耗资巨大，开始向 IBM 学习集成研发。此后一直到 2018 年的 20 年间，华为邀请了几乎所有的国际知名咨询公司，包括麦肯锡、埃森哲、罗兰贝格、德勤、安永、毕马威、波士顿等。华为针对管理变革制定了一笔单独的预算，所投金额占销售收入的 1.4%。[1] 无论每年收入如何波动，这笔费用始终不受影响。华为开始推行"全球技术服务部门"的时候，专门投入 3 000 万美元的预算请咨询公司完成流程设计。而全球销售服务体系所需要的公司治理架构，也是由美国美世咨询顾问设计的。[2] 在华为，管理变革已经是一种常态化的工作。支付外来咨询公司的费用，成为一种常设的成本科目。这种不同寻常的成本结构，本身就代表了华为对外部知识的看重。

[1] 邓斌. 华为成长之路：影响华为的22个关键事件[M]. 北京：人民邮电出版社, 2020：153.

[2] 田涛. 华为访谈录2[M]. 北京：中信出版集团, 2022：18.

对于企业出海而言，大量的管理变革是必不可少的。只有勾画出与当下完全不同的新成本项目，才能更有效地支撑战略出海。

在绝大部分海外市场，定义成本结构具有非常重要的意义。在国内，工程师的维修服务往往作为一种附加服务包含在产品合同中。而这种"重制造、轻服务"的做法，在海外很难行得通。

一些国内企业往往强调通过提供24小时的即时响应服务，来跟外资企业的服务相抗衡，这体现了产品设计理念的差异性。国外企业一般提供的是标准化机器，在设计之初就考虑周全，基本覆盖大部分场景需求。由于运行相对良好，并不需要太多的服务。而国内企业往往通过周到的服务，来克服产品不成熟所带来的不方便。工程师驻厂解决问题，是一个非常有效的方式。这也在实际中推动了产品加快度过磨合期，通过快速迭代而越发成熟。但是，贴身服务在海外可能成为业务包袱。驻厂服务更带来巨大的成本，而且往往依靠中国企业派出本土工程师，耗时耗力。如果产品没有完善就发到海外，一旦在运行中暴露问题，就会导致巨大的损失。维修服务不太可能像国内一样，成为一种赠品。**企业一旦进入海外市场，过度服务就是一种高得难以被接受的成本形态。**

不仅是合规成本和服务成本，制造企业最熟悉的工厂成本也会发生变化。对于越南这样的近邻，供应链一开始就高度依赖中国本土。训练有素的精益制造管理者，很容易驾驭这里的工厂。他们往往采用循序渐进的路径。很多吸尘器制造商，如莱克、德昌，它们的路径往往是先租厂房后买地。企业很快就会获得收入，因此买地扩大产能也是水到渠成的。

对于进入东南亚而言，建立工厂相对容易"提前算赢"。然而进入墨西哥、匈牙利、印度等地时，巨大的文化差异会推动成本结构复杂化。企业容易对过去的成功经验形成路径依赖，这反而可能成为一个巨大的思维陷阱。中国供应链丰富，拥有充裕且学习意愿强的人力资源。但这样的条件，并不具备迁移的能力。企业按照中国的成本结构迁移到墨西哥这样的国家，很难取得成功。然而总部决策却往往对此估计不足。一个设在墨西哥的企业连购买小型设备都要由总部批准，而当地的价格往往超过中国的两三倍，这让总部采购部门难以理解。

墨西哥到处是支离破碎的供应链。一个工厂的制造需要有上万个小零件，其中很多都难以找到供应商。一个标注设备资产属性的金属铭牌，有时询价一个月都找不到合适的供应商。小小的金属铭牌要50元，是国内价格的10倍以上。而这种看上去无比琐碎的细节，会极大地影响生产运行速度，所有设定好的节拍都很容易被打乱。

在面向未来的全球供应链中，北美越来越拥有更大的话语权，无法逃避的中国企业只能参与其中。然而如何按照本地文化进行成本拆分，则需要扎实的本地调研。日本企业对于本地调研非常重视，往往会为一个本地风俗与文化陷阱的调查支付数万美元。

如果企业不想通过系统化的方式来获取这类调研报告，那么这个认知过程就会很长。如果只是靠四处打听，管理者就只能得到大量碎片化的认知。这种认知不仅不可靠，甚至是有害的。一家运营成熟的日本企业，会将供应链运营因素分解成100个小问题。绝大部分问题能具体量化，只有少数问题才是定性的文字描述。只有通过这种方式得来的数据，才能真正支撑财务结构。这样对未来的规划，才更真实可信。如果不具备这种"提前算准"成本的能力，那么外国企业在进军墨西哥的初期会吃尽苦头。

能够出海的中国企业，往往已经有着很好的精益制造能力。在海外落地时，则需要对本地工厂的生产节奏做好存在巨大反差的准备。在国内一个星期能完成的工作，在海外由于技术工人不熟练、供应链不足等问题，可能需要一个月才能完成。一个是奔马速度，一个是蜗牛速度。厂房产能的布局结构，就需要考虑到这种效率的差异性。

自动化的程度如果太低，就不得不用更多人。但如果太高，那么需要维护的时候将非常棘手。然而对于局部自动化的产线，只要涉及人机配合，在墨西哥就会经常出现很大的问题。人工干预的自动化，在墨西哥行不通。在工厂里的维护，并不只是面对一台机器，而是面对一套制造体系。大多数墨西哥工人无法驾驭这样大的体系。而它带来的成本提升，都要进入公司考察之中。

在墨西哥，工人工资看上去并不高，但个人效率低，导致多个工人才能完成国内一个工人的工作。更多的人员意味着更高的管理成本。低效的劳动生产率，会给组织结构带来巨大的挑战，例如轮班的班次、员工数量都会变得日益庞大。墨西哥员工独立思考相对较少，这不仅需要管理者把任务分解得特别细致，还要反复示教。语言障碍更是加大了这个难度。普通工人不会英语，一般都讲西班牙语，直接沟通的成本会非常高。在墨西哥，只有高级别的管理者才讲英语。

墨西哥员工看上去有明显的顺从性，但对结果的实现并没有严格的时间观念。如果不在过程中跟踪进展，而只在最后节点看结果，就会发生巨大的进度偏离。

这些在场员工的表现，都会影响生产的进度，因此精干的管理者是至关重要的。在墨西哥，他们也是稀缺资源。管理者比普通工

第四章　价值链空间：改变价值生成的公式

人的工资高出 20 倍甚至上百倍。从工作时间来看，管理层的工作时长比普通工人长得多。工资的差异性，都需要区分看待。只有进行相当微观的分析，总部才能真正理解当地成本的复杂性。

墨西哥的劳动法对员工的保护比较强。例如"工人利润分享法"（PTU）要求公司年底将税后利润的 10% 分配给员工。这类福利属于强制性的合规要求。不要抱怨，而是要去适应它。这些都要在企业成本设计期间考虑进去。

欧洲企业在墨西哥布局，往往采用一种类似三明治的夹层结构。例如总经理是墨西哥本地人，质量和财务管理人员来自德国，再往下一级基本是本地人。优秀的本地管理者，往往也能很好地融入全球工业化体系中。墨西哥工厂的总经理，每个月工资能达到 10 万元。而普通员工与之相比，有 20~30 倍的差距。管理总监的工资是一线工人的 10 倍左右，这种差距表明了优秀管理者的稀缺性。这是一种相对稳定、值得信赖的工业文化。

就不同国家的企业而言，日本更容易表现出团队作战的风格。日本中小企业的出海之旅，往往与大企业的国际化相伴而行，这容易形成一种抱团的力量。中国制造在海外投资，有些是基于发达国家的供应链再分工而被迫迁移的。例如，中国本土汽车业链主并没有先行带头在本地落根，许多零部件厂家都是被国外大客户带动的。双方的关系要疏远得多，达不到日本企业之间广泛的信息交换。这样一来，供应链的问题不仅体现在实际数量稀疏方面，在知识交换、信息共享方面也非常单薄。这些加剧了中国企业出海的成本结构问题。

中国企业要有耐心和战略目标，短期之内需要有超越盈利的考量。例如，为发动机缸体提供压铸件的日本企业利优比（Ryobi），

2014年在墨西哥建厂，10年之后才开始盈利。它的回血机制一旦形成，企业后续的发展就容易得多。或许，一个企业最好也将时间周期看作成本结构的一部分。

寻找甜美的利润

越南工人的用工成本是否便宜，这是人们热衷讨论的一个话题。但是对企业而言，这是一个几乎不存在的命题。

在越南北部海防市的电子公司，普通岗位的月薪是2 000多元，相比于中国南部城市的4 000元有一定的差距。而且越南是每周6天工作制，而深圳是每周5天工作制。越南的社保负担也比国内小很多。如果仅仅就纯人工成本而言，越南看上去有不小的优势。

在越南，真正高的是供应链成本，这里往往很难找到合格的配套商。就电路板而言，很多大厂如LG、立讯精密等，往往都是自带供应商。这些供应商专注于大厂的订单，而无暇为小客户供货。于是，很多小客户不得不从中国珠三角地区寻求供货，这也推高了企业的物料成本。

但是蜂拥而至的中国企业正在缓解这种局面。伴随中国家电企业的国际化，上游的供应商显得非常活跃。国内家电控制器的龙头企业，如深圳拓邦、深圳和而泰，生产基地都已经在不同的国家和地区落地。拓邦在越南同奈、罗马尼亚、印度浦那和墨西哥蒙特雷都有工厂。和而泰在越南有一南一北两个工厂，分别为创科实业和伊莱克斯供货。越南已经成为和而泰在中国之外最大的生产基地，设在意大利、罗马尼亚的工厂已经正常运行。这些灵活的核心供应

第四章 价值链空间：改变价值生成的公式

商似乎已经开了国际化的天眼，在全球市场显得异常活跃。

价值链的改善是全面的。稀缺的越南工程师，正在接受更多的训练。目前，工厂也开始向研发设计端挺进，能够直接按照客户的要求进行设计。实验室日趋完善，无论是切片还是振动，都可以在这里完成，成品再也不需要运送到中国总部实验室去检验。美的在越南南部平阳省的小家电制造基地，连检测报告都可以出，这里已经完全实现了客户想要的一站式服务。这些能力的完善不仅增加了越南价值链的厚度，也推动了工厂成为拥有完整功能的有机体。

2023 年，深圳拓邦越南工厂的营收占总营收的比例为 9%，约为 8 亿元。然而越南净利润占比高达 40%，远远高于总部基地广东惠州工厂的收益。越南基地已经能够有效地改善企业的利润水平。只要驾驭得当，越南工厂也会成为现金奶牛。同样，年收入达到 260 亿元的山东赛轮轮胎，越南收入占比达 30%，而利润可以达到一半。

在日趋饱满的价值链上，上游的供应商自然会得到养分而加速发展。**对于产业生态而言，真正的价值在于促进专业分工和优化成本效益**。在这种情况下，每一个国家的工厂效率都会逐渐上扬。高级工厂会快速成长，而成本会越来越低。

自我实现预言

只要企业在本地建立工厂，它就会寻求更优的生存方式。工厂内部的制造能力不断进化，对外部供应商也有积极的拉动作用。**由于中国企业在国内已经经历大规模工业化的洗礼，因此出海的时候会带动先进工厂落在本地。**

美的公司在早期重点学习东芝的制造方式，而在中国家电日渐强大之后，就开始收购东芝品牌的使用权和它旗下的工厂。与此同时，中国家电也在兼收并蓄，吸收美国的制造理念。多品牌运营非常成功的全球企业美国丹纳赫，在制造方面有着一套独特的方法论。以它为师，美的建立了自己的"美的生产系统"，美的多个工厂都有最佳实践。美的将多个工厂的实践进行提炼和总结，那些好的实践很快被推广到其他工厂，从而使整个工厂群的制造能力不断提高。

美的泰国工厂从2021年首台空调样机开始，做到年产200万台，只用了两年时间。泰国速度同样令人惊讶。在扩大生产基地的时候，这里也升级为东盟研发中心，泰国工厂已经从生产变成研、产、销一体化的海外基地。

泰国是全球第二大空调生产基地，目前泰国空调产品在世界空调出口总值中占比14%。在这里，美的正在迎战日本和美国的老对手，而工厂的智能制造水平则成为关键。泰国空调生产基地已经将美的中国工厂的数字化和智能化技术广泛应用其中，海外工厂往往比国内工厂还要先进。

东芝空调品牌在泰国的业务已经被美的收购。由于数字化转型先行一步，美的公司的员工也开始进入东芝在曼谷的工厂，提供智能制造辅导。时代的潮流已经悄悄地发生了逆转。中国的制造技术也在走出国门，在早期的日本工厂进行反哺式知识注入。

这种架势使泰国的空调霸主日本大金也变得紧张起来。尽管泰国是大金的全球第二大生产基地，但在制造效率上迎来了全新的竞争对手。全方位较量已经展开。

双方在工厂效率上的竞争会直接带动本地产业的发展。无论是

第四章 价值链空间：改变价值生成的公式

电路板还是冷凝器，又或者是上游的激光切割设备，都会加速涌入。来自广东顺德的宏山激光设备开始在这里建立全新的工厂。作为国内收入领先的 3 家激光装备企业之一，宏山率先开启了海外建厂的行动。宏山已经建立了全球版图勾勒计划，10 个大区的高管开始在全球各地进行调研。泰国的新工厂既可以辐射印度和美国，也可以为涌入本地的中国企业提供可靠的装备。

不要认为中国在海外的工厂使用的都是落后一代的装配线。这些海外工厂早已成为企业的战略型资产，而非临时的生产基地。**企业对地缘政治的风险预期周期越长，它在当地建设工厂的完备性就越强。**

很多海外工厂不仅有组装功能，而且拥有新品导入的能力。这是将单件制造变成批量生产的关键一步。新品导入最能考验一个工厂的生产成熟度和工程师的工程化能力。随着当地生产越来越复杂，许多关键角色的工程师开始活跃在异地的工厂。他们大多来自中国，需要将这种技能传授给当地员工。只有当地员工学会了，这些才华横溢的工程师才能返回故土。无论是学习者还是传授者，都有足够意愿加速知识传递的过程。这些知识还会进一步扩散，蔓延到上游供应商。这个过程也会伴随着企业实验室功能的扩充，从而使试验装备越来越完善。更多的人才技能被调动起来，更多的本土化供应商有了新的学习和模仿目标。

供应链的分布密度对于一个地方的生产效率意义重大。它所形成的结网效应，超过了单个工厂的产能贡献。

本地装配的产量越大，会推动供应链变得越丰富。这是一种越连接越强大的网络效应。而供应链本地化的提升，则会进一步导致更多工厂加速流入。从零部件到整机厂，能够使用的节点越来越多。节点的可用性会大幅度改变成本，从而深度改变当地的制造业格局。

一家在越南的冰箱制造企业，原来采用两条生产线、两班制生产冰箱。随着自动化水平的提高，现在一条生产线、单班制就可以完成原有产能。这看上去需要裁掉大量员工，然而事实并非如此。工厂采用的方法，就是将前道工序从外购厂家转移到工厂之内，因此员工数量依然保持不变。

吸附性内胆是冰箱内部非常重要的保温材料。以前都是由供应商直接提供平板，然后由企业完成后续裁切、热成型等工艺。而现在，这家企业开始推行零部件自制，培养员工新的技能，通过自行采购塑料颗粒，以及挤塑机、压延机和切割机等设备，来完成平板制造。

这种供应链内化降低了外部运输成本，工厂内部也可以实现线边库存的最佳配置。更多人则在其他岗位创造了更多价值。这种成本考量并非只关注人力成本，而是采用了提高人效比的方式。当这些措施逐渐落实的时候，制造效率也会慢慢向国内公司靠拢。

在全球供应链节点上，各个国家都会受益于制造能力的扩散。对于中国制造而言，很多产品销往美国需要很高的关税，销往欧洲则关税较低。这些产能本来无须从中国转移出去，但随着越南工厂的供应链日渐成熟，产能扩充会导致生产成本整体降低，这也会形成意外的拉动，使中国面向欧洲的产能发生漂移。

对于进口国的消费者而言，产品的制造基地在哪个国家并非特别重要。对于苹果而言，它自身的价值增值并没有转移。无论产地在哪里，它都可以获取足够的利润。然而，对于中国而言，情况则大为不同。此前整个链条上的制造增加值大部分是在中国完成的，而现在的增加值则被转移了一部分。**随着供应链节点的全球分散，不同国家之间会出现价值的重新分配**。中国只有参与其中，才能够多抢夺一点。

这是一个充满矛盾的过程。供应链的上下游是相互滋养的关系。当企业希望工厂变得更好，供应链就会变得更好。成本结构一旦全面优化，那么全球制造格局就会形成根本性的动摇。作为平行供应链的越南、墨西哥或印度等地，如果成本结构优于中国本土，这对于中国制造将是一个巨大的冲击。

第三节 利益重新缠绕

进入一个国家的经营活动，需要考虑给当地带来的利益是否足够大。这并非一种慷慨的馈赠，而是从长期主义的角度收获丰厚回报的最好方式。利益的分割，需要精心设计。

"三人四脚"的游戏

制造型企业的工厂投资往往是长期的，而风险的来源和周期则充满不确定性。只有与本地人一起锁定风险，才能更好地抵御风险。企业本土化需要更紧密地依靠当地资源。

当生产资本开始大量落地形成工厂的时候，非商业化行为也要加强。日本在编织本地人脉网络方面有着悠久的传统。为了有效实现游说的效果，日本企业在当地往往会建立国际经营委员会，大力吸收本地德高望重者成为委员。这些高段位人脉的委员会，往往会与所在国的精英圈层交织在一起。华为在海外也常常建立这样的机构，当地有威望的人往往受邀担任独立董事或者顾问之类的角色。

这种商业之外的联系，能够促成一个四处渗透、多线缠绕的利益共同体。许多企业出海之后，社交活动往往只在本国企业之间发生。这使得所谓的本土化策略就像浮萍一样，很难经得起风浪的吹打。

日本商社在这方面有着独到的经验，它们的合作方式引人注目。为了有效利用加拿大的木材资源，三菱商事和日本造纸厂一起在加拿大跟本地公司建立三方合资公司。三菱商事在绿色技术、政策风险、情报信息、生产策略与渠道流通领域的结合，起到了关键的组织作用。这种由日本商社、日本制造商和本地企业组成的合资公司，被称为"三人四脚"的公司架构。它在日本企业全球化的初期被广泛采用。

这种多方利益的绑定，其实并不是一个追求效率的结构，然而它却将一种多方利益视角引入公司的决策圈。可以说，"三人四脚"不是着眼于当下的快速盈利，而是着眼于长期利益的稳健性。对于充满敌意的环境，这是一种有效的化解方式。虽然速度放慢了一点，但步伐稳健了许多。

在更复杂的环境下，"多人多脚"的公司结构也开始广泛出现。当年伊藤忠商事和日本钢管在希腊建立三方合资公司，随后这个公司进一步引入了来自希腊、法国和意大利的3家股东。

跨国公司需要建立拥有多国股东的分公司，这也是一种应对政治复杂性的做法。当经济利益紧密地绑定在一起的时候，当地资本就会主动去化解舆论中的敌意和民间摩擦。

第四章 价值链空间：改变价值生成的公式

2023 年中国光伏电池片出口 40 吉瓦，增长了 70%，但是价格也降低了 50% 以上。欧洲对中国产能的激烈反弹，不仅是因为过剩产能，也有过低价格的问题。光伏是中国占绝对优势的一个产业，产能的 80% 集中在中国制造商手里，中国完全可以对价格进行适当调控。

欧洲的反应也未必全是麻烦。这是一种外部的输入，来推动中国在规则制定中的自我修复。中国光伏产业需要在欧洲建立一种利益共享机制。

如何建立一种相互嵌入的商业版图，需要一种多方合作的大智慧。中国企业的步伐要慢一点，投入回报的周期要拉得更长一点，只有这样，才能让中国制造更深入地融入全球化。

在美国，隆基绿能采用了与当地企业合资的方式来制造光伏，美国公司占大头。这是一种让渡利益、规避风险的方式。在海外的联合，正是跨国企业联手的时候。在阿布扎比建一个 1.17 吉瓦时的单体光伏电站项目，总投资将近 9 亿美元，迎来全球一百多家能源巨头的关注，包括道达尔、法国电力集团、意大利国家电力公司、韩国电力公司、阿联酋清洁能源巨头马斯达尔公司和沙特国际电力和水务公司等。经过公开招标，晶科联合日本丸红商社，以 2.42 美分/千瓦时的微弱价格优势获胜——独舞不如众舞，与跨国公司站在一起，能够获得紧密的利益。

锂电出海合作，开创了新的模式。戴姆勒卡车公司、康明斯公司 Accelera 分部和美国卡车制造商 Paccar 已敲定成立合资企业 Amplify Cell Technologies。3 家合作伙伴各持有合资公司 30% 的股份，亿纬锂能作为锂电技术合作伙伴将持股 10%。在这 4 家合资者中，中国企业是技术授权模式（LRS）与合资的混合产物，这可能已经是最好的选择。动力电池采用跟国际巨头一起挣钱的方式，共享利益是出海的核心秘诀。

医药行业则出现了新的态势。近年来，中国医药企业在对药物作用的靶点研究、新药设计、动物和人体的临床安全性试验等整个研发管线中形成了大量的创新药，很多企业通过授权许可的方式完成出海。2023年，国内一共发生了近70笔创新药的授权许可交易，总金额超过350亿美元。

然而，将全套核心管线出售给对方，也就意味着失去了全部控制权。上海恒瑞医药曾经将抗肿瘤创新药，独家授权许可给德国医药巨头默克。这些医药的后续收入都跟恒瑞公司无关了。

在这个过程中，由于很难准确把握技术性条款，也缺乏对药物临床价值的判断等，很容易导致部分高价值的创新药管线被"贱卖"。

恒瑞医药将一种注射液项目授权给2023年一家初创公司Aiolos Bio，获得了首付款2 500万美元。按照计划，Aiolos Bio在未来将根据销售额获得累计不超过10亿美元的款项。在获得授权后，Aiolos Bio将持续获得高额融资。最后该公司被葛兰素史克以高达14亿美元的价格收购。看上去，恒瑞医药只拿了一个小头。

这种商业教训很快就被转化成出海的新合作模式——一种被称为"NewCo"（新创公司）的模式开始流行，这是一种新的利益绑定方式。2024年，恒瑞医药另外一个创新药管线，与美国基金公司刚刚成立的大力神公司进行合作。在这个项目中，相互交织的规则就要复杂得多。首先要有第一笔款项，其次要有产品授权许可费，最后还要持有新公司的股权，在未来持续享有收益。恒瑞、新创公司、基金公司捆绑在一起，形成了一种创新药联合出海的新模式。这种伴随型的利益分享模式，具有更加长期的效果。

不要"零元天团"

每个国家面临的商业环境和挑战各不相同，而且总是处于动态变化之中。**出海企业只有找到与本土制造商的价值缠绕，才更容易在本土生存**。这需要企业有更大的灵活性，在价值链的不同位置移动。

泰国作为亚洲第四大汽车制造国，每年产量超过220万辆，但这个产业全部是围绕着燃油车建立的。日本汽车在这里经营多年，市场占有率在85%以上，但是泰国有着坚定发展电动汽车的决心，对引入海外电动汽车的政策也极其宽松。拥抱未来的绿色技术的泰国，使中国汽车迎来了历史性的时刻。2023年，泰国销售的8万辆电动汽车中，中国占比超过80%。

泰国对于汽车的定位就是全力做好汽车制造基地，但没有必须发展国民汽车的本土化品牌情结。越南会大力推动本土品牌Vinfast电动汽车，马来西亚则有宝腾这样发展多年的国民车（已经跟吉利合资）。相比较而言，泰国对于自主品牌要放松很多。泰国、越南和印度这3个国家，对于品牌本土化的情绪一个比一个强烈。

泰国重视服务业，第三产业占比大约56%，连剪头发这样的职业都有保护政策，但是对于制造业限制要少得多。泰国对汽车开放的大门敞开得如此大胆，导致泰国汽车零部件市场充满了失落和焦虑。随着汽车电动化的发展，泰国汽车界非常担心被这股浪潮甩在后面。泰国几乎完全无法依靠自己的能力渗透到电动汽车零部件产业。

泰国汽车零部件协会（TAPMA）代表了泰国 600 多家公司，从业人员达到 70 万人。此前泰国的汽车市场本来是一个稳定的格局，日本汽车近 60% 的零部件是由泰国汽车零部件协会提供的。本土零部件提供商也嵌入其中，形成了错落有致的生态群落。

然而在电动汽车领域，TAPMA 的份额几乎是零，泰国严重缺乏本土的三电零部件供应商。对于只能提供外观件、结构件的地位，TAPMA 无法感到满意。由于中国电动汽车的竞争，日本企业也开始减少订单。这也倒逼 TAPMA 降价，恶化了 TAPMA 的生存环境。

TAPMA 担心中国汽车制造商在泰国成为"零元天团"。如果中国完全采用自有电气电子的供应链，而没有让本地零部件商参与其中，就会形成上述局面。能力很强但对本地的供应链贡献却很低的"零元天团"，在这里难以受到欢迎。

这将考验中国汽车制造商的出海策略。如果中国三电零部件的优势无法跟本地企业编织在一起，那么强大的 TAPMA 就可能成为一支对抗的力量。

实际上，泰国汽车零部件协会完全可以成为一个友好的联盟。中国企业通过合资或者分包的供应链技术，就可以与本地利益紧密缠绕。因此，**如何与本地企业共享蛋糕，也是中国制造出海需要静心思考的一门大课。**

要在泰国长期扎根，还要有更多的思考。在泰国的工业体系中，最大的短板是教育和培训。泰国的职业教育非常弱，教师并非一个令人格外尊敬的职业，即使是教授，地位也不高。当高校和职业教育不足以支撑产业发展的时候，优秀的企业就会面向未来的人

第四章 价值链空间：改变价值生成的公式

才培育。日本汽车界非常注重在泰国大学的渗透。丰田向各类大学院校捐赠了许多发动机和底盘，供高校和职业院校的师生自由拆解使用。这不仅培育了一大批产业工人，也为售后服务打下了根基。

一般消费者使用汽车，在过了质保期之后，就不再去 4S 店维修，而是直奔路边店。越是容易维修的汽车，流通起来就越容易。同样，有某种畅销车型维修技能的技工也会更加受到欢迎。充沛的售后服务，正是日系车在东南亚受到广泛欢迎的原因。而中国电动车完全可以采用同样的方式，捐赠电机、电池，广泛培育泰国技工。制定标准、建立通用技能，都是为未来中国电动汽车建立更广泛的市场接受度而备战的。

在印度，来自南通的中天电缆，也找到了跟当地的商业生态紧密联系在一起的方式。光纤复合架空地线，是一种在既有输电线路上实现通信的技术。由于印度的土地私有化问题，印度通信公司在架设光缆时，会面临大量土地征用的棘手问题，而借助既有电力线路的地线，将光纤嵌入其中是最便捷的方式。中天电缆一度在印度市场大幅度领先。然而当这些产品遭受反倾销的打击之后，印度本土企业开始崛起。要驾驭这样的供应链并不容易。十几种产品来自数十家不同的供应商，导致成本复杂和居高不下。中天采用的方式，则是向价值链的前端移动。它不再直接给印度通信公司供货，而是向本土生产商提供设备、半成品，甚至代工。通过制造技术和成本管控能力，中天印度公司开始切换自己在价值链的位置，从而继续在印度市场站稳脚跟。

在印度经营多年的中天，早已摸透了印度商业生态的脉络，加上核心制造能力，编织出一条拆不开的供应链密网。在大草原上的同一个区域，斑马和瞪羚看上去都需要在这里吃草，然而二者并不构成竞争关系。斑马喜欢吃鲜美的叶子，瞪羚主要吃硬涩的根部。前者进化出蠕长的肠道，消化树叶的长纤维。瞪羚则有锋利的牙齿，通过切断植物根部来获取高浓度养分。<u>如果能找到价值链的合作关系，看似竞争的双方也有共生的空间。</u>

最怕吃干榨尽

中国企业在海外经常受到一种群体印象的困扰，那就是"吃独食"。企业似乎倾向于将能够掌控的价值链全部收入囊中，而本地企业则无法置喙。

在 2005 年前后，印度电力爆发式增长的时候，中国电站装备也迎来了巨大的发展机会。巴拉特重型电气有限公司是印度本地电站装备的明星企业，它的技术来源主要是欧洲的阿尔斯通、西门子等，也有日本的东芝、三菱。这与中国电站装备的技术基本同源。

巴拉特受限于产能和质量，无法提供充足的产能，这使中国三大电厂装备企业都有充分的机会进入。东方电气和上海电气都在这里赢得了很多订单。

在工程实施过程中，中国企业碰到了"老大难"问题：工人、合规和供应链。印度当地的员工总是效率不足，如果将大量不锈钢钢管从国内运输到这里，中间又面临诸多协调问题。全部工程采用中国公司的产品，在中国本土由中国工人完成主要工作量是最有效率的方式。这使得中国企业采用了大包大揽的一体化解决方案——基本工程在国内组装完成，到现场只需要进行密集的安装和工程调试。

这些在国内看来合情合理的行为，在当地却引起了激烈的反弹。由于大量合同价值转移到国内完成，印度本土既没有获得就业机会，也没有创下多少税收。这让印度方面感到沮丧。在印度政府看来，中国企业将价值链的收益全部留在国内。而中国劳动力的大量输出，在现场超强负荷的工作，也使当地人滋生了不满情绪。这大大损害了中国企业在海外的集体形象。各种合同稽查、征讨税收的后续工作开始大量出现，使得中国企业的工作受到了大量干扰。

上海电气很快进行了反思，采用重新编织价值链的方式，将印度利益缠绕进来。一方面逐渐将总包合同拆解，合理地分包给当地企业；另一方面也开始接受印度卢比的结算，并支付给当地用于采购。上海电气与印度财阀信实集团在电站机组方面的合作，整体看来是顺利的。尽管最后有一部分质量保证金没有收回来——这的确是印度商业的一个顽疾，但整个项目依然获得了巨大的利润。后来，上海电气与另一个印度财阀阿达尼的合作则要顺利得多。

在全球化的进程中，将价值链吃干榨尽并不是一种好的准则。企业很容易激起当地的抵触情绪，并最终被这种情绪反噬。**健康的价值链，意味着每一个利益方都要受到尊重。**出海企业需要有意识地对当地商业网络输血。共同分享利益蛋糕永远是最可靠的信条。

股权的奥妙

当地缘政治风险存在较大影响的时候，对于本地市场有着坚定信心的跨国公司，往往会选择与本地伙伴更紧密的缠绕。

德国汽车在中国的投资，做出了引人注目的尝试。全球最大的汽车零部件企业德国博世非常多元化。它在中国的销售额达到1 400亿元，在整个公司销售额占比将近20%。对于新的业务发展，它开始采用激进的合资方式来推行。它旗下的自动化公司力士乐，与上市公司禾川形成了一个股权对等的合资公司。为了进一步绑定这种关系，力士乐的母公司博世集团，也同时购买了禾川总公司的股份。

同样，博世集团还跟无锡威孚在液压阀门领域寻求合作，也是采用五五的股权比例。这跟以前寻求控股或者独资公司的想法相比，已然发生巨大的改变。

每一家在海外的公司，都要注意公司的组织结构带来的影响。对于所有的汽车制造商来说，印度都是不容忽视的市场。2023年，印度汽车销量达到500万辆。印度也是世界上除美国、中国之外，唯一有望年销量超过1 000万辆汽车的国家。

上汽集团在印度进行了大幅度调整。2017年，上汽集团开始在印度生产名爵汽车，它收购了通用汽车在印度的制造工厂，并进行了升级改造。这里的运营一直采用一种混合管理的方式。上汽集团只派了一名财务总监，当地的工厂制造则由上汽通用五菱的团队来负责。而营销则完全本地化，由印度人负责，这使双方处于一个均衡的状态。2023年，名爵汽车在印度市场销售6万多辆，取得了不错的成绩。

然而上汽集团要取得决定性的胜利，就需要跟最强大的对手进行大决战。这个对手就是玛鲁蒂铃木，它是日本铃木在印度的合资公司。铃木是全球小型车的标杆，中国早期的小型车很多是从学习铃木开始的。随着"中国小型车之王"上汽通用五菱、长安奥拓、东风小康的崛起，铃木基本被挤出了中国市场。但离开中国的铃

第四章 价值链空间：改变价值生成的公式

木，发展势头不减，依然在多个国家占据小型车的主导位置。在印度，它占据了将近 50% 的市场份额。

同样在印度，本地化品牌马恒达表现不俗，收购路虎的塔塔汽车集团、韩国现代等，也有一定的市场。欧美品牌在这里基本全军覆没。全球化的法则，在这里似乎行不通。

上汽集团名爵在印度有一款被称为 Comet 的车型，源自五菱的 Air EV 两门电动汽车。它在申请电动汽车补贴的时候，迟迟拿不到许可，而塔塔申请小型电动汽车补贴则顺利得多。一款售价 8 万元的小型电动汽车可以得到 10% 的补贴，这对于名爵是非常不利的。在电动汽车市场，名爵也只能排在塔塔的后面。

要改变不利的局面，需要有强大的本土伙伴。上汽集团决定跟印度商业巨头 JSW 合作。JSW 是印度的钢铁大亨和多元化集团的巨头，急于进军汽车市场，上汽集团自然是一个非常好的合作伙伴。二者在 2023 年底签订了战略合作协议，不到半年时间，上汽集团就收到了 JSW 23 亿元的股权转让款。对于跨国公司之间的合作而言，这样的行事节奏简直是"闪电速度"。

中国制造企业的全球化是一条艰难的探索之路，先行者一直在尝试各种可能性。20 多年前上汽集团收购韩国双龙汽车失败的事件，似乎让人容易质疑管理者的鲁莽，但上汽集团一直坚持用各种方式探索海外组织的建设。收购英国汽车品牌名爵，成为中国汽车全球化的一项重要成果。

现在地缘政治风险的阴影更加明显，中国企业也变得老练起来。上汽集团跟 JSW 的合资企业对公司股权结构进行了精心的设计。上汽占 49%，JSW 占 35%。如果加上其他投资、员工持股计划，看上去似乎印度一方是占比 51% 的大股东。然而这只是一个

"虚拟大股东"，因为员工持股部分并不具备表决权。在印度 JSW-MG，依然是上汽集团作为大股东。合理的组织架构，也是全球化企业在激烈竞争中所展现的智慧。确保第一大股东，同时让渡本地化利益，上汽集团在全球化征途中给出了一个经典的组织设计样板。

整个组织涉及上汽集团、柳州五菱、通用汽车和印度 JSW，而这个企业的能力也是多国资源组合的结果。上汽名爵成立了一个 5 人执委会，总经理、市场副总、政府关系副总都是印度员工，而研发制造副总（工厂围墙以内）、财务副总则分别来自上汽通用五菱和上汽集团。上汽名爵的管理策略是向国际化人才敞开大门。只要是对中国股东有利，不需要太在乎管理者的国籍，中国、印度、韩国、美国等各国人才都可以进来，这使它具有高度国际化的组织魅力。

合资公司的品牌名称是 JSW-MG，看上去是 JSW 在前，MG 在后，但这是全球化品牌命名的常见策略。中国汽车产业在 2000 年左右依靠合资策略发展起来，北京奔驰、上海大众、广州本田等将国际品牌名称后置，从未动摇过这些大品牌的国际地位。

JSW-MG 的品牌受到印度媒体的吹捧，印度就像欢迎国民车一样欢迎它。这是中国品牌少有的如此受欢迎的时刻。印度舆论干脆忽略了名爵背后的国别属性，或者说名爵源自英国，这就足够了。

在全球化市场中，价格、技术之外的软实力暗战，在人们不熟悉的领域也已悄然展开。丰田汽车正在向印度政府游说混电的优势，为日系车造势。JSW 则已经意识到中国电动汽车路线的优势。为了寻求更多的优惠，JSW 开始利用财团优势进行游说。一旦能够获得电动汽车补贴，名爵就完全有机会成为印度电动汽车市场的"一哥"。这将为中国汽车的技术路线留下无限的发展空间。

日本汽车和中国汽车的技术路线，正在为未来印度的赛道规则而角力。这是上汽集团或者任何一个中国汽车集团都无法完成，也难以参与的事情。但现在，印度最具影响力的财团之一，正站在中国技术路线的一边。

精巧的股权结构，就像一种强壮的键合力，将不同的组织结合在一起。跨国集团与本地实力派公司用何种方式紧密地捆绑在一起，正是跨国公司需要展现的组织智慧。什么样的时代背景，就会对应什么样的股权结构。而企业编织越深，民间交流越多，国家之间的关系就越难以切割。**两个国家的关系，根系在于民间，制造业最容易形成抵御风雨的大树**。

第五章

组织大变革

全球化的尽头是本土化，
本土化的源头在于人。

在一个全球化重塑的复杂环境下，
全球思维赢在先。

激活当地组织而非空降团队，
成为中国企业海外并购的一条黄金法则。

全球化公司，正在成为一个多边形企业。
每个顶点的功能将变得纯粹，
而连接能力则是分布式组织的核心。

融入全球,
与最强对手在同一个舞台,
往往更容易形成组织进化。

生而全球化,根基在中国。

生而全球化的组织,
不会简单地划分"国内"
和"海外"组织,
人为地划分出一堵墙。

全球化的尽头是本土化，本土化的源头在于人。每个地理空间都需要有一套本土化组织的运转。企业战略出海的格局，不仅会催生本土化的组织，总部组织的形态也会受到重大的影响。

第一节　外派管理者的身份

对企业出海难易程度的判断，不同等级的管理层有着不同的考量。高层管理者的分析往往是基于更高的战略目标，如目标市场的占领、供应链安全等，这是基于地理空间与价值链空间所形成的战略；中层管理者考虑的是战术实现，这与认知空间有着更紧密的关系。越是高层职务，战略判断的维度就越简单。而越往下的中低级职务，战术维度的判断越复杂，执行困难也就越多。

在海外建立业务，对企业而言是二次创业。如果说对地理空间

第五章 组织大变革

和价值链空间的选择有集团决策的力量，那么对认知空间的突破，则与外派管理者的个人禀赋最为相关。

不要辜负海外奋斗者

中国海外兵团征战全球的时候，一些海外管理者的身份定位与生活却往往是一个谜。

这些能征善战的管理者，大部分舍弃了自己的家庭。在孩子最需要陪伴的成长年纪，在父母最需要看望的垂老时光，在亲朋好友觥筹交错的相聚时刻，这些优秀的人才从画面中消失了。

肩负总部使命的他们，精神抖擞地出现在异国他乡。他们与各种陌生的面孔在异地打拼，一起吃着手抓羊肉饭、神奇抛饼或者慕尼黑猪肘子。这些管理者就像从一张完整拼图中扯下来的一块碎片，被扔在另外一堆碎片中。每个人都要耐心地整理棱角，改变形状，重新嵌入新的拼图。对于管理者而言，这种征程一开始往往会带来心理创伤。

一些企业强调"艰苦奋斗"似乎过了头，外派管理者被安排住在工厂宿舍里。这种近乎粗暴的方式生动地展现了短期主义的派头。海外的工厂往往离城市很远。上班时间，这些管理者生龙活虎，面对的是陌生的面孔和听不懂的语言，随时会被叫去"救火"。下班后，当本地人欢喜地回家团聚时，周围便迅速陷入黑暗。华灯初上，热闹都是当地人的。外派管理者住宿的窗外往往是一眼望不到边的田野、沙沙作响的树叶和鸣叫声不绝的昆虫。

外派管理者思乡心切是企业全球化的一种腐蚀品，而企业则希望这些管理者更加专注于本地化连接。忽视这些管理者的内心活动，可能是企业海外扩张最容易犯下的战略错误。

华为在海外国际化进程中，有很多惊心动魄的经历，超乎一般人的想象。许多被派出去的年轻人血气方刚，成为企业在当地的一把手。在非洲市场的开拓更是残酷的，甚至需要直面生死。无论是在塞拉利昂面对埃博拉病毒的威胁，还是在中非与客户会面时穿着防弹背心，许多海外员工就像战士一样，在生死线上穿梭。2011年日本大地震的时候，华为人坚守在日本公司。华为董事长为此专门去了一趟日本公司总部慰问，这些坚守赢回来的是巨额的订单。在灾难面前离开现场的竞争对手，最终也容易失去订单。华为国际化的江山，很多是在跟死神的周旋中打下来的。

这些能打能干的外派人员，背后是高薪激励机制。华为的海外奋斗史，是中国工程师精英群体的一个集体性胜利。在通信领域如果没有技术背景，将很难跟客户交流。在那些看上去贫穷的地区，本地运营商往往都是国际玩家。华为派出了最能干的人员，也给出了3~5倍的高薪。出差要住在当地最好的酒店，相应的安保和律师也都是高配。只有懂得人的价值，才能真正拿下当地的江山。2005年，华为的海外收入超过国内，达到了总收入的58%。能干的管理者和体贴的薪酬激励，成就了华为的海外疆土。这些外派员工最后往往选择留在当地不再回来，而回来的人员也大多成为华为的高级管理者。

但是，华为的故事好听难学。很多企业难以对外派管理者的生活处境做出正确的估计。中国员工在海外拼搏的时候，大部分身处社交荒漠，这些管理者很难融入当地的圈子。而家庭的完整性也被忽略了，绝大部分家人无法随行。有些企业在派遣人员去境外工作的时候，要求只能带一个人出境。这对于有妻有子的中

第五章 组织大变革

年人言而是一个困难的选择。如果带家属，孩子就留在国内无人照看；如果带孩子出来，工作就会受到干扰。最后的结果就是一人孤身出海。有一小部分外派管理者即使带着孩子出行，也不得不把孩子送到当地的国际学校。当地普遍缺乏中文国际学校，对于中国企业出海来说，这是一大硬伤。

这与全球跨国企业的做法有很大的不同。无论是德国、日本，还是美国的跨国公司，在外派管理者的时候，家庭的完整和子女的教育是第一优先事项。对于许多出海的中国企业而言，这些往往是缺失项。公司在海外布局的时候，经常处于急行军的状态。至于这些外派管理者的归程，还不曾出现在计划表上。"需要多长时间就多长时间"的一闪而过的念头，替代了严谨的职业周期规划。而那些训练有素的全球化企业，会深刻懂得外派管理者的可贵。这些稀缺性人才，往往都有着明确的轮换时间点。

外派员工的管理，充满了细节上的考量。比如，员工的全球报税，是一个经常被忽略的问题。对于海外人员而言，无论是在哪里发工资，个人收入都要两头报税，这样才符合纳税规则。如果员工在当地工作时间超过 183 天，那就必须在本地进行主报税，而很多企业对于员工收入只选择国内报税。这些企业会在当地发一部分工资，大部分工资依然在中国发，所以在当地无须再报税。企业选择一头报税的方式，往往就是为了省钱，因为全球纳税有时候会比只在国内纳税高出 30% 左右。

然而，海外税务机构也很容易识破外派人员只有如此低薪水的现象，各种稽查接连不断。这对企业和个人来说都是一种巨大的风险。

对于个人所涉及的成本费用，企业需要足额承担，这是保护外派员工的基本手段。只要处理好员工的保险与税务，就可以将外派人员的个人风险降到最低。而企业无视报税风险，其本身就是对合规的挑战，它给海外组织和员工留下了一颗延迟引爆的定时炸弹。这也正是优秀的出海企业选择专业的会计公司来处理这些寻常事宜的原因，其背后是对外派人员的保护。

职业发展通道的迷失，则是外派管理者的另一大困惑。在外面打拼几年的管理者，回国之后往往会面临岗位的不确定性。如果回国能赶上企业蓬勃发展扩张期，就还有更多的岗位可以选择。"伟大的放大周期"对管理人员有着庞大的需求。然而，如果国内工厂没有扩张，企业管理者的上升通道就容易被堵死。具有讽刺意味的是，很多管理者在海外的努力，恰好形成了彼工厂对此工厂的替代局面。时过境迁，当年出国时许下的承诺也很难一一兑现。这使得很多外派管理者在回到国内之后，过一段时间就不得不离职。

外派干部是替企业在海外寻找第二增长曲线的主攻爆破手。对于海外管理人员而言，宏大的时代主题和零散的个人琐碎，其实都缠绕在一起。当企业安排管理者出海打天下的时候，需要将那些个人包袱一扫而空。最无畏的勇敢者被派出去，那么最慷慨的激励也应该相伴而生。

这些天涯行客，正是大出海时代一艘艘海船上的船长和海员。船长的表现，往往会决定当地企业的效率甚至生死。而这些在海外风浪中经历了洗礼的海员，正是公司的宝贵财富。难以想象，在全球市场打拼的企业没有全球视野的管理者会怎样。只有懂得海外业务的复杂性，才能驾驭海外的疆土。总部的管理者要想升迁，最好也要有海外一线的实战经验作为支撑。<u>在一个全球化重塑的复杂环境下，全球思维赢在先。</u>

第五章　组织大变革

总部紧箍咒

从权力职责看，外派管理者不得不成为一个大事小事都要管的全能人才。他需要拥有企业运营所需要的全部权力。同样一个职务，在海外需要被赋予的权力要比国内大很多。如果企业总部将外派人员的职责范围严格跟国内岗位对齐，那就会严重误判外派人员的职责。按照日本公司的说法，这是一种"高阶职业矮小化"[①]。它源自一个不太对称的视角，因为总部大部分部门很难理解海外市场的复杂性。

职责平移的看法，反映了中国企业对组织层级的一种根深蒂固的认识。海外公司被当成一个嵌套式的子公司。海外管理者看似处在海外组织的金字塔塔尖上，但在总部看来依然是基座。上下等级分明，使得总部只看层级，不看贡献，也不考虑特殊性。总部对点滴风险的防范意识，远远大于对价值收益的考量。"总部"一味管理"分部"，成为一种基本逻辑。

企业总是在寻求优秀的人才派驻海外。但能够成功驾驭海外子公司的管理者，往往也会成为总部管理部门眼里的"另类"。那些在海外公司业绩做得好的外派者，往往很难得到总部行政管理者的认同。

海外管理者入乡随俗，只能向当地的文化和

---

① 三枝匡. 公司改造：日本企业再造之王三枝匡的经营笔记[M]. 十字路,译. 天津：天津人民出版社, 2019：156.

法规靠拢，对于总部的很多要求往往无法照单全收。这些行为在总部眼里，都是不配合、另起炉灶的典型。

一家中国企业，要求全球子公司每周六统一开例会，但在欧洲子公司这是不可能做到的事情。中方管理者可以配合，但没有一个外国员工参加。中方管理者也没有办法向下执行，甚至无法张口传达，而此时总部往往会有巨大的质疑：中国公司辛辛苦苦工作，为什么海外工厂却松松散散不加班？

一个企业总部，很难将同一份文件的精神在全球各地复制执行。全球分公司各有各的大环境，完全不是一些只待在总部的员工所能想象出来的。

海外管理者最头疼的往往是"总部紧箍咒"。这些考核指标，总是在强化总部的考核意志。在远离海外现场的总部行政人员的电脑屏幕上，只有关键绩效指标（KPI）是最重要的。很多管理者并没有出过国，却决定着海外管理者的考核指标。在这里，总部战略必须严格贯彻。它往往只认定国内规则，强调执行流程，海外特殊性基本不在考虑之中。一些国内母公司将国内规则自动延伸到海外，然而这些要求与海外纯粹市场化的规则往往存在巨大的冲突。

总部紧箍咒往往来自最高层的一些简单陈述和意愿。然而各个部门会对指标要求层层加码，最后变成让外派管理者左右为难的枷锁。这是一种单向强制收缩的总部意愿。

一家土耳其工厂的管理者，正在对中国公司总部降薪降本的要求不知所措。土耳其的经济震荡性很大，货币里拉持续贬值。政府已经使出浑身解数，试图减少贬值对社会造成的震荡。土耳其要求每年有四次调薪机会，既有面对蓝领的，也有面对白领的。不涨薪是无法应对当地汹涌的民意和强势的工会的。然而集团总部只管

第五章 组织大变革

"一刀切",要求全球分公司将人员管理费降低10%。至于当地企业是否盈利,则不予考虑。这家子公司近两年业务发展得很好,利润也在大幅度上涨。本地员工看在眼里,同时摩拳擦掌,等着一轮大幅度涨薪。

到处都会有对不齐的规则。一家中国企业计划出售巴西的工厂用地,母公司要求这家子公司必须通过联合产权交易所进行。然而,巴西并无这种土地交易机构。当母公司强行要求照章办事的时候,整个进度就出现了僵局。母公司的规则充满了"虚构与想象"的成分。

一家集团对于子公司在海外的并购企业,也要求按照国内方式,提供包括《关联关系表》《购销表》等在内的9张表,这些表全面涵盖企业关联交易、无形资产等。然而,由于被收购的公司是跨国公司,在欧洲、拉美、东南亚都有工厂,这就使子公司不得不组织专门的团队,替每个工厂整理数据。由于各地规则并不一致,表格对齐是一件极其繁杂的工作。然而这些全球汇总的表格只具有形式上的意义,真正有价值的内容完全可以从公司的财务报告中直接获取。

对海外经营的考核,也是一个重点指标。为了便于业务管控,总部如果只用刻板的简单指标,就容易抹杀掉海外决策的积极性。为了监控在海外的子公司,一家公司的总部设定了任何子公司的亏损额,即每年不能超过200万元的亏损线。这看上去是一个规避风险的财务"安全阀",却无意中阻碍了落地子公司的创新意愿。每个子公司都会按照总部设定的边界线小心规划,即使有好机会也会被放在一边。这个看似合理的"安全阀",其实掩盖了总部对子公司的过程管理的脆弱性。企业每一年的投资重点都有所不同,因此盈亏线放在一个周期内考察是更合理的。而年度止损的"一刀切"的指令,往往会损伤组织活力。正如英国经济学家古德哈特所暗示的那样,"当任何一个指标变成目标的时候,它就变成一个坏指标"。

总部管理部门经常对外派干部有着不切实际的想法。传播公司文化,如艰苦奋斗的精神等,经常作为一条隐性考核指标,留给了外派干部。这完全忽视了海外管理的多样性。企业的使命是盈利,而非传播文化。总部位于山东的一家企业,墙上"不争第一就是在混"等标语令人印象深刻,但如此强势的文化,在它收购的德国子公司却几乎看不到,只在一个中国管理者房间挂起的不起眼的镜框中印着这样两行小字。哪怕总部文化无法走出一个海外办公室的门,也丝毫不影响这家德国子公司在收购后大放异彩。企业总部呈现了对海外子公司的包容之心。

文化的障碍难以名状,涉及很多细节,外派干部有时候很难跟总部讲清楚。凡是能够用语言表达清楚的事,都不是大事。真正的困难是用100页书面材料都说不明白的。人们对不同国家的感受,不过都在自己的想象之中,比如,印度被看成随意打破规则的可怕掠夺者,墨西哥是一个毒品泛滥的危险地区,非洲全是穷困的黑人。当总部管理层也被这些极端印象洗脑时,外派管理者与总部的鸿沟就会越来越深。企业的全球化,将很难成功。

对国际化规则认知不深,对国际化风险敬畏不足,这些心态使海外管理者难以放开手脚做事情。从某种角度而言,那些未曾去海外的总部管理部门,只顾将总部意志贯彻到海外的时候,大量的规则小捆绳也伴随其中,这种做法最终将抹杀海外公司的活力。企业出海,就是总部做规则减法的过程,需要去除一道又一道"总部紧箍咒"。总部管理最好的准则,就是只给目标方向,任何细节都交给当地管理者去处理。有时候,只要选对人,总部管理干涉越少,当地业务反而会越好。很多大出海的企业都需要完成一次"总部再造"，总部的管理视角、组织结构、面向海外公司的指标体系等，都可能要进行调整或重塑，才能更好地发展海外业务。

从总部管理到管理总部

很多中国企业已经与外企有着深度交织的成功经验。它们或是外资企业的得力供应商，或将外资企业的零部件嵌入自己的供应链体系中。这也是中国企业国际化的一部分，培养了通晓全球商务的成熟干部。

然而这种在本土化土壤中培育出来的果实，移植到海外却未必能够再度枝繁叶茂。**中国有着全球最好组织的劳动力、最便利的公共设施和最丰富的供应链。全球几乎没有一个国家和地区能与之匹敌。**

此时，企业粗放式管理的短板开始显现。原来赖以生存的基础条件，变成一种不可再求的优势，所有的成本结构重新铺开。除了房租、劳动力、水电等明确开支，还有合规、税费等深深浅浅、无法预测的成本黑洞。

很多企业看上去与全球接轨成功，并不是因为中企的国际化，而是因为外企的本土化。现在，中企变成了当地的"外企"，也需要适应当地不同的文化与政策。

在这种情况下，外派管理者对总部的"向上管理"，就非常需要艺术性。总部容易将海外的战略风险看成细枝末节，而外派管理者容易高估总部对于本地的了解程度。双方的认知差天然就有扩大的倾向。外派管理者需要意识到，自己要不断努力去缩小这种认知差。"管理总部"，就需要具有引导总部理解当地的能力，向总部传递财务之外的更多信息。

海尔在越南的空调蒸发器业务,准备使用一家韩国企业在越南生产的蒸发器,这家企业也是韩国三星的供货商。然而,三星和海尔的蒸发器铝板的尺寸并不相同。三星采用的是 0.4 毫米,而海尔则采用了 0.6 毫米。如果海尔要采用这家企业的蒸发器铝板,就需要将设计尺寸缩小到 0.4 毫米。青岛总部的研发人员对此提出了异议,认为厚度问题会影响散热的效果。

海尔越南公司进行了技术和经济成本的两手准备。首先在越南工厂拆解了三星的冰箱,对冷凝器做了简单的实验,发现二者的散热差异性并不大。在解决技术问题之后,更重要的是成本。在中国市场,海尔冰箱拥有显著的优势。然而在越南,最大的对手三星一直处于领先地位。对于这样的巨头,海尔只能做到成本必须优于对手,采用本地供应商则是重要的一步。进一步看,由于尺寸缩小,材料的使用成本整体降低了。从青岛外派到越南的负责人,特意到总部研发部门进行了充分讨论。对一线而言,竞争就是生与死的较量。任何设计上的不合理性,都会以成本为代价,这使追赶第一位置的三星的目标变得越来越遥远。外派管理者通晓制造成本和质量体系,这使其与研发部门的对话变得非常轻松。清晰的数据和热忱的雄心说服了研发总部。工程师重新修改了冰箱的设计尺寸,从而使海尔越南的冰箱与当地供应链兼容。

同样,海尔越南公司将冰箱不锈钢材料,从总部设计所选用的韩国浦项,切换到本地新建工厂选用的浙江甬金,只用了两个月的时间,并给出降低成本 10% 的精算结果。这是一个让研发总部无法拒绝的理由。

外派管理者"管理总部",就像是向上打开了天窗。总部能够充分了解本地现场的情况,外派管理者也能获取更多总部资源的支持。

第五章　组织大变革

一家新进入印度的中国汽车工厂，总部在选择车型的时候，意见分为两派。一派希望推动一种商务性更强、载人更多的 MPV（多功能汽车）车型，另一派希望选择一种 4 米多长的中型 SUV（运动型多功能汽车）车型。这两派意见看上去都很合理，因为两种车型在印度市场的销量都很大，而且价格不高。

然而印度子公司的负责人提出了不同的意见，希望引入长度 4.5 米以上的大型 SUV。理由恰好相反：这种车型销量并非最大，而且价格要比前两者都高不少。

印度子公司自有一线市场的考量。作为刚进入的车型，第一炮一定要打响。错开最激烈的竞争市场是一个理性的选择，而且不能采用低价格竞争。作为在当地深耕许久的霸主铃木汽车，中国汽车如果以价格来对抗，几乎毫无胜算。

在印度，铃木汽车是每年有 130 多万销量的小型车，供应链非常完备，数千个销售网点也很完善。国内 3 万元成本的汽车，到印度市场至少售价 8 万元才能盈利，以这种价格对抗铃木完全没有优势。因此，只有向中高端推进，才可能有机会。这意味着，即使国内最擅长低成本制造的汽车商，也要克制将这种优势复制到印度的冲动。在印度，每年销量不足 10 万辆的汽车，还不足以支撑"低成本制造"。

中国总部希望进入最大的市场，也希望保持自己的优势，这就容易陷入"总部紧箍咒"的怪圈。当地的公司需要做好数据分析，完成"管理总部"的准备。

国内的管理者最后听从了印度子公司的意见。这款汽车一炮打响，成功进入了一个竞品少、价格高的细分市场。第一款车型的胜利让当地员工士气大振，总部也受到鼓舞。这为企业陆续引进后续车型，打下了一个良好的基础。

企业在外建立工厂的时候，往往倾向于将工厂与海外总部建在一起。例如，一家公司在印度开拓业务的时候，中国总部准备将工厂和印度总部都设在古吉拉特邦的巴罗达。制造业在古吉拉特邦享有很好的政策优惠并受到欢迎。

但这个决定遭到外派管理者的反对，他们建议将总部与工厂分开会更有效。巴罗达属于中型城市，人口有210万，制造业人才相对较多，但要想吸引优秀的销售人才则很难。只有将总部设立在人口3 500万的大都市新德里，才能接触到更多的优秀商务人才。

对于外派管理者的力争，开明的总部最后表示理解。印度是一个阶层分明的社会，优秀的人才往往集中在孟买、新德里、班加罗尔、金奈等大城市。要在本地脱颖而出，成为一个佼佼者，选择合适的城市是最基础的工作。

从全球化到本土化，管理视角需要做出大的切换。从总部管理到管理总部，决策的中心人物在切换。它需要外派管理者对全局有着良好的方向把握。总部资源是本土化的能量来源，有效引导总部的看法至关重要。

第二节　全球化的人力资源

企业出海的瓶颈往往在于人才和劳动力。伴随着全球化征途，中国需要从大规模生产产品，走向大规模"制造人才"。当全球分布式工厂已变得越来越普遍时，只有充足的人才储备，才能降低消耗战带来的巨大影响。与此同时，中方人员跟海外人员也要充分接触，形成一个均质化组织。

作为全球轮胎供应商，山东豪迈轮胎模具集团有一套朴素实用的分公司设立法则，那就是"客户有需求、企业有利润、经营有人才、风险有预案"。"四有原则"之间形成一个完整的闭环。这使豪迈集团得以在美国、越南、泰国、匈牙利、墨西哥等近10个国家都有布局。

豪迈集团拥有全球30%以上的市场占有率，只要为了满足客户需求、能够就近提供服务，它就不需要对选址有太多的纠结。泰国、越南是轮胎生产大国，柬埔寨是新兴轮胎生产基地，这些都是必选之地。

在当下地缘政治充满变化的环境中，风险需要随时可视化。每个管理者在提供报告的时候，会自动带入豪迈集团成熟的风险评估模型。这些模型对什么情况下关闭工厂、合并工厂和市场退出，都做了预案分析。

对于"经营有人才"，豪迈集团则提供了完备的人才配置菜单。无论是管理型或技术型，还是外派长期型或短期型，都有人才池或人才矩阵与之相对应。而人力部门则会按照要求，早早地储备海外管理团队。

建立国际人才池的培养机制是一个重要的组织任务。

日本零部件制造商米思米，在2002年确定进军全球化的策略之后，就立刻开始解决公司稀薄的国际化意识和虚弱的国际化人才等问题。为此，公司一把手亲自广泛面试具有国际化视野的人才，一度每天有1/3的时间用来寻求能够外派的人才。大量的人才中介穿梭在米思米的总部大楼。这样的过程持续了一年半，才终于将

"国际化人才池"填满。

还有一种方法，就是在实战中通过组织交叉的方式来培养国际化人才。联想的跨国文化的融合体现了这一点。2005年，联想正式收购IBM PC业务之后，就是从学习英语起步的。所有的高层和中层干部，都必须学习英语。在这个过程中，一种"平行火车法"被采用。在同速行驶的两列火车之间，人员穿梭是相对安全的。对于跨国组织之间的融合，这是一种"对齐、交换、合并"的过程。

首先，保证两边业务相对的独立性，在各自的优势领域能够继续保持和巩固。IBM的开发流程适合商用电脑，对于消费者而言，显得开发速度太慢，无法适应消费端的快速迭代。显然，对于在个人消费者领域有优势的联想而言，如果过度跟随IBM，则会丧失消费端的优势。因此，一开始的业务还是各自独立，以平行的方式分头发展。在这个过程中，联想自有品牌的部分组织和流程也向ThinkPad看齐，例如，跟随IBM建立了采购工程部门，负责供应链的质量管控。

半年之后，联想开始进行初步的平台整合。它在两个部门之上成立了全球供应链组织，提供一个平台来实现二者的整合。这使两个组织之间可以交叉讨论，在同一个概念下作业。业务互相独立，但人员持续轮岗，相互交换人才并学习。在此期间，上下管理层也进行了不同国籍的叠层设计。一层是外国管理者，一层是中国管理者，再一层又是海外人员。就像拿破仑蛋糕一样，不同酥皮分别夹着奶油，这使组织呈现了非常强的交融性。公司在组织结构上，形成了一种交叉缠绕的层级。不同国家的文化，也得以形成有力的黏合。每个国家的员工都在一种天然国际化的结构下工作，它形成的最直接的结果，就是整体组织变得越来越具有包容性。

语言的作用不可小觑。使用一个国家的语言,是接近当地文化的最好方式。一个全球化的企业,其在本地的管理团队最好采用母语,商务人员最好是当地人。例如在印度尼西亚,销售总裁最好选择精通印尼语和熟悉当地风俗习惯的管理者,从而可以更好地理解当地人的偏好。一个全球化公司,也应该成为一个庞大的"外国语学院"。

面向大海,一个企业需要有足够的组织搅拌与集体学习历程,才能形成"人人皆可国际化"的能力。只有建立批量培育国际化能力的人才体系,才能将企业的战略种子撒播在各个角落。

第三节 组织的柔性

全球化的组织其实并没有标准的答案。由于地理空间和认知空间的差异性,只有组织进行有意识的调整,才能真正适应当地的发展。全球化的尽头是本土化,以及本地化之间再连接。"现地研发、现地生产、现地销售和现地服务"的四现主义,将成为主流模式。总部组织的形态,也会开始改变。现场管理者的能动性和组织的伸展性将被显著放大。

不要空降"重组织"

收购是中国企业全球化的一条捷径。然而母公司对并购企业的管理,需要有足够的耐心。如果母公司只是想将既有文化完全复制下去,往往会走向死胡同。对于发达工业国家的子公司,母公司更需要对本地管理层充分信任和高度授权。母公司应该允许旗下的企业有极大的组织柔性，发展出跟总公司不一样的形态。母公司如果一味将总部的"重组织"架构下放到子公司，也并不明智。

并购容易整合难。并购是阶段性的资本植入，整合是长期的人性考验。整合的本质是要与集团资源产生协同效应。而企业并购能否成功，至少要用10年的周期来评判。10年一格的刻度尺，是企业并购成功与否的最小评估单位。这也正是文化融合、组织协同所需要的时间。

美国公司在企业并购方面表现出独具特色的优势。"90天内完成收购整合"，是美国管理层对于并购的常见看法，然而这种方法对于中国企业而言并不太适合。情感融合、缓慢渗透，往往更符合东方公司的做法。日本米思米公司在收购一家精密加工制造商的时候，尽管后者的工厂完全不符合精益制造的要求，但问题依然被暂时忽略。米思米总部发出的命令是，"在总裁发出许可之前，米思米员工不要接近新收购的公司"[①]。这种谦逊的态度，可以化解并购初期双方的敌意。

2012—2017年是中国制造业在德国进行收购的黄金期。此后的一段时间里，并购势头戛然而止。这也让人有机会更好地观察，在一个整合

---

① 三枝匡. 公司改造：日本企业再造之王三枝匡的经营笔记[M]. 十字路, 译. 天津：天津人民出版社, 2019：207.

第五章　组织大变革

而非并购的世界中，两个组织的深度连接是如何发生的。

2012 年，潍柴动力收购凯傲物流集团及其旗下的林德液压的股份，这是中国制造企业在德国的一次重要并购事件。

潍柴动力总部的看法是，经营德国企业并不需要注入太多新的管理艺术，当地高管往往训练有素。重要的是，要有一流的管理层架构，才能有效注入战略想法和全球化资源。

德国上市企业一般遵循双层管理制度，设置股东会和监事会，监事会由股东代表及工会代表组成。潍柴动力决定在这样的双层结构之外，增加一个"管理顾问委员会"。这样一个类似离子交换膜的中间层，可以使总部与管理层充分沟通，提高决策效率。

随后，潍柴动力在德国阿莎芬堡市投资新的液压工厂。3 年后，当林德液压的德国员工从老车间搬入新厂房之后，士气极其高涨。以前这个部门专用于内部，而现在它被潍柴动力推向了整个市场。在加强研发的同时，林德液压也在中国建立新的工厂。通过近 10 年的努力，林德液压从只为内部叉车配套的小众产品制造商，成功地挤进机械工程的主流赛道。而对于凯傲物流集团，潍柴动力则推动它在德国上市，并通过不断增资的方式成为最大股东。

这种国际化布局是全面的，潍柴动力也在法国、美国通过并购持续获得海外资产。到了 2023 年，潍柴动力 2 200 亿元的收入中，海外收入占比超过 50%。它在海外的管理充满了组织柔性。"子公司可以跟总部不一样"，是全球化对本地化的一种组织承诺。

就在潍柴动力收购林德液压的同一年，三一重工也在德国西南部的艾希塔尔市收购了德国混凝土泵车普茨迈斯特公司。对于中国工程机械而言，普茨迈斯特一直是像标杆一样的存在。而在收购以后，三一重工对德国公司也表示了足够的尊重，只派一人前往德国公司。在国内一直以风风火火形象示人的三一重工，展示了怀柔和克制的一面。三一重工认为保留一个纯正德国风格的公司，对于它的稳定发展至关重要，而用本土员工进行管理则成为坚定的信念。尽管前后换了几任首席执行官，三一重工也一直避免从总部派人到德国担任一把手。如何让本地企业与总部保持紧密同步、战略同心？三一重工在议事机制上，为50多年的老牌公司引入了一种"管理执委会"的机构。这是一种集体决策机制，能够修正首席执行官个人乾纲独断的边界，将公司与总部的利益绑定在一起。

总部派出的"首席联络官"起到了至关重要的作用。总部制定战略，本地分解战略。这需要"首席联络官"两头管理。他能起到一种"双重缓冲阀"的作用，让两边的想法相互流动起来。三一重工坚持把日常运营的复杂细节留给本地经理。对于市场的变化与员工的心思，本土的管理者只需要通过直觉就能提前感受到。这是外派管理者很难做到的，也是三一重工所看透的"跨国公司本地管理"的本质。2023年普茨迈斯特的销售额超过10亿欧元，几乎是并购前的2倍。很多德国企业本来就像是部件优良的机器，中间偶尔出现卡壳，只需要理顺资金卡点，顺势推一把，就可以让它重新转起来。三一重工设计了一种顶层激活的机制，犹如对这台日渐卡顿的机器注入了一种润滑油。

激活当地组织而非空降团队，成为中国企业海外并购的一条黄金法则。上海工业缝纫机制造商上工申贝，在收购了德国百年缝纫机DA公司之后，将旗下各个缝纫机品牌进行了有效的区分。DA公司保持高端缝纫机的定位，被收购的一家德国缝纫机企业作为中端品牌，不同国家的工厂进行统一调配。DA公司在捷克等地的工厂与德国工厂生产不同等级的产品，零部件生产基地经过了精心的选择，这让它保持了很好的成本互补关系。这是一种在全球通过产能分布而获得不均衡利润的方式。它使 DA 公司一直保持超过国内业务的利润水平。尽管整个战略调整在地理布局上出现了重大变化，但上工申贝也只是派出联络代表来应对。这个代表及其家人长期居住在 DA 公司所在的只有 30 多万人口的德国小城。

在重庆轻纺集团收购汽车零部件公司萨固密时，同样能看到"单枪匹马进曹营"的情景。萨固密橡胶密封件并非朝阳行业。然而，重庆轻纺把海外公司的发展视作一场马拉松长期经营。重庆轻纺的重要贡献是建立了一套管理海外公司的顶层架构，将总部的要求巧妙地融入规则与条文中。萨固密在管理方式上的突破，也是中国企业走向全球化经营体制的重要建树。

提供商业空调水冷机组的南京天加，则展示了更加大胆的管理方式。天加在全球的扩张策略就是并购细分领域的领先者。它先后收购了美国联合技术公司旗下的低温发电公司 PureCycle、全球最大磁悬浮中央空调公司加拿大 Smardt、全球第二大地热发电公司意大利 Exergy，以及生物质能发电公司意大利 Sebigas。每一次完成海外并购之后，总部都不曾派出一个管理者。

建立双方的信任，而非空投中方管理者，是天加并购后的第一准则。对于海外管理，天加采用工程师思维，那就是界定明确的边界。天加只向管理者提出目标和激励方案，同时提供全球工厂的资源清单，剩下所有的行动方案都交给本地管理者。

欧洲企业对员工的激励方式往往跟国内不同。例如，公司的销售人员都是固定收入，不跟销售额挂钩。这跟中国企业销售人员收入和销售额挂钩有着很大的不同。这种追求平均主义的方式，是一种常见的现象。高管也会采用年薪制，与普通员工的薪酬差异不大。

天加认为这是一种原生的弱激励机制，会导致公司活力严重不足。因此在收购公司之后，天加的重点就是激发高管的积极性，对于企业创造的利润，放到桌面上由其团队负责人进行公开透明的分配，对于普通员工的奖励则直接交由高管来设计方案。总部采用"你来分，我来看"的方式，决策过程交给高管，但同时享有知情权和必要的否决权。总部追求结果的合理性，以及获悉管理层决策的依据，但从不介入执行过程中的细节。

在团队激励之外，总部采用了"战略种子驱动"的方式。每个财年之初，天加都会派出一个战略小组，跟子公司一起讨论新一年的战略行动。总部会提出一个类似"战略种子"的初步想法与概念，由高管讨论和完善。完完整整的 3 天封闭时间，是一个达成认知统一的过程。这是总部对子公司"控制最严厉"的 3 天。而在战略共识达成之后，总部重新回到"松弛"状态，子公司则进入放权自治的阶段。"管理战略"而非"管理团队"，是天加整合海外资产的关键信念。

海外并购出现失败的案例，远远多于成功者。然而有一些公司娴熟地展示了驾驭跨国组织的能力。这些公司的并购时间都在 10 年以上，稳定的业务增长验证了这种组织设计的实用性。对于德国工业如此成熟的国家，直接派出一线经营者绝非良策。管理海外企业，并非一定跟总部进行文化对齐。用当地企业所习惯的方式去管理，中国企业的跨国运营不得不努力适应这一点。

向"散"而生：多边形组织

企业的创新行动，越来越需要更多的地理位置的战略支撑。一个企业需要从不同的地理空间获取人才或者资源优势。**企业的功能开始呈现四处分散的特征，这是全球化企业的新形态**。传统的集多种功能于一体的超级总部模式正在瓦解。

2017年，吉利收购英国豪华车路特斯科技，并试图再创其巅峰。路特斯本身就是驾驶者心中的字典，承载着昔日的辉煌。它在汽车界第一次发布了楔形车头、主动悬架、侧置散热器等技术。在电动车的浪潮中，现在的它需要更加鲜明的时代活力。

2024年，吉利将路特斯技术创新中心落地在法兰克福。吉利正在展示一家中国企业采用多品牌完成全球化布局的时刻。路特斯开始扩展品牌内涵，从只生产跑车，到开始生产强化生活品类的轿跑和SUV。中国汽车的电动化和智能化优势，也开始注入这个豪华车品牌中。吉利的组织呈现了一种不同寻常的跨国阵型。

路特斯的设计中心在英国，以确保来自英伦的造型风格。而汽车研发总部则分布在双子城市，一个在宁波的杭州湾，一个在德国法兰克福。跨国公司的研发中心越来越看重全球组织之间的协同性。城市之间的连接成为组织柔性的关键，法兰克福对于路特斯进军欧洲的价值越来越明显。法兰克福是中欧之间最重要的机场枢纽之一，中国的汽车研发工程师一夜之间就可以飞抵这个城市。而从机场到创新中心只需要10分钟。这里并不缺乏汽车工程师文化，欧宝和现代汽车也都在这里扎下根基。离法兰克福机场只有30公里的地方，是法国工程服务公司赛科（Segula）的汽车测试场。它为汽车主机厂提供了验证和优化的完美赛道，而欧洲第一个面向电动汽车的超级充电测试设施也设置在这里。

吉利将路特斯可以使用的全球城市资源进行排序，在不同城市设立的公司担负不同的功能。路特斯的营销部门位于荷兰阿姆斯特丹,这使它对欧洲商业拥有敏锐的嗅觉。至关重要的自动驾驶技术,由吉利汽车的杭州总部进行研发;智能座舱的研发在上海进行,制造工厂则落在了武汉基地。

围绕路特斯建立的组织节点是如此零散,以至于很难用一句话说清它的组织边界。然而,每一个战略节点的安排,都是最大限度地贴合本地优势资源。当这些组织重新连接的时候,它们就能撬动全球各个城市的巨大能量。

国内造车新势力小鹏汽车在德国也展现了组织形态的灵活性和十足的攻击力。小鹏汽车在进入欧洲市场之后,一度照搬国内高举高打的做法。但很快,它就调整思路,变成稳扎稳打。小鹏汽车将原来的直营店模式调整为经销商网络,以加大与本地企业的利益锁定。它将欧洲研发总部设立在汽车文化深厚的德国慕尼黑,负责全球海外车型适配,商务中心则放在荷兰阿姆斯特丹。

企业正在将组织功能拆解,在不同的地理空间分头布局。每个节点要有独特的优势,然后连成一个多边形。广西柳工集团最早的产品贸易,是围绕销售网络和市场营销出发的。现在,柳工集团在印度、巴西都建立了制造工厂,不同地区的产品,其重点有所不同;柳工集团在英国设立工业设计研究所,这里设计的平地机和推土机两款产品都赢得了德国红点大奖。跨国公司正在将全球优质资源通过多边形的方式重新连接。

双总部方式也引人注目。浙江中控在新加坡成立了国际总部,重点作为研发中心,辐射东南亚和中东。这种双总部方式给传统的管理架构带来了挑战,也使公司的产品形态具有更强的包容性。然而,有些跨国公司采用这种方式也有避险的需要。受到地缘政治的深度影响,惠普在中国的部分电脑产能正在迁往泰国。与此同时,它在新

第五章 组织大变革

加坡成立了临时设计中心，部分替代它在中国台湾的设计中心。随着功能划分的组织节点变得越来越多，企业组织结构则越来越分散。

传统跨国公司的集中式组织结构，正在让位于更加灵活的多点办公。企业组织的功能被精心地拆开，重新布置在不同的城市。**全球化公司，正在成为一个多边形企业。每个顶点的功能将变得纯粹，而连接能力则是分布式组织的核心。**向"散"而生，未来的全球化企业需要以优势节点与多边形组织而取胜。

组织的重生

并购是中国企业走向海外的一条重要路径。当中国企业接手了令人喜悦的国际品牌与本地渠道时，既面临组织的重生，也会面临新的阴影。

中国企业的团队早已习惯了像加速的陀螺一样高速旋转。而在欧洲很多地方，企业依然保持着多年来既有的步调前进。在欧洲小城市或者山峦中的小镇，当地的基础设施多年来几乎没有任何变化。当地企业经营者在感觉不到环境变化的同时，也适应了古老记忆中的节奏，企业如同风化了的老城墙一样。

当剧烈的全球化变动导致外部海浪越来越高的时候，欧洲这些企业也被悄悄地推向搁浅危机之中。赶往这里的中国制造商即使成功完成并购，当年也容易被组织危机所困。要激活慢条斯理的组织，企业家需要展示出新的筋骨推拿术。

2018年海信收购斯洛文尼亚的国民品牌古洛尼的时候，经历了一次痛苦的组织重生。在海信看来，古洛尼这家大公司已经得了肥胖症。作为一个老牌的欧洲企业，古洛尼也是在不断并购中长大的，员工有1万多名。然而，它已经出现了叠床架屋的组织问题——一个研发工程师上面有7个领导。同样，欧洲企业极为重视的EHS（环境、健康和安全）部门，则在这里分成了3个部门，它们分散在集团、制造中心和工厂三层。这种笨重的组织结构在当地是很常见的。

海信决定将这三层合成一层，将生产洗衣机、洗碗机和厨电的工厂也进行合并。这就大大精简了公司的结构。当然，其中也有痛苦的裁员过程。

斯洛文尼亚是一个只有200万人口的国家，古洛尼是当地最大的企业。按照法律规定，古洛尼每个月只能减员三十几人，而当时海信判断至少需要减少2 000人。企业要采取的行动与法律规定之间的鸿沟是巨大的。古洛尼所在的小镇只有3万多人，有将近5 000人，甚至几代人都在企业工作。古洛尼就像当地的一棵百年老树，复杂纵深的根系缠绕在一起，布满了整个小城。在这种情况下，减员就像清理根系一样阻力巨大，社会反响也极其强烈。很多人罢工，各种游说团体不断出现，更多传言四散开来，例如"海信要解散古洛尼""中国家电企业要把制造移回中国"等。

然而，古洛尼要想活下去，就必须提高人员效率。海信总部的多个领导，开始与当地政府和相关机构等进行分层的沟通，陈述古洛尼"瘦身计划"。与此同时，海信采用了"软着陆"的方式，包括员工早退休、协助找到第二职业、成立专项辅助资金等方式，陆陆续续在两年时间完成了减员目标。

真正能够打动当地政府的行动，是海信在优化组织结构、减员增效的同时，也对一些部门进行增员强化的工作。海信重组了供应链部门，提高了产品交付的弹性，从而避免了古洛尼"以产定销"

的大库存方式。这种通过制造端的快速反应来避免减少库存的方式，有效地缓解了资金压力。这一度被古洛尼的高管认为是不可实现的。中国工厂对产能的快速拉升，已经超过了欧洲工厂习以为常的慢节奏。

海信针对古洛尼的生产效率过低的现状，也别出心裁地成立了制造效率部。这在国内听起来有点不寻常，因为国内企业效率部门本身就是工艺部门的一部分。然而为了向欧洲员工传递一种显性的"效率意识"，海信还是用独立的部门推动员工向效率看齐。

虽然人员有减有增，但要靠本地管理层推动方案的实施。海信邀请大量员工到海信总部学习。培养本地干部，是将执行力贯彻到位的关键。随着本地高管人员思维的焕新，新设备的投资也开始加大，更多的新品被推向市场。这些实实在在投入的资金，使当地人看到了成效，态度也逐渐从质疑转向支持。

对海信而言，收购古洛尼就是要覆盖欧洲版图，这个版图仍然需要因地制宜。从海信的渠道建设来看，容易看出欧洲是分层空间，需要不同的策略去填充。以前古洛尼各个品牌都有销售渠道，海信将其合并为东欧和西欧两个大区。在大区之下，按照产品线管理。例如，厨电分公司负责所有厨电产品的销售。同时，品牌销售的市场渠道也开始收拢在一起。海信品牌在英国等西欧市场有着很强的渠道，因此古洛尼的品牌就并入其中。在塞尔维亚等东欧市场，古洛尼有着强大的营销网络，因此海信就不再单独建立渠道。组织的瘦身，带动整个公司形成了快速响应的机制。

到了 2024 年，海信和古洛尼二者在欧洲市场的收入加起来，几乎比收购前翻了一倍。员工数量也逐渐开始回升，小城市里的老树再次新枝繁茂。

古洛尼的组织重生，受益于海信公司对收购品牌的尊重。每收购一家企业，海信都需要全力以赴将品牌吃透做强。只有投入真金白银，加上管理理念的深度普及，才能使海信品牌和收购品牌互动向上。

一个传统的"老"组织要想脱胎换骨重生，不能只在单体组织的边界之内实现。企业只有超越原有公司的经营版图，注入更多资金，引入更丰富的供应链网络，才能真正重塑既有组织的筋骨。在公司主体和被收购的企业组织之间，企业需要找到协同点和差异性，这才是打通任督二脉的关键手法。一些新的部门会被创立出来，一些旧的部门会被一扫而空。这听起来像是开关一样可以简单切换，但实际上往往需要三五年的中期计划，才能将一个羸弱的失血组织变成一个健壮、能够盈利的有机体。在当下，欧洲存在着大量的失血公司，值得心怀重生信念的经营高手应时入手。

组织的蜕变

中国企业的全球化，是一个广泛而深远的议题。规模不同、成立时间或长或短的企业，都可能会"遭遇全球化"。有些企业先知先觉，一开始就活跃在全球市场；有些企业则是在原有的厚重传统下转向全球版图。这些企业，都经历了组织形态的巨大变化。

1994年，浙江万向集团作为一家民营企业上市。同一年，它决定进军美国市场。万向集团在组织架构上进行了精心调整。它在美国建立了自主程度很高的公司，通过收购落地生根。

对于一家濒临破产的同行公司舍勒，万向并没有立刻吃下，而是进行了充分的竞争者调查。刚刚进入美国市场的时候，万向并

第五章 组织大变革

不想拥有过多的有形资产。在这个过程中，万向发现竞争对手美国 LSB 公司也在寻求收购舍勒。LSB 公司对舍勒的品牌并不在意，只是看重舍勒的工人和场地。[①] 于是万向美国子公司大胆地建议与 LSB 公司联合收购，各取所需。最后舍勒剥离了大量固定资产，只将品牌、技术、专利等轻资产转让给万向。通过这种方式，万向在美国保持了一种轻组织的结构，以便更好地适应美国本土的发展。

而在收购美国制动器上市公司 UAI 的时候，万向则表现得更为老练。它提出了诸多条款，以便有效驾驭这个上市公司。万向提出了第一否决权、新股发行权、反稀释权、兼并否决权等。[②] 令人眼花缭乱的条款，见证了一个在美国市场快速成熟的组织。通过资本和股权手段，一个企业可以不断调整自己的组织形态。

当时在美国的"锈带"地区，陷入困境的汽车公司越来越多，而万向美国公司则表现得极为活跃。万向收购的 20 家左右的汽车零部件工厂，都是通过万向美国公司实现的。实际上，万向美国公司是万向集团审视全球资源的前哨，它可以更好地跨越国界调动资源。这些工厂依然采用美国式组织管理方式，而生产零部件的基地则在全球进行通盘考量，尤其是跟中国基地紧密交融。

万向在美国相对独立的组织架构，带来了积

[①] 李帅达，周星潼. 常青法则：鲁冠球和万向集团长盛不衰的密码[M]. 北京：现代出版社，2010：40.
[②] 夏伯尧. 做强做大做久——鲁冠球和万向集团基因大解析[M]. 北京：东方出版社，2005：57.

极的效果。美国每生产两辆汽车，就有一辆汽车使用万向提供的零部件。即使在中美贸易摩擦不断升级的情况下，万向创始人依然在2022年进入了美国汽车名人堂。一同入选的都是全球汽车界的重要人物，一位是兰博基尼汽车的创始人，一位是丰田生产方式的创始人。万向创始人收获了与世界汽车界顶流人物同等的赞誉。

融入全球，与最强对手在同一个舞台，往往更容易形成组织进化。这对于所有的企业而言都是一种磨炼。除了一些企业早期进军海外，也有很多企业是中途进场。一些传统企业往往是在国内逐渐强大之后，通过并购形成全球版图的。这对于组织蜕变，往往留下了更短的窗口期。

2017年，来自郑州的一家煤矿机械公司郑煤机，收购了德国博世旗下的索恩格（SEG）公司。索恩格公司以汽车启停电机而闻名，在全球有众多工厂和办事处。陡然扩张的地理空间让郑煤机"一夜国际化"，突然在全球17个国家有工厂、有业务。

郑煤机看上去与全球化业务相去甚远，它的重点市场就在于国内的煤矿。在这个市场上，它多年来一直与进军中国的跨国煤矿机械公司苦斗。在跟美国卡特彼勒、日本小松的竞争中，郑煤机也渐渐找到了自己的出路。当郑煤机终于成为国内龙头的时候，卡特彼勒停止了它在中国的运营。

而在"后第一时代"，郑煤机迈出了多元化和国际化的脚步。它决定进入汽车零部件行业，并在2016年收购了一家美国公司投资的亚新科公司。

亚新科汽车零部件公司是一个传奇，它的设立就是为中国市场而来的。在万向进军美国市场的那一年，亚新科也在中国成立。总部设立在北京，生产基地分布在中国多个城市。实际上，在落地中国之前，亚新科既没有技术，也没有产品，更没有客户。然而它开创了一种全新的商业模式，通过中美合资的背景，在全球寻找技术并嫁接到中国。这是一个靠强烈的地理空间战略驱动的"生而中国化"的公司。

亚新科在中国的管理结构也经历了波折，一开始全部聘用国外管理者，随后全面起用国内老厂的厂长。然而这些管理者都表现出水土不服的特点。最终亚新科重点起用了有海外视野或者在外企工作过的高层，从而取得了成功。它从零开始，在2008年收入达到5亿美元。但随着创始人的出局，亚新科的资产也被资本方进行拆包出售。

2016年，郑煤机接管了亚新科经营不善的大部分工厂。郑煤机重新修正了亚新科的价值链。亚新科实际上并无太大的生存问题，它只是由于战略短视而缺乏未来的增长空间。此前的亚新科对汽车电动化没有做出任何反应，在市场上过于依赖卡车。在中国大规模基建时，卡车市场规模约为每年150万辆，数量比全世界其他国家都大很多。在后基建时代，卡车已经不再有足够的增量。现在亚新科必须调整它在价值链中的位置。

郑煤机开始加快汽车业务的电气化，布局新能源汽车零部件是当务之急，其国际化步伐则围绕着收购索恩格展开。亚新科也有启停电机业务，因此对索恩格业务非常熟悉。这使德国博世倾向于将这块资产出售给有经验的郑煤机。

面对全球最大的汽车零部件集团旗下子公司，郑煤机有着清醒的认识，一开始就将认知空间战略放在最重要的位置。郑煤机邀请了顶级的律所和跨国咨询公司，协同完成收购。而在合同确认之后，双方宣读合同的时候，有50个律师在场。数千页的收购合同被当众逐字念了一遍，足足用了一周的时间。在咨询公司的建议下，郑煤机为索恩格制订了一个"百日计划"。该计划从财务、生产、市场等角度，设立了一个轮廓明晰的目标。然而，这个"百日计划"遭到了德国索恩格管理层的强烈反对。在德国高管的认知中，是无法接受这种直接压下来的计划的。

在所有的工作事项中，管理者的人选是决定性因素。尽管对于汽车零部件已经有着深刻的认识，但郑煤机没有派出一个中国高管去德国管理新收购的公司。在郑煤机看来，面对工业文化发达的德国，派驻人员很容易徒增矛盾。然而，为了应对"一夜国际化"的戏剧性场面，郑煤机总部也快速加强了总部国际化的建设。从人力资源到财务，重要岗位都空降了有国际经验的高管。这些对海外事务训练有素的经理层，与德国公司高管有了畅通无阻的交流。为了应对企业全球化的局面，企业总部的组织人选和形态都需要发生巨大的变化。

对于德国索恩格，郑煤机采用了目标管理方式，只为高层制定目标。如果首席执行官不能完成任务，那么就重新更换德国人来担任。全球工厂的管理也保持不变。全球子公司依然由德国总部管理，例如，印度公司依旧向德国汇报，而郑煤机只管理德国总部。通过柔性组织手段，郑煤机展示了对海外组织的巨大信任。

与此同时，整条价值链的梳理工作也开始进行。为了降低成本，德国索恩格工厂的产能开始迁到匈牙利工厂。面向高压电机的研发，则开始紧锣密鼓地布置起来。虽然索恩格已经被剥离，但作为博世以前的子公司，大集团思维依然顽固地存在。研发部门对于开发全新业务依然是高举高打，一个项目先要建立几十人的研发队伍。

行事风格所造成的差异如果过大，组织调整就在所难免。大公司讲做派，小公司有灵活性，两个不同特点的组织，一开始总是处于冲突之中。郑煤机决定和索恩格在长沙成立一个新的合资公司来加快决策速度。中国和德国的研发则各有分工，中国负责项目管理，德国提供软件方面的支持。等团队逐渐磨合熟悉之后，两个团队可以再次融合。

郑煤机需要一次巨大的自我刷新，才能将过去的组织推进全球化的大门。管理层开始学习英语，这是一个最基本的开始。雅思考试成绩等开始被计入对管理者的考核。国外的大学生开始被招聘进入总部大楼。**管理一个本土化业务为主的企业，和管理全球化企业相比，需要大不相同的组织风貌。**

这是一个先熟悉、后融合的全球化过程。亚新科、德国博世的血液被重新融入郑煤机的全球化躯体中。

2016年，郑煤机花费22亿元并购亚新科6家汽车零部件企业。2017年，郑煤机又以41亿元成功收购德国博世旗下起动机与发电机全球事业部。而在2023年，郑煤机的汽车零部件板块总收入已超过175亿元。采用本土化管理模式的郑煤机版亚新科，重新回归高速赛道。亚新科的成立只为中国而生，郑煤机的收购则奔全球而去。二者的相逢，见证了中国企业与全球紧密交织的历程。

企业无论是发展早期跨国业务，还是半路出海，都可以通过调整组织策略来适应全球市场的发展。这些改变了组织基因的企业，最终都成为全球化的赢家。

生而全球化

企业的出海动机很多，有地缘政治风险，有对关税成本的计算，也有单纯的商业考量。在消费电子、食品饮料、家电、美妆、潮玩等领域，中国正在全球南方市场建立自己的优势。率先在海外对既有品牌发起挑战的先锋企业，往往具有很强的品牌营销和渠道下沉能力。

从组织结构来看，这些企业呈现了快速组建、快速复制、快速扩散的特性。一类"生而全球化"的组织形态正在出现。企业不再通过"大总部、小分部"的分层管理方式来驱动海外公司。传统组织的核心功能设立在总部，这是一种固定防守的"农夫型"策略。"生而全球化"的组织采用了移动进攻的"游牧型"策略，核心部门会根据水肥草美的市场需要而一直处在移动中。

这些管理团队往往是"四海为家"。企业员工在海外的商业行动，也抱定长久落户的信念。核心员工如果一直抱着从中国总部出差到外地的想法，那往往很难真正跟当地打成一片。

生而全球化也意味着生活方式的彻底改变。在东南亚美妆市场打拼的创业公司海贝丽致，它的一些员工会在当地买房落户，甚至娶妻生子。这种深度的本地扎根，便于理解当地的消费习惯。东南亚女员工化妆的频率比中国女员工更高，这是一个很大的潜力市场。美国彩妆公司美宝莲，是一个多年以来强势存在的品牌。要完成新品牌的落地，就需要绕开正面市场。初到印尼落脚的海贝丽致不断细分市场领域，寻找一个采用既有技术就能领先的蓝海地带。当用 2 倍的放大镜依然看不到可以领先的细分市场时，企业就换用 10 倍的镜头继续寻找。最后，公司终于看清，当地美妆市场缺少极细眉笔、唇釉和气垫等类目。

有了产品定义，还要有市场触达。刚起步的时候，海贝丽致的社交媒体投流团队全部在广州，员工在这里完成内容剪辑和投放。

第五章 组织大变革

随着业务的扩大，企业的能力开始在各个地理空间扩散。海贝丽致在印尼、越南等国家逐步建立了内容创意和投流团队。管理团队也开始轮换交叉，分享经验。企业组织所拥有的知识，在不同的国家，以不同的语言，进行快速扩散。

参与国际化的工作，给这些员工带来一种喜悦感。当派驻泰国的印尼籍管理者回家探亲时，家乡人对这些年轻人投来一片羡慕的目光。他们在泰国的经历，往往比泰国风情更能激发岛上亲朋好友的好奇。这种自豪感进一步强化了海贝丽致作为全球化企业的吸引力，而这样的管理者对中国的好感和敬意会得到广泛传播。

海贝丽致的销售额达到 2 亿美元的时候，东南亚共有 7 000 多名员工，都是年轻的本地人。从国内派过去的管理者不到 50 名，其数量还在不断减少。公司很自然地构建了一种分布式组织，业务架构前端分布在东南亚各个市场，数字化中台在上海，供应链则在广州，有效地辐射东南亚。**生而全球化，根基在中国**。中国制造业大本营依然是一个坚实的基础。海贝丽致旗下品牌 Y.O.U 在印尼落地不到 3 年，就开始在马来西亚、菲律宾和泰国接连成立公司。进入不同的地理空间，就像游泳时切换泳道一样自如。

要建立"生而全球化"的企业，需要建立一种"连通器"的组织形态，所有底层资源是连通的。出海需要成为公司所有团队的共识，而不是只有海外团队肩负目标。如果海外组织无法调动国内的研发或者生产资源，那么海外市场的拓展也将大打折扣。生而全球化的组织，会让每个员工的脚丫子都泡在海水里。对于对标迪士尼、主打 IP 品牌的泡泡玛特来说，美国是一个高度成熟而又面临重重挑战的大市场。而其建立的美国团队，一开始碰到的最大困难，就是难以推动国内团队为美国市场定制产品。泡泡玛特的研发与设计团队主要在中国，对国内市场关注更多，对来自美国的定制化需求难以快速响应。为了加速进军美国市场，泡泡玛特改变了组织结构，形成一体化组织。美国团队被拆解，美国市场则直接由国内团队负责。当国内团队的双脚插进了海水，海外业务的体验立刻传遍整个研发组织。国内人员做出的每一个决定，都会将美国市场从"共情"的角度考虑进来。底层研发平台共用的"连通器"，大大加快了美国市场上产品的更新速度。

生而全球化的组织，不会简单地划分"国内"和"海外"组织，人为地划分出一堵墙。每一个人在内心都能听见波涛的声音，而每一个部门都需要深度出海。

生而全球化的组织，再现了繁荣的画卷。刻在人类基因中的唯一使命就是自我繁殖和扩张。当全球化局部加速的时候，本地经济的繁荣也会加速启动。年轻化的消费者市场，则放大了这种加速效应。对于老一辈钟爱的全球品牌，年轻人可能有着不同的看法，且更愿意尝试新的生活方式。这是生而全球化的组织崛起的一个关键因素。新品牌迎合了年轻人急促的心跳。生而全球化的组织在各个国家和地区点亮了新的品牌之星。天生本地化的组织代表了一种信念的切换。

第六章

供应链属地化

只有认识到不同行业的流动性，
才能使中国制造在融入全球价值链体系中
制定更好的策略。

不同的产业迁移速度，
跟投资密度和行业属性有关。

出海不分企业大小，
而与决策者的战略选择有关。

供应链以"本国优先"的
方式在海外实现共生，
一直是链主在"全球再设计"时的一个重要法则。

一个工厂的效率不仅仅是由机器组成的，
员工的精神风貌才是高效运转的核心。

分布式工厂已经在全球构成了一个个生产节点，企业需要建立熟练复制节点的能力。

当企业能够在不同国家实现工厂快速落地，并且有效组合供应链的节点时，它们也在显著地成为全球化企业。

"开门指数" 代表了企业信息化系统的渗透能力，更是一种数字化秩序的量尺。

企业群体的崛起，形成了一种可以识别的国家能量。

跨国公司往往都是供应链高手，即使自身并不拥有工厂，也依然对全球工厂的地理分布有着非常好的判断。跨国公司指挥全球工厂的流动，而中国制造只有参与其中才能更容易掌握主动权。

第一节　迁移的速度

全球分布式工厂越来越多，传统的超级工厂正在减少。供应链的重塑已经不是趋势，而是一种确定性事实。单纯一两个公司对于供应链的迁移作用非常有限，但当企业扎堆搬迁的时候，供应链迁移就会很快。

不同的行业，流动性也有差异。如服务器行业在经过 3 轮的迁移浪潮之后，整个产业已经具备规模化转移的条件。而港口码头的起重机看似五大三粗、制造简单，但需要与码头上的设备全部连接在一起，因此制造难度很大。像光伏这类迭代速度很快的行业，要有一种巨大的供应链韧性才能承受如此大的冲击。

只有认识到不同行业的流动性，才能使中国制造在融入全球价值链体系中制定更好的策略。

菠萝地和荷花池上的工厂

泰国罗勇府工业园内，道路坑洼不平，然而这里却分布着密密麻麻的工业厂房。无锡通用橡胶公司的白色厂房群正在紧张施工。各式起重机交错着向上伸展，仿佛要刺破天空中的白云，焦热的空气则占据了所有的画面，两辆彩色的大巴，停靠在一块开辟出来的黄色土地上。这一小片裸露的土地还没有失去原有的色彩，它似乎在提醒人们这里曾经是一大片菠萝地。

这里正在围绕着轮胎制造，兴起新一轮的工厂建设热潮。

全球轮胎模具排名第一的山东豪迈集团，从2014年起就开始在泰国的一家工厂为当地轮胎制造商提供修模的服务。2015年开始建设厂房，2017年完成了主要轮胎工厂对其厂房的审验，包括美国米其林、日本东洋橡胶工业和德国大陆集团（马牌轮胎）等。2018年，铝铸合金模具已经正式投产。这一年似乎是一个工业园建设的分水岭。2018年之前，慢都是快；而在此之后，所有的快都是慢。即使受疫情影响，4年后大批的产能扩建依然四处可见。整个轮胎产业在这里快速勾勒出一条雄壮的轮廓线。

在这个工业园北面10公里处的春武里工业园，江苏省泰州市的兴达公司在2019年正式开业，生产轮胎所需要的钢帘线。而生产钢帘线所需要的水箱拉丝机、捻股机等，则由兴达的子公司提供。随后兴达进一步增资2.5亿美元，使其成为泰州市有史以来最大的境外投资项目。这家企业落地泰国，牵动了其他厂家的神经。山东潍坊诸城的大业钢帘线也在2020年来到泰国。供应链偏好扎堆，相互竞争的企业会不断填充产业的空白之地。

更多的公司加入其中。印度的炭黑供应商博拉生产补强剂和填充剂等，一直给中国的玲珑轮胎配套。博拉也看到了建设工厂的必要性，充足的订单促使它在泰国罗勇工业园正式投产。印度供应商已经悄然编织在中国轮胎企业的供应链之中，并且进一步成为泰国丰田、铃木汽车供应链的一部分。

一圈一圈钢帘线的缠绕，形成牢不可破的供应链根基。而泰国轮胎协会则可以心花怒放地宣布，轮胎生产已经基本实现本地化。

泰国的工业园在菠萝地上如火如荼地建设之时，越南的工厂建设也不遑多让。为苹果代工的立讯精密，在越南北部北江省的15万平方米工厂所在地，过去曾经是荷花池，如今这里已成为苹果产品的生产基地。在亿万年的岁月里，只有历史见证了沧海变桑田。而过去10年时光，这里的人们亲眼见证了桑田变工厂。

桑田变工厂并非一家之力。它是集体共振的结果，进化速度超过了人们的预期。在越南南部的同奈省，吸尘器行业像川剧变脸一样，在短时间内充满戏剧性地将桑田变成工厂。

2019年第一批来越南的吸尘器工厂，包括莱克、富佳、德昌、索发、尚腾等，选择在胡志明市附近的同奈省租借场地进行生产。然而，此时出海的订单不温不火，美国吸尘器品牌厂商对这些代工厂的迁移迫切性也并不高。毕竟，搬到越南新基地，就意味着更高的成本。

这里的供应链过于贫瘠，除包装纸箱外，配套产业寥寥无几。而这里的包装纸箱产业，还是得益于前几轮的鞋帽和服装产业的兴起才逐渐发展起来。人才同样短缺。即使将吸尘器生产所需要的物资全部打包到这里，也很难组织生产。

此时的工厂，不过是一个通过注塑机提供外壳的组装厂。吸尘器厂家要完成产品生产，必须依靠从中国大量进口物料。马达、电线、软管、硬管、橡胶、过滤材料、原材料、线路板、印刷件、喷涂件等，全部从中国进口。本地连精细的螺丝钉也无法提供，而生产用的基础工具、设备更是需要从中国进口。

但是在2022年前后，工厂自我刷新的速度陡然加快。几乎所有的中大型吸尘器工厂都来这里调研。美国吸尘器品牌厂商则是这股热浪的最大驱动力。卓力、普发、格兰博、春菊、新宝、石头等一系列吸尘器整机厂，也纷纷转移到这里。2023年下半年，十多家吸尘器工厂很快就开始进一步扩增。原来预想的产能都出现了不足问题。莱克开始在同奈省的仁泽购置新地皮，不远处正是北京爱慕内衣和江苏天虹纺织的厂房。它们是更早一批的行业先锋。春光旗下的尚腾公司则在附近隆安省新增工业基地，富佳扩大2倍的生产规模，德昌电机也开始一次性购入13万平方米的新土地。争先恐后建设的厂房也有雄心的比照，每年300万台的产量，已经是新工厂起步规模了。

紧随其后的就是上游电机产业的进入，星德胜、永捷、晨光也跟随而至。软管制造企业，如浙江台州的景光软管与浙江金华春光，则忙着扩大生产基地。电路板制造企业，如拓邦智能，也在同奈省扎下根基。存储器朗科、锂电池天邦达，都毫不犹豫地加入建厂的阵营。人工产能的放大横扫一切供应链困难。吸尘器配套产业一片欣欣向荣。

从主机到零部件，再到设备与原料，构成了供应链的三道战壕。从最外围的主机开始，三者形成了强烈的同频共振效应。更多的配套二级供应商以及三级供应商出海来到越南。金发化工作为吸尘器行业的原材料供应商、浙江海天作为注塑机的供应商也都开始在越南建立生产基地。

当产业齐全的时候，新的产业形态就会出现，新锐品牌商开始向这里转移。国内做得好的吸尘器电商，也开始将代工厂选择在这里。这些小批量、新品牌的出现，表明越南正在成为一个成熟的生产基地。

美国对华贸易政策，成为产业大转移的杠杆。供应链移动进入不可逆的状态，企业也无法作壁上观。到了 2024 年，国内所有的知名吸尘器工厂都将部分或者大部分产业进行了转移。全行业合力，共同在越南南部培育了吸尘器产业的各个环节。国内成熟供应链的集体发力，打造了桑田变成工厂的惊人速度。这里几乎一夜之间形成了一个吸尘器产业集群。这样的产业集群，正常发展一般需要二三十年才能形成。而在这里，越南同奈省用了 3 年时间就完成吸尘器全产业的"组链"。

全球吸尘器市场每年的产量约为 1.6 亿台。而在胡志明市附近的省份，一个年产能 3 000 万台吸尘器的基地拔地而起，使越南成为全球第二大吸尘器生产国。世界见证着一个吸尘器产业崛起速度最快的国家。

星星点点不成气候的供应链，迅速完成了合龙。资本投资的强度与产业类别的数量会加快这个进程。**如果全行业在投资上达成共**

第六章 供应链属地化

识,那么即使是供应链荒漠,也会很快变成绿洲。带来的溢出效应,就是这里的生产成本开始降低。它的产能和效率,都开始挑战昔日的主战场。

在泰国春武里工业园日渐减少的菠萝地和橡胶园里,空旷工地上的吊装起重机正上上下下忙碌地挥舞着铁臂。它们与不远处工厂内轰鸣的机器,合奏着一曲制造业洪流之歌。这样的声音,是一首地区加速工业化的序曲,也为其他地区敲响了工业流失的警铃。工厂扎根的土地,会呈现出比绿色植物更加盎然的勃勃生机。

快:服务器的迁移

不同行业在受到压力而向外迁移的时候,速度并不相同。这跟产业特点有关。即使是同一个产业,在不同的供应链环节,迁移难度也有差别。从电子产品来看,计算机、手机的装配部分相对容易迁移,而它的上游供应商则更难。

中国一向是全球服务器制造的主阵地,这里的产能一度占全球的90%。从2018年开始,它陆续从中国开始向外迁移,经历了三波不同的浪潮。

第一波是在2018年国庆节前后。所谓的"芯片门后门"导致信息泄露事件,使很多服务器用户感到紧张,尽管后来已经被技术证明为不可能发生的事情,但一些大型服务器用户,如谷歌、甲骨文、脸书等,依然坚持让代工制造商迁移工厂。这些企业在本土的利益很少,即使海外生产的成本更高,转移起来也比较坚决。大量服务器被转移到中国大陆之外的工厂,主要是在中国台湾和东南亚。这一轮迁移的特征是海外旧工厂开始扩增产能。

第二波是在 2019 年中国出口美国服务器的关税提高之后，惠普等制造商也开始转移。凡是出口到美国的服务器，基本都没有办法在国内生产。服务器主要是由整机柜、服务器和主板组成。很多服务器将组装环节放在海外，但主板依然留在中国生产。服务器组装厂的建设相对简单，组装工艺只需要一条流水线，通电就可以进行测试。而主板的生产则复杂得多，不同的地理空间拥有不同的制造能力，企业则充分利用了关税规则，对不同的零部件进行空间上的组合。

第三波的转移更加明显。到了 2022 年，连对产地主张相对温和的企业，如微软，也开始要求迁移。墨西哥和东南亚都成为重要的基地。而这一次，服务器制造商的主板生产线不得不开始迁移。中国台湾的六大电子代工企业，纷纷开始在墨西哥购置土地。富士康在北部奇瓦瓦州华雷斯市的工厂，在疫情防控期间为电脑主板的产能而忙碌。由于进展不顺利，富士康重新考虑在越南增加主板生产能力，然后再在这里汇合。

美国服务器的代工制造商基本来自中国台湾，在迁移速度上相对比较快。笔记本电脑也开始迁移。戴尔从 2022 年开始，决定不再使用中国生产的芯片，这导致它在中国市场的份额急剧下滑。惠普从 2024 年开始，将部分生产基地转向泰国。当戴尔和惠普要求代工制造商迁移的时候，整个产业都要随着移动。从服务器和笔记本电脑的迁移，能够看出一种趋势，即<u>如果本国有强大的链主制造，那么产业迁移的速度相对就会有一定的控制权</u>。

随着美国加大对中国人工智能芯片的限制，一些高性能芯片已经无法进入中国。这也意味着人工智能服务器的制造只能在海外完成。AI 服务器已经形成事实上的两套供应链系统。

第六章 供应链属地化

慢：光伏的快迭代

光伏行业的迁移则相对复杂。光伏是一个效率驱动的产业，产品的更新换代速度很快。每两个月，光伏的光电转换效率大概就能提高 0.1%，每年可以提高 0.5%～0.6% 的效率。在国内，光伏电站不断追求效率更高的新品，而面市一段时间后的型号很快就无人问津。为了完成这种提升，工厂在生产过程中，需要不断对设备进行改造，换下来的设备往往直接被淘汰。这是一个加速折旧的残酷行业，但也带动了整个工厂在工艺和原材料方面的快速发展。

如此日新月异的行业，只能在中国的大规模生产且包容性极强的市场环境中生存。而海外的光伏产业，在工程投资规模、设备更新速度，以及劳动力的适应性方面都很难匹配。即使这种最新的技术引入海外生产基地，也无法快速完成下一代技术的更新换代。

全球其他国家的光伏制造商，一直在进行各种技术尝试。它们在全球不同的地理空间反复组合，试图寻找方法突破中国产业的优势地位。

生产多晶硅的挪威公司 REC，在 2023 年 11 月关闭了挪威工厂。这个工厂其实在当年年初才启动，在经历了半年 3 000 万美元的亏损之后，工厂草草关闭。挪威无法支撑这样的产业形态。作为耗电大户，由于高昂的电价，REC 无法通过生产多晶硅来实现盈利。

由于美国光伏市场普遍被看好，REC 公司也在美国加速迁移。美国市场光伏的供应链并不健全，尤其是在多晶硅领域，REC 的竞争对手并不多。REC 还与韩国光伏公司韩华签署了多晶硅供货协议，长期提供颗粒硅。

有了这样的订单，尽管多晶硅业务出现亏损，但 REC 公司仍在计划重启美国华盛顿州摩西湖工厂 1.6 万吨太阳能级颗粒硅的产能，后者在与中国企业的竞争中落败，于 2019 年被关闭。

为了启动这样的工厂，2024 年，REC 公司不得不停掉它在美国另一个州的半导体级多晶硅生产线。这个州的供电成本太高，因此它不得不做出这种选择。电力供需在区域间存在结构性失衡，这是一个重要因素。光伏制造，本质是能源的竞争。很多海外公司的成本忍受度很低。在高电力成本地区，运营能源密集型多晶硅制造工厂完全不具备可行性。

实际上，REC 公司本来也涉足光伏电池片的生产。它在 2015 年以 6.3 亿美元卖给中国化工旗下的蓝星集团，仅保留更前端的多晶硅颗粒的业务。2021 年，印度财阀信实工业（Reliance）旗下的太阳能公司，以 7.7 亿美元的价格从中国蓝星集团手中收购了 REC Solar 控股公司。信实希望投资 100 亿美元，在古吉拉特邦建立一个超级工厂，覆盖光伏、储能和燃料电池。这是印度政府太阳能整体大发展的一部分，REC 光伏是其中至关重要的一环。然而仅仅到了 2024 年，信实就将 REC 光伏的电池片业务卖给了 Elkem，后者正是中化集团的资产。相当于转了一圈，光伏电池片业务最终又回到中国制造商的手里。

REC 的美国之路还要继续观察，但这条路并不缺乏随行者。在它的下游，美国硅片生产商 CubicPV 也正在经历艰难的选择。作为比尔·盖茨投资的企业，它在 2022 年宣布建立一家 10 吉瓦的硅片工厂，旨在打破美国光伏硅片的零制造局面。

这一年，美国通过的《通胀削减法案》为太阳能制造业提供了强有力的激励。看上去一切都可以改变了。截至 2023 年夏天，美国计划新建 44 家光伏工厂，为 CubicPV 的硅片提供了足够的商机。这家从 2006 年就创立的公司一直在等待这样的机会。

然而，2024 年硅片价格暴跌，导致 CubicPV 决定终止工厂的生产。CubicPV 对于剧烈波动的价格感到不安，对于大规模工厂的建设成本也难以驾驭。

作为美国清洁能源的先锋，CubicPV 的停产行为，使下游的光伏电池厂家感到失望，也连累了上游的韩国多晶硅厂商 OCIM。后者在马来西亚的 3.5 万吨的多晶硅生产基地，本来可以为第一个美国客户 CubicPV 扩增产能。它们都在试图摆脱中国光伏行业那密不透风的供应链。然而，这些非中国的供应链组合，要通过脆弱的商业联盟来摆脱对中国光伏的依赖，可能性很低。

而现在 CubicPV 将致力于串联太阳能组件的研发，尤其是面向下一代的晶硅与钙钛矿叠层的技术。这意味着，该公司将从制造型企业再次转向研发型企业。原本打算在光伏制造业点燃的熊熊烈火，最终再次缩回到温暖的小火苗。

光伏行业的硅片行情一直是大起大落。缺乏成本管理、规模不够大的企业，往往容易水土不服。与之相对应的是，中国光伏企业展现了逆势而上的特点。多晶硅制造商通威与光伏组件隆基，签署了近 400 亿元的采购合同，锁定多晶硅产能近 90 万吨。

这种企业进与退的对比，不难让人看到，如果中国光伏产业能够在全球进行有机的配合，那么这种优势将很难被打破。这需要全行业出海的优化组合。

显然，美国一直迫切地将光伏制造业留在本土。光伏产业要到美国去，则会受到众多的限制。光伏电池封装所需的 EVA 胶膜（乙烯 - 醋酸乙烯酯共聚物胶膜）、焊带、边框、接线盒等工序相对简单，投资也不大，很容易启动生产。在各种辅材中，玻璃和铝材的成本最难降低，同样非常依赖中国供应链。玻璃的产能容易受到限制。由于窑炉的投资大、投资周期长，玻璃的产能一向提升缓慢。

东南亚的光伏玻璃，基本要靠中国双寡头企业。一个是信义玻璃在马来西亚的厂房，一个是福莱特在越南和印度尼西亚的工厂。建造一座窑炉，即使在中国，也要一年半的时间。而在越南，实现满产更是需要两年半的时间，产能十分短缺。

但这些技术并非无法移植。美国本来就有胶膜生产能力，3M公司是这一领域的标杆。但随着中国企业逐渐强大，3M的相关产品也不得不退出中国市场。至于玻璃，也有新的供应商加入进来。佐治亚州的 SolarCycle 就是一家专注于光伏玻璃生产的初创公司，它通过退役光伏组件的回收材料来制造新的光伏玻璃。当然还有位于美国伊利诺伊州的中国企业福耀玻璃。虽然福耀以生产汽车玻璃为主，但这里的背板玻璃生产线已经启动。此外，等待新生机会的加拿大 CPS 公司，也试图进入这个市场。

从形式上看，美国可以在本土建立一套完整的光伏产业。然而这更像一座微型公园。它的成本是高昂的，它的技术更新是断断续续的。如果一直依赖政府持续补血，美国光伏产业就很难形成竞争力。被保护的巨婴产业，一旦离开温室就很难生存。

难：港机的意外

不同的产业迁移速度，跟投资密度和行业属性有关。电视机与液晶显示屏这两类产业的迁移难度完全不同，因为二者的投资密度

第六章 供应链属地化

差别很大。

京东方在越南南部城市投资巨大，用于建立电视机工厂。尽管京东方主营业务是显示屏，但它也是重要的电视机代工制造商，位列全球前十。显示屏是电视机成本中占比最大的部分，这使得京东方很容易进入制造电视机的代工行列。

然而，京东方的液晶显示屏却很难来到越南。液晶显示屏覆盖从玻璃基板到背光模组的生产线，动辄需要数百亿元投资。这种回报周期长的大规模投资，在相当长的时间内，只能出现在中国的工厂。虽然电视机制造工厂在向这里移动，但越南很难有机会在液晶面板、模组等更上游的环节进行扩张。同样的情况也发生在墨西哥，京东方在北部边境城市，也有面向美国市场的电视机制造工厂，但液晶显示屏依然依靠从中国进口。

大密度投资决定了产业搬迁的可能性。重型机电设备也有天然屏障。港口起重机看上去粗大笨重，但它建立了独特的行业壁垒。全球绝大部分码头的港机来自上海振华重机。美国政府试图打破这种垄断，决定投入巨资，联合日本三井物产在美国本土完成生产，以实现对本国码头的十余台港机设备的替换。

然而，无论是生产还是替换，都不像看上去那么容易。港机跟造船一样，属于投资巨大而且劳动密集型产业，它需要大量熟练的焊接工人。港机设备有很多非标准的异构件，而焊接作业比造船还麻烦，因此一般自动化装备产线根本做不了。振华有近万名焊接工人，这种群体劳动力在美国是很难凑齐的。

港机也是一个高度定制化的产品，它跟自动化码头的基础设施紧密结合在一起。码头无人看守，需要现场多装备的高度协同。港口设备很多，除了围绕集装箱的箱吊和轮吊，堆场里还有大量的码垛机、运输装备等。这些设备之间都需要大量的配合，调试起来工作量巨大。

一艘马士基 E 级船能装载 1 万个以上的集装箱。这种万箱船在靠近码头的时候，并非一次性装卸，而是在不同的港口沿途装卸。卸货之后放在不同堆场的时候，需要安排每个集装箱的摆放位置，这也是一门学问。由于每个港口的吨位不同，企业要对软件进行二次开发。不同类型的船只，对应的软件管理模块也不同。这类软件程序的开发并不难，难的是协同。这都需要精确的调度软件，与每家航运公司、每个航线、每艘船进行深度集成。

日本三井物产要完成这些设备的替代，成本消耗很高，时间也很久。它没有太多的日本同行可以借力，因为日本三菱重工已经基本脱离了港机这个行业。对于港口运营商而言，一刻也不能停下来。"美国造"的港机能否被接受要打上一个巨大的问号。

规模性、复杂性、协同性都会影响产业迁移的速度，当美芝空调压缩机在国内的产能达到 1 亿台时，到海外建立一个 200 万~300 万台产量的工厂是难以想象的。**规模也是垄断市场的武器，制造的难度并非产业可迁移的唯一标准。**

第二节　全球节奏的控制

全球化的供应链秩序，已经进入格局重塑的阶段。对于中国供应链而言，只能积极参与新规则的设计。**中国企业的出海规模，既要看到向外流出的产能，也要看到本地市场所增加的技术动能。**只

第六章　供应链属地化

要中国能够持续保持对海外的创新速度优势,就能对外部的制造能力保持代际领先。

出海就是第二次创业

出海不分企业大小,而与决策者的战略选择有关。一些中小企业会选择跟随战术,在全球分布式工厂的结构中找到自己的市场蛋糕。出海经营有风险,大企业也如履薄冰,这并非众多中小企业望而却步的理由。面对全球供应链版图的快速变化,每个企业都要提前做好应对。

很多配件企业并不愿意出海,它们在精心计算着产量的平衡点。即使是国内收入数千亿元的家电巨头,其海外工厂有时候也会因为"小"而"被嫌弃"。国内许多市值数亿元的配件商,并没有伴随同行的打算。

山东一家橡塑制品公司,是国内洗衣机门封条的隐形冠军。国内有多家工厂,拥有150多台橡胶射出成型设备。作为国内洗衣机厂家的重要供货商,这家企业似乎并没有意识到中国电器在海外的发展势头。

这种情况比比皆是,河南的冰箱冷凝器、山东的冰箱钢化玻璃等很多国内企业都呈现了这种迟疑不进的状态。时间不等人。已经出海的电器厂商,要么使用韩国的供货商,要么在本地培养供应商。如果国内供应商迟迟未能进入,那么当本地工厂成长起来的时候,这些国内企业将被甩在全球供应链之外。

有些零部件企业早已确定了自己在全球化进程中的定位,它们的策略就是战略性跟随。主机厂在哪里落地,它们就跟到哪里。

主要生产阀门和微通道换热器的浙江三花，一直为各大空调厂家提供配件。从 2013 年开始，为了节约成本，北美的主要空调制造商如开利、特灵、约克等，都把生产线搬到了墨西哥。这促使三花从 2015 年开始在墨西哥建厂投产。

在完全竞争的全球化市场，跑得最快的企业往往是胆子最大的企业。如果企业不敢跟随链主出海，那么原来的优势地位就无法保持。跑得快的三花，只用了两年时间，就在微通道换热器领域占据北美市场 60% 的份额。

在中小企业而言，全球化进程的更好方式就是主动向链主靠拢。生产冰箱密封条的安徽万朗磁塑，在 2010 年就确立了"1515"的国际化战略。它计划用 15 年时间，在除中国以外的国家设立 15 家工厂。这种计划性很强的国际化，是受到一种高度用户化思维的引导。它跟随冰箱整机企业在全球的布局，提供"贴身服务"。

万朗对各地的工厂有着不同的看法。这些工厂不仅是临近用户，供货方便，更重要的是容易了解用户对零部件的新需求。各地分布的工厂，就是接收全球需求信号的雷达。也正是这个原因，万朗在海外工厂的布局，往往都在客户制造基地的 10 分钟车程之内。

2010 年海尔收购泰国三洋冰箱工厂之后的第二年，万朗就在泰国设立了第一家海外工厂，距三洋工厂只隔着一条马路。2012年，万朗又在泰国春武里府开设第二家工厂，服务对象是三星和伊莱克斯等。伊莱克斯也把泰国的全部订单给了万朗。在泰国的家电产业中，日本企业占有至关重要的地位。而日本企业的特征是，供应商超过 70% 是来自日本的配套企业。为了打入日资企业，万朗采用与日本商社合作的方式，共担风险与利润。由于日本商社的强大连接作用，万朗从日资企业获得了 50% 以上的订单。到了 2016

年，万朗在泰国的市场占有率已经超过一半。在越南，万朗在河内和胡志明市各自设立了工厂，前者服务松下，后者则同时服务三星和海尔。这两家正是越南冰箱市场份额最大的两个品牌。在墨西哥，万朗在蒙特雷市建立工厂，是因为三星和 LG 也在这里安营扎寨。在波兰，万朗同样设立了工厂，就是为了满足三星冰箱的需要。投桃报李，三星也将 70% 的冰箱门封条份额留给了万朗。**跟着跨国公司四处迁移，中小企业也能在全球各地找到新的芳草地。**

在冰箱门封条这样一个几乎不可见的领域，万朗的全球化模式就是"伴随出海"。对于出海旅程，只要大型企业先行，中小企业就会紧随其后。这既是因为链主的龙头效应，也有中小企业自己的深度考量。

从 2016 年开始，位于深圳的光大同创在墨西哥建厂，提供发泡塑料产品。在北美能够生产发泡塑料的有 4 家龙头企业，几乎处于垄断地位。然而这些大企业的服务往往很不到位，这使得联想的发泡塑料的供货无法得到保障。于是，光大同创选择了跟链主共同成长的策略。工厂的盈利原则，也修正为"不赔或者少亏"。斤斤计较的逐利行为，会使很多企业错过地平线之后的财富机会。

当光大同创有了稳定的供货能力之后，新的机遇也来了。即使是龙头企业，在海外也会面临让其头疼的供货问题。一台笔记本电脑需要上千种物料，而且涉及多种物料组合。墨西哥本地采购成本很高，与当地人的沟通也非常复杂。联想决定将这些繁杂的物料尽可能外包出去。纸箱就是其中之一。

纸箱看上去是一种普通的低技术制造，将纸浆合成纸箱，再进行喷墨印刷，在外行人看来似乎不值一提。然而，其中却需要掌握精准控制的印刷技术。

ThinkPad 的纸箱上印有品牌标识，其中"i"上面有一个小红点。这个小红点的鲜艳度、与纸箱边缘的距离，都有着严苛的要求。然而，当 2019 年联想墨西哥工厂开始大批量生产的时候，当地供应商总是无法满足这样的要求。供应商要么太大，无暇顾及这样的生意；要么太小，无法更新设备。墨西哥的纸箱供应商，在纸箱上面印制的小红点位置总是不准确，这种偏差其实跟当地工厂的工程师驾驭机器的能力密切相关。然而对于行销全球的国际化品牌而言，无法满足视觉要求是无法容忍的。

同样，ThinkPad 采用了一种满版黑的纸箱。这需要采用一种高克重、高耐破的牛皮箱板原纸。它采用三叠网成型技术，给人一种厚重的科技感。但墨西哥供应商也无法提供这种合格纸箱，颜色总是过深或者过浅。

满版黑纸箱的制造涉及前道胶水工艺和油墨印刷技术。在纸箱喷墨的环节中，也要通过酸碱度的调整和化学助剂的添加来调配水墨的成分。一个包装纸箱厂只有工人和机器是远远不够的，还需要有精通元素周期表的化学家助阵。这些微小细腻的工艺差别需要不同的技术储备。多学科的交叉性，体现了供应链脆弱的一面：它无法在单调的人才沙漠中成长。这再次暴露了墨西哥在基础工艺方面的欠缺。

既然光大同创可以为联想提供发泡塑料，那么能否连包装箱也一并提供？

对中国制造体系而言，很多产品制造之间的窍门都是互通的。对精通制造的工厂而言，这不过是建立一套纸箱的管控品质的问题。尽管光大同创在国内从未涉足纸箱业务，但它决定抓住这次机会，进而在墨西哥扩大业务范畴。光大同创在国内组织人马建立了

第六章 供应链属地化

设备的试验线，定制了自动化系统，同时安排纸墨配方调试。当一切完成之后，这些在中国快速建立的能力，就可以移植到墨西哥工厂对新业务线的开辟中，大大提高本地工厂的盈利能力。

能够将中国供应链能力进行复制，这在本地是一种稀缺资源。光大同创的生产线成功吸引了新客户的注意力。微软 X-box 游戏机的缓冲材料和包装箱订单也转向这里。在墨西哥，一旦企业建立了强大的供应链能力，就能够找到更多业务、更多客户，更好地生存下来。

当这些伴链者跟随链主行走天下的时候，它们成功地完成了第二次创业。在全球化 1.0 的时代，一些企业只要有精湛的制造能力，就能融入全球化之中。它们可以在本地完成进入全球供应链的进程。这是第一次创业成功的基本逻辑。然而到了全球化 2.0 的分布式工厂时代，新的工厂开始遍布各地的时候，企业要融入全球化，则需要改变策略。第二次创业有着完全不同的地理空间战略，很多第一次创业成功的企业，反而可能被关在门外。第一次创业成功的"大"体量，变成了一种包袱。这些企业由于在国内很成功，没有足够的动力跟随出海。

第二次创业并不需要等待。主动实现二次成长，在海外也可以跟最强对手夺取地盘。在国内，一种被称作计算机辅助设计（CAD）的软件，依然处于国际品牌的强势垄断之中。但中国品牌已经开始突围。不仅在国内，这些软件商也在走向全球版图。苏州浩辰海外市场销售已经达到 30%，日韩是重要市场。苏州浩辰在日韩的销售充分信赖本土分销商，因为只有他们才能渗透丰田汽车、日立造船、三星集团、现代汽车这样的巨型企业。在韩国，浩辰有 400 多家合作企业，这些企业也都是通过不断地吐故纳新而最终形成稳定的伙伴关系。经销商就是衣食父母，他们在技术上也都非常专业。对于任何反馈的点滴问题，浩辰都有专业的团队去快速响应。信任和长久陪伴，是一条必由之路。

浩辰对于技术非常专注，且盯紧行业领导者美国欧特克的发展。作为追赶者，浩辰每个新发布版本都会强调一个"黄金焦点"，确保某一个功能可以比竞争对手快一倍以上。这被称为"牛鼻子"，对用户能够形成冲击。对手也有亮出巨大空档的时刻。2016年欧特克公司决定将所有产品从线下买断授权转向订阅制，这在日韩引发了用户的震荡。日韩用户购买量断崖式下降，纷纷转向替代者。浩辰抓住了这样一个用户切换周期，开始加大研发力度。这一年共发布了52个版本，几乎每周发布一次，有效地跟上了日韩企业的要求。

第一次创业和第二次创业，战斗分别在主场和客场打响。企业要想打赢第二场战斗，就需要再次面对新的战场。

只有主动参与，才能控制节奏

中国供应商如果不能在海外建立生产工厂，其他跨国公司也会想办法培养能在当地生产的供应商。行动过慢，可能导致中国制造商从海外市场的转盘上逐渐脱离。

从积极角度来看，作为全球领先的供应链基地，中国企业必须参与全球化2.0的进程。**只有主动参与全球供应链的重塑，才能控制生产节奏，也避免不必要的过度生产转移。**处于技术周期末端的产品更是如此，企业更应该主动将其转移到全球低技术洼地国家，以获取最后的利润蜜浆。

那些过于依赖应用研发工程师的零部件产业，迁移速度一般都比较慢。它们中有很多是由中国企业掌握的。而海外的工厂，无论是良品率，还是生产效率，往往会低很多。这些工厂都需要依赖中国工程师前去支援，否则进程就会缓慢。

在海外建立工厂，依然可以由中国作为母本工厂研发制造技术。一方面，可以把控转移节奏，满足客户要求；另一方面，也能把高附加值的部分留在中国，增加主动权和周旋的机会。无论是在墨西哥，还是在越南的工厂，如果由国内公司的团队前往进行管理，就可以掌握生产技术转移的速度。

工厂转移速度越快，在海外就可以得到客户更多的订单。它在减少国内产能的同时，也会形成供应链旋涡，下级供应链会一级一级地被吸引进去，而本地供应链越是齐全，掌握复杂工种的本地工人就会越多，效率提高就会越来越快。

优势产能则处于一个更好的位置。2006年以前，中国光伏市场规模较小。但光伏玻璃的生产仍然具有较高技术壁垒，整个市场被法国圣戈班、日本旭硝子、日本板硝子和英国皮尔金顿四家企业垄断。这一年，福莱特和信义刚开始实现突破。到了2012年底，信义、福莱特合计占国内产能的46%。双寡头局面开始形成。从2013年起，中国光伏市场开始发力，玻璃也实现全面国产替代。2019年底，信义、福莱特名义产能的全球市场占有率约为50%，旭硝子等国外企业纷纷退出光伏玻璃市场，圣戈班等公司只剩一些产能较小的窑炉仍在生产。到了2023年，中国光伏玻璃已经占据全球90%的产能。

每一次反倾销的关税抬升都是光伏玻璃企业的一次浴火重生，只有中国本土才能提供巨大的能量补充，到了海外则可以找到保持速度差距的保温墙机制。优势产能,其实可以设计出释放速度。只要保持与美国生产的效率瀑布差,美国就很难扳回这种单向落后的局面。

中国企业在全球的发展,面临的最大问题是缺乏链主的保护。韩国的大企业链主,不仅实现了品牌落地,而且有效呵护本国供应商的成长。索尼、三星、LG 这些品牌往往本身就是引人注目的巨大山脉,背后是连绵不断的小山丘。韩国三星电子在全球一共有 103 家核心供应商,其中有 27 家在越南拥有制造工厂。而在这 27 家公司里,23 家都是韩国企业。这些链主首先会考虑自己国家的企业品牌,这使得很多中资企业往往只能是第二供应商或者边缘伙伴。**供应链以"本国优先"的方式在海外实现共生,一直是链主在"全球再设计"时的一个重要法则。**

现在中国向海外供应链的扩散呈现分散的状态,有的去到墨西哥,有的去到越南,有的去到印度。在这种情况下,它们都需要跟中国的供应链枢纽进行交互。由于它们是再次聚合到一起的,生产效率就很难跟中国的集中式供应链相竞争。**在全球平行供应链的发展过程中,逐渐形成主链在中国,而海外只是供应链的副链。这种主从式供应链的局面,在产能离开中国的"中国+1"语境下,对中国是极为有利的。**

地理意义上的区域经济的形成,并非只是天然地理相邻的结果,而是一种大国制造的位置战略所形成的产物。中国供应链向海外转移,是已经成熟的事物重新移动的过程。它的落地具有一定的可设计性。如果设计巧妙,基于地理位置的区域网络,有可能跟区域之外的经济实体建立更多的连接。正如彭慕兰在《贸易打造的世界:1400 年至今的社会、文化与世界经济》中提出的,虽然中日

第六章 供应链属地化

韩都被称为东亚国家，但实际上日韩与中国之间的联系，远不如其与美国的联系更紧密。

航空干线模式是通过大飞机连接主要城市，然后由大城市向周边城市辐射。支线飞机追求的是城市之间采用小飞机直接对飞的方式。全球供应链的分布，也有同样的考量。采用中央枢纽的干线模式，比点对点的支线模式，对中国制造更为有利。平行供应链，越分散越没有效率。区域之间形成联网效应，中国则通过一个大枢纽进行交换。因此，**鼓励本地化与中国的主干连接，而非国家之间相互支持的结网模式，这是中国产业布局全球地理空间的一种系统性考量。**

贸易产品的终点随处可见，但产品制造的起点却很隐蔽。大量的中间供应链节点在人们不注意的场合发挥作用。这些供应链节点，会在不同的国家形成连接。如果这些节点彼此之间结合而自成一套体系，那么就会对中国的供应链中心起到替代作用。

要抑制平行供应链发生替代，在于采用一种合纵与连横的策略。群体供应链的协同，会导致海外生产成本下降，使得国内外成本不再有巨大的落差。如果企业同步加速出海，则容易导致供应链一去不回头。

而要保持成本落差，供应链空间的分配就非常重要。例如，让东盟成员国分别与中国绑定在一起，使得二者的紧密度远远大于成员国之间的联结，这是一个更为高效的供应链网络。

相反，这些国家的供应链相互联结在一起，形成前后一体化的供应链，它的整体效率其实会降低。如果一个国家在当地有着独立的产业全链条，例如泰国轮胎产业，就可能形成一个独立生态。它与中国的连接强度，就会有所降低。

供应链在地理空间的分散状态，对中国制造更为有利。**如果供**

应链全部扎堆在某一个国家，从而形成完整的生态，那么该产业就会因为制造环节集中，而进一步燃起创新之火。当吸尘器全部要素转移到越南之后，工厂产能会快速放大。而当这些工厂的效率越来越高的时候，就会牵引研发设计落在本地。最后，当整个供应链全部在越南复制时，就会逐渐脱离跟中国本土的关系。

用世界速度确定本地速度

当一个企业开始加速的时候，这种情绪会形成一种传导效应，刺激竞争对手做出更大的行动。这也会带动上游供应商的行动。整个供应链的迁移，都会因为情绪的影响而加速。

美国在 20 世纪 80 年代的制造业迁移，仿佛搭乘了一条加速运转的传送带。华尔街股市所鼓励的"轻资产""更高股东回报"，使得工厂重资产先是快速剥离，然后加速转移。家电行业如惠而浦、伊莱克斯，在抵御日本家电崛起的时候，都在全球进行了大规模的迁移。惠而浦在墨西哥、巴西、印度、意大利寻找新的落脚之地。这些工厂的加速迁移，会压缩上游中小企业的生存空间。而倒闭的中小企业则会留下供应链缺口，使家电工厂因为成本而不得不进一步撤离。这种相互削弱导致层层下滑，最终将埋葬一个国家的产业。

很多欧美企业在出售的时候，并非真的是运营能力出了问题，而是在于供应链空心化所造成的巨大成本压力。美国通用电气的家电业务在 2016 年以 54 亿美元出售给海尔的时候，并非全面陷入绝境。无论是设计能力还是营销能力，通用家电都非常强健。它的困境在于供应链的短板，而工厂则是一个巨大的成本包袱。然而，这里并不需要中国外派管理者。海尔只需要将供应链能力注入其中，将更多激励赋予管理者，就可以全盘激活。2024年上半年，海尔智家的海外业务超过一半来自美国，营收近400亿元。接入高效供应链的体系，看似残缺的秩序就会得到更新、修复。

企业同步快跑，会形成加速器效应。而集体减速，则可以形成某种意义的战略缓冲。日本在出海的时候，通过"母子工厂"的方法，有效地控制日本企业在海外的技术扩散速度。大量的研发工作依然留在日本本土形成母工厂，海外的工厂则进行了重新设计，重点是制造能力的复制和放大。日本在海外的工厂，往往并非最新设备。日本有意识地控制生产能力，得以持续保持本土与海外的制造能力差。日本向海外的"能力降级转移"，跟中国先进制造能力的同步平移完全不同。

如果一个行业的集体转移同步加速，就会造成供应链的协同效应增强。它会形成一种飞轮效应，使得工厂进一步加速落地，本地制造能力的培育就会加快。这就会进入制造能力外迁的"美国加速带"模式。

2023年，印度制造的苹果手机价值达到140亿美元，看上去取得了巨大的突破。苹果在印度生产的手机约占其全球产量的14%，而3年前这个比例只有3%。这种比例的跳跃，让人觉得印度手机制造会加速前进。然而，如果沿着供应链向前看，就会发现手机的零部件要在印度制造，没有那么容易实现。

在印度，主要有3家公司参与苹果手机的生产。富士康在印度的卡纳塔克邦和泰米尔纳德邦设有工厂，而和硕与塔塔的工厂分别设在泰邦和卡邦。然而，最主要的进展，还是要看位于金奈机场附近的富士康。

由于印度手机高度依赖中国的模组，港口和机场的价值格外重要。这里的零部件，很多是从中国空运而来的。由于空港更容易连接外部的世界，印度正在用货运节点来解决本地残缺的供应链问题。港口是理解印度供应链的关键。在繁忙的港口，大量零部件的涌入，使得印度手机的胜利看上去并非那么高光一片。

富士康的整体组装已经很成功，然而整个产业却并非如此。真正的麻烦出现在上游。一部手机最重的部分是电池和形状复杂的壳体。从经济因素考量，这两个部件最需要在印度实现国产化。塔塔公司提供了一部分机壳，但质量不尽如人意。由于这里无法完成配套，电池和机壳依然需要从中国运过去。

越靠后的集成部分，越容易搬得动。而越靠前的零部件端，供应链的搬动越难。尽管包材、螺丝都移去了印度，但模组的设计、材料、治具等"好东西"还是留在了中国。

苹果手机 iPhone 16 机身两侧的实体按键已经消失，电容式按键取代了现有的实体按键和电源键。这种系统级封装、让 iPhone 外机身大改变的工程，只能由日月光设立在中国台湾高雄的工厂生产。长焦摄像头的四重反射棱镜镜头，则由中国浙江蓝特光学提供，浙江水晶光电为第二供应商。为了保证苹果要求的良品率和足够的产量，这些厂商暂时都无法移动。其理由是如此充分，导致苹果也只能暂时放弃快速移动的计划。

很多非标设备公司同样如此。它们更倾向于留在中国，开拓动力电池、储能源等新业务。已经进入印度本土的设备维护业务，外包给了当地的印度公司，意外地催生了印度本地的设备维护商。然而，这些公司的能力不足，价格也贵，导致本地客户十分头疼。这也成为急于迁移的苹果供应链的一道绊马索。

在这个过程中，引人注目的是地头蛇的成长。印度本土的对

第六章 供应链属地化

手，是否快速形成替代性力量？苹果也会有自己的怀疑。塔塔集团在 2019 年前后创立的机壳加工工厂，良品率一直无法稳定。它位于全球最成功的信息技术外包城市班加罗尔。在塔塔收购纬创工厂之后，这两家工厂合并在同一个厂区。

在机壳的切削加工上，铣刀路径的规划至关重要，需要软件工程师使用专门的工业软件编程才能实现。这对于缺少工业基础的印度工程师而言，是非常头疼的事情。而一条产线有上百个这种环节，都需要编程实现。这些深浅不一的技术小坑，沿着生产线形成了令人生畏的技术难点。塔塔还需要很长的时间，将这些技术洼地真正填满。

班加罗尔在全球信息技术产业领域的兴旺，与这里代工制造商新势力所经历的挫折，凸显了机械制造与信息技术产业的不同。印度的产业分层，并未出现交叉融合的力量。整体迁移的难度超出想象。这使得苹果对于供应链搬往印度的雄心也会变得冷静。

印度的手机，出现了一种僵持的局面。如果这些零部件持续以高关税进入，那么苹果在印度生产的手机将会失去竞争力。这也将限制印度生产苹果手机的产量进一步提高。如果降低关税，那么零部件的移动将会更加缓慢，印度手机的国产化将遥遥无期。

相比高昂的进口税，货运费显得并不重要。受到印度鼓励国产的"生产关联激励法"（PLI）的影响，中国零部件进入印度的代价也很高，需要 15%~20% 的关税。然而，即使是如此高的关税，也无法驱动零部件在印度的国产化速度。不想前往印度的许多成品模组、零部件供应商，在过去 5 年中，拖拖拉拉的战术似乎呈现了效果。

由于上游供应链的"抵抗"，印度苹果手机在全球的产能占比，也接近了阶段性的天花板。这就形成了一种微妙的分工，硬实力的"里子"留在中国，而出口额的"面子"则给了印度。这也是一种新的全球化贸易形态的平衡。

同样，在越南，尽管为苹果耳机提供代工制造的歌尔、瑞声已经驻扎到位，但这些厂家所希望的扬声器模组、光学元器件、精密模具等供应商，要想来到当地却很难。扬声器材料公司实现本地化配套则慢得多。消费电子行业的产品变化就像红绿灯一样，切换周期其实都很短。对于重资产设备的投入，上游供应商自然有着对风险的考量。

这些行业无意中用统一的集体行动，延缓了链主企业的移动决心，取得了令人瞩目的成就。它使本地的产业保护政策开始失灵。当中国某些强大的供应商采取一致行动的时候，供应链搬迁就会卡壳。

在德国，动力电池也出现了这种情况。奥迪、宝马、大众、奔驰等德国汽车制造商，逐渐对产能的移动有了现实的态度。动力电池的产能要迁移到欧洲，速度并没有想象中那么快，而本土被寄予厚望的瑞典动力电池 NorthVolt 则进展缓慢。这些汽车制造商，也会放慢驱赶供应链快速移动的计划。

一个工厂的产能爬升速度有自然规律的限制。**中国制造商如果能够有所协同，就能充分用好这条产能爬坡曲线**。每一级链主企业，都有一定的把控产能速度的能力。然而，靠单一链主很难撼动整个供应链。这需要一个行业的集体行动，克制地释放产能。

产能变慢并不可怕。只要同行都能同等有序，整个行业的每个企业就可以获得更好的毛利。毫无节制地追求更快，才是行业可怕的内卷动力。片面追求速度而放弃群体协调的方式，将会使整个行

第六章 供应链属地化

业走向困境。而在这个困境中,大部分企业是受害者,将会陆续出局,少数胜利者也可能遭到伏击。整个行业失去的控制力,一开始源自各自无所节制的速度追求。

在海外工厂,效率的提升并非容易的事情。**一个工厂的效率不仅仅是由机器组成的,员工的精神风貌才是高效运转的核心**。如果工厂能够建立全员参与改善的机制,那么它的结果就会很好。就像成长中的孩子,每年都会有变化。这正是中国工厂的强项。

以制造精密天平知名的瑞士梅特勒托利多,它的一个中国工厂每年有 1 万多个改善提案是由 1 000 名现场员工提出的。每年人均改善提案 10 多个,代表了员工自我创新的意识,这也使得原来中国工厂的精益负责人被提升为全球精益项目领导人。这些激励需要一种团体氛围,它根植在中国的高效工厂之中。而这种持续完善的工厂亚文化,其实是很难迁移的。

梅特勒托利多在全球有 20 多家工厂。集团每年都会按照一个卓越标杆的评价体系进行打分,中国上海、常州的工厂保持着最高的分数纪录。实际上,得分在 80 分以上的 4 个工厂,全部都在中国。欧洲工厂得分为良好,美国工厂在及格线附近,而墨西哥工厂则在起跑线上。这种得分的差异,恰如其分地代表了不同区域工厂的精益求精的水平。这些工厂最大的挑战,不是对于机器的操作是否熟练,而是制造理念的自我更新。全球化 2.0 是一个"全球先连接,地区再连接"的二次连接过程。企业出海,每个单体都会追求最大的生产效率。但如果中国企业能在区域供应链再次连接的过程中保持协同,就能最大限度地保护中国供应链的整体优势。一些工厂的进化,还无法离开中国工厂的哺育。在这些工厂的成长过程中,中国企业可以适度控制节奏。让工业机器高速运转,是中国制造已经确立的一种能力优势。中国生产速度，远超于世界速度的平均水平。而以何种速度来释放既有能力，则需要系统性的思考。但这种思考，游离在单一企业所能思考的边界之外。

如果由企业自由释放制造能力，那么在群体行动之下，平行供应链就会快速成长。它以跳棋方式而非象棋兵卒般的速度前进，使得世界机器运转呈现了超级加速态势，这对中国供应链会形成更强的替代作用。

平行供应链的发展进程，可能被加速，也可能被减速。这取决于一种企业集体性的行动。中国企业如果并非采用中国速度来带动本地速度，而是用世界平均速度确定本地速度，那么这种方式会更容易保持中国制造的能力代差。

第三节　节点化的组合

当中国工厂的身影不可避免地广泛出现在不同地区的时候，这些工厂需要有快速成长的能力。这些新建工厂的盈利时间点，只有比低关税窗口的关闭周期更短，才能继续从全球化版图中获利。**分布式工厂已经在全球构成了一个个生产节点，企业需要建立熟练复制节点的能力。**

重新连接的工厂

全球区域保护主义，明显出现了多地开花的局面。许多推动工业化的国家已经尝到了甜头。印尼有着丰富的镍矿资源，它正在将这张牌的优势发挥到极致。除了将镍加工留在本土，促使动力电池产业落地，印尼也在大胆推动电动汽车整个产业留在本土。上汽通用五菱早在 2017 年就在这里建立工厂，电动汽车已经开始加速生产。从 2024 年开始，长城汽车和比亚迪都在这里建立工厂。上汽通用五菱则继续加码，开始在这里生产动力电池包。印尼政府通过价值链节点上一个环节，撬动了各种新型工厂在本土落地。

然而印尼并非只渴望新产业、新技术，传统产业也在它的版图之中。类似陶瓷加工、纺织服装等产业，是印尼进一步发展的重点。中国的纺织服装产业已经经过一次溢出，进入孟加拉国、越南，使其分别成为全球第二大和第三大纺织服装出口国。而现在，印尼正在推动纺织服装产业的第二次溢出，通过对进口纺织品加征高额关税，促进这些产业落地印尼，增加本国的就业机会。

全球发展中国家的工业化意识的集体苏醒，往往最先瞄准的就是中国的制造能力。就像将蒲公英的种子吹向天空，中国制造不得不将制造能力分散。而各类大大小小的制造工厂，则从国内推进到海外。

这些工厂无法简单平移，它们从供应链的富饶沃土转向贫瘠山地。很多国家本地的供应链往往行业单一，而且片段化的碎裂特征明显。墨西哥在汽车、消费电子、纺织服务方面有很好的产业基础，但在化工原材料、表面处理、电镀领域则显得配套不足。

然而当大量的公司聚集在一个地区的时候，这些配套裂缝就会被填补。国内一家做表面处理的公司，开始在墨西哥北部城市萨尔蒂约连绵不断的汽车工厂群里落地。周围许多中国做铸件或者做电子部件的工厂，对这家新来的从事化学处理的邻居，表达了积极的响应。

在国内，表面处理、电镀等行业通常被看作高危污染产业。这类工厂往往被安排在指定的工业园区，由园区统一进行排水处理。由于水处理防污染的要求，这样的工厂一般不会轻易移动。而在萨尔蒂约，这些排污设施都需要工厂自建，运维成本自然很高，一般企业很难下定决心到这里建设工厂。

墨西哥并非没有这样的产业，但是稀缺且昂贵。当地一家做表面处理的大型公司，设备非常陈旧，停留在20年前的国内水平。工厂所使用的过滤器之类的产品，国内早已不再使用。而且，这些企业对于客户的服务要求响应会较慢。如果考虑本地工人低下的操作水平，那么墨西哥在这个行业的工业化水平要比中国落后太多。这样类型的本地公司，很难满足中国企业快速生产的要求。

然而，全球制造格局的变迁，本质上就是在修复技术落差。国内加速赶来的企业，将会弥补墨西哥的技术代沟。

表面处理等基础的工艺，其实是精密工业的精髓。这些看上去平淡无奇的传统工业，蕴含着支撑战略性新兴产业的地基。它们的价值，往往被产业政策制定者和投资机构严重低估。但在这里，这样的工厂提供了珍贵的供应链能力，成为新工业化的一块重要基石。这家表面处理公司，作为一个全新的行业门类，在富集的汽车产业集群中强化了相互之间的连接程度。

国内很多看似平常但实则先进的技术能力，陆续悬空而降，将会极大地改变墨西哥的工业化进程。这是一个集体性移动，就像火车车厢串联在一起，每个车厢都增加了新的技术动能。墨西哥的工业大机器则被充分激活，各个皮带与齿轮开始相互推搡，加速向前。这个仓促建立起来的机器秩序并不和谐，前后节拍不一致，工

第六章 供应链属地化

厂之间也是冲突不断。但是,供应链整体加速移动的调速器已经发挥作用,就像无形之手在打拍子一样,合力会从四处散乱的方向逐渐汇聚到目的地。整台机器最终会在前方某个时间点完成磨合。彼时,焕然一新的工业化会呈现在眼前。它跳过了自然进化的渐进式演变,像跳棋一样自如地跨过眼前的障碍。重新连接的工厂,会加速这个进程。

由于本地供应商不足,企业只能在全球招募更多供应商,一个企业所面临的供应商数量将会出现激增的现象。如果原本只有两个供应商,变成 10 个供应链节点,管理就会变得复杂。很多流程重新磨合,会增加大量的信用与合规风险。供应商变得更加分散,呈现出高度节点化的形态。优秀的企业需要将这些片段化的能力重新连接。例如,企业在越南对产品的零部件进行机械加工,然后在墨西哥完成装配。这种嫁接式供应链形态,需要实现节奏同步。

出海的链主企业容易受到这种困扰。在不同地方进行制造,当地一般都有本地化率的要求。例如在马来西亚,宝腾汽车需要至少有 30% 的供应商来自本土。看上去只有 30% 的供应商发生了更替,但整个供应链体系却发生了彻底的变化。对企业而言,原有完整的供应链体系被切断。新供应商的能力需要重新评估,无法与原有供应链无缝融合。剩余 70% 的供应链,也需要进行一定的调整。

出于本地组织的脆弱性,企业无法直接使用国外既有的供应链体系。在马来西亚,需要使用大量本土员工,只有少数管理者来自中国。而本土员工驾驭既有大规模生产的供应链的能力不足,很难有效对接多家供应商。

供应链的形态已经发生变化。要满足半成品来源的多元化特点，就需要一种混合的供应链体系。

一种解决办法是依靠第三方平台组织供应链，例如海智在线平台的供应链能力。它将具备不同制造能力的工厂，看成一道道放大版的工序。每一个工厂，都代表了一个分散的能力节点。这些节点在平台上重新组合成一套完整的交付能力，这样的平台，可以看成多个虚拟工厂的连接点。

中国企业在海外也开始形成新的供应链集聚形态。企业建立工厂自用的同时，也提供给供应链的企业，以此呈现了新的气象。青山在印尼爪哇岛的苏拉威岛建有自己的工业园区。印尼的土地是私有的，很多地方都是荒芜的原野红土地。购地者需要从头开始治理土地，建立水电气设施，同时还要自己开通公路、建立码头。青山在建立自己的镍矿提炼工厂的同时，将园区其他地方租借给前来投资的企业。一个拥有土地的实体企业，扮演了类似国内开发区管委会的角色。这些海外工业园区，形成了抱团发展的价值共同体。园区具有高度的有机体活力，企业之间联系紧密。这得益于龙头园主的新式服务形态。

青山在印尼工业园区有16万名工作人员，90%都是当地人。其中青山员工约占1/4，其他则来自40余家上下游企业。青山冶炼不锈钢需要大量的焦炭，南钢股份就被邀请在这里建立焦炭生产基地。青山也会有资本入股，进行战略绑定。然而，二者并非完全锁定。这里是面向全球的生产基地。南钢股份的焦炭，同时也会出口到日本和韩国。众多企业的加入，使这里成为一个焦炭产业集群，河北邢台的中国旭阳集团也在这里落地。

在这些海外工业园区里，龙头园主建立了一套新的服务体系。水电气等基础设施自然是共享的，食堂也集中由园主企业管理，这里的中餐厨师有 100 多名。对很多政策的解读、与当地政府的对接，也逐渐有了一致的出口。很多原本属于成本中心的管理内容，在这里都集中到一个服务中心。对于入园企业来说，这些服务有着巨大的意义。

除了地理距离的靠近，企业之间的商业联系也越来越多。**这种实体企业牵头的龙头园主模式，正在成为中国企业在全球布局的梅花桩般的基地**。在泰国南部的罗勇工业园、柬埔寨的红豆工业园、越南广宁省的天虹纺织产业园、墨西哥北部的华富山工业园，都有中国制造商的身影。它们复制了国内园区开发商的角色，跟当地的行政力量进行了深度交织。中国工厂在海外以碉堡群的方式重新聚集在一起。这是任何一个国家在出海的时候都不曾有的经历。尽管日本在海外有各种商业形态，但从来没做过工业园区。龙头园主这种方式，也成为中国"新全球化"的一种抱团方式。

本地化发展是一个漫长的过程，供应链的重新组合至关重要。当企业能够在不同国家实现工厂快速落地，并且有效组合供应链的节点时，它们也在显著地成为全球化企业。

数字化能力，更好地出海

一些人会觉得海外工厂的制造水平低于国内，车间的自动化与智能化程度都会比较低，然而这不过是一种刻板的印象。很多在海外的工厂需要解决少人化问题，信息化、数字化的要求反而会更高。数字化能力会让更多看不见的风险"可视化"，因此容易得到工厂的青睐。

在泰国春武里府，来自中国的美的空调已经建立了年产 400 万台产能的智能工厂。从天花板到地板，整个厂房都经过了精心设计。四层物流链分别是动力管道、物料输送、半成品和地面无人车。地面无人车像是散步的机器人，无须划出专用通道，它们就能与人们和谐地穿插其中。而来自美的中国工厂的成熟理念四处可见，如"属地无死角、地面无杂物、摆放平行线"等。

就制造系统而言，成熟跨国公司也有严重滞后问题。很多外企在东南亚的工厂往往已经超过20年，设备日趋陈旧。跨国公司的成本结构呈现了古老的一面。在充分享受长周期设备折旧所带来的利润时，它的产能缺乏柔性，难以应对小批量、多批次的新品挑战。

新秀艾雪冰激凌的工厂基本采用了新设备，跨代级的机器也是新品牌实现突破的一个武器。艾雪在印尼的东爪哇工厂是印尼最先进的工厂，也是定点工业参观旅游的工厂。这里每天有近千人参观旅游，游客甚至可以亲眼见到冰激凌的现代化生产过程。赏心悦目的工厂和即做即食的冰激凌，也是品牌建立新叙事的一种方式。这与美国和路雪、日本格力高形成迥然不同的营销风格。

这些信息化和数字化系统，不仅提高了效率，也杜绝了很多的合规风险。很多企业在海外被罚款，往往跟不合规有关。然而细究过去，往往是企业的信息化系统不完善造成的。保税区的工厂最为典型。

在保税区的工厂，进口和出口的零部件，必须能严格对应。海关会定期稽查。如果进口的零部件没有出现在出口成品之中，就认定需要交罚款。从海关的角度来看，这些零部件享受了保税的待遇，但最后可能是用在内销的产品上，因此必须严格加以阻止。而企业这种张冠李戴的事情经常发生。由于跨越不同的产品订单，涉及不同的周期，因此对于很多手工作业的企业来说，零部件有时很难对得上。这种"有心无力"的运营方式，容易导致企业不断被罚款。

这种情况并不少见。同一个编码的产品，应用到不同的设备上，可能涉及交税的差异性。例如，一个拥有可读写程序的电路板，如果用在个人电脑上需要交税，而如果用在家用电器上，则可以不交税。这要求企业的报关人员对于产品的用途要精准录入，而且要有强大的信息化系统，可以追溯零部件的源头。如果未来出现争议，企业不仅需要熟悉规则，还要能够快速回溯最早的环节。有了信息化系统，一是难以出错，二是可以形成完整的论据链。

海尔在越南同奈省的工厂，是一个来客频繁的网红打卡工厂。由于出色的本土化成绩，大量来自中国的企业家前来取经。而本地的官员，比如越南科技部的部长级高官，也是这里的常客。

如果有人在门口观察一天，就会发现这里的来访汽车在通过大门的时候几乎是零等待：车到，杆抬。办公楼门口的旗帜，会自动升起访客所在国的国旗。在这里，无须跟门卫交涉、给联系人打电话、在门口填写访客单，只要将预约访客的车牌信息提前录入系统，该系统就会与门口保安的门禁系统自动关联，并且会触发升旗的程序。

工厂开门系统也可以看成一个"开门指数"，反映了企业应对外部事件的灵活性。企业的外来访客进门的速度越快，说明它的信息化程度越高。**"开门指数"代表了企业信息化系统的渗透能力，更是一种数字化秩序的量尺**。对于这样的企业，海关报税等信息化软件早已经深度应用，出现海关税务风险的可能性也会大幅度降低。

中国企业出海后，对软件的需求变得更高，这会大大促进中国软件的发展。相对于家电、零售、汽车等行业，软件企业出海会有特殊的障碍。软件是语言、文化与思维交织出来的。不同国家之间的软件，并非只是语言的翻译互换。一种管理软件跟当地的财务、税务体系是紧密相关的。这使得以汉语为基础的中文软件在国外往往不容易被认可。然而当中国企业出现在广阔的全球疆土时，软件也将迎来全新的机会。

2023年以前的全球化时钟，对于用友显得缓慢了些。此前的16年，用友在中国之外只有设立在新加坡、马来西亚、泰国的分支机构，重点是亚太地区。然而从2023年开始，时钟明显被拨快了。用友只用一年时间就在日本、印度尼西亚、越南、阿联酋、德国和墨西哥这6个国家成立了子公司。在越南，它同时在北方的河内市和南方的胡志明市设立了两个办事处。在河内机场的出口通道处，用友的横幅广告欢迎着过往的行人。一个新的品牌形象，在潜移默化地影响着越南的民众。

软件的使用，跟管理水平密切相关。即使是那些在国内习惯了使用全球ERP巨头SAP产品的企业，在东南亚建立工厂的时候，也可能发生切换。蒙牛在泰国建立工厂之后，发现当地管理者的水平很难应用复杂的SAP软件系统，而用友软件灵活定制的简易版块更加适合这里。当工厂熟悉了用友初级版本的软件之后，更高级的版本也自然被引入进来。通过软件的变迁，可以看见当地管理者成长的轨迹。

在印度尼西亚，中资企业天津聚龙棕榈油集团、极兔物流等，都在广泛地使用中国软件。当地软件经销商很快就捕捉到了这种变化。那些SAP的金牌代理商，态度开始发生转变。以前，用友曾经希望这些经销商代理软件,后者总是提出苛刻的条件。现在,这些经销商主动来商谈,寻求代理合作的机会。商务的主动权开始切换。中国软件已经开始成为东南亚价值链的重要一环。

企业群体的崛起,形成了一种可以识别的国家能量。当本土企业开始迎接这个浪潮的时候,每家企业都从中受益。聪明的企业会通过数字化系统,使企业的每个环节处于高度透明的状态。数据在这些节点上自由流动,帮助企业建立一种系统警觉,更容易抵御风险。

第七章
系统性崛起

企业出海，并不只是单个企业的国际化，
更是一个国家系统性能力的输出。

企业全球化往往折射出
一个国家对全球商业的包容度。

这种体系不关乎技术，
而关乎一种国际互锁的信任。
商品行进无疆，而认证则是
全球化的终极背书。

**用制造的能力带动标准
和认证的力量，这才是
集成化的工业体系。**

从中国制造到中国品牌再到中国认证，
是中国制造全球化向上攀登要面临的越来越陡峭的天梯。

在当下，**如何建立一个有效的商会类组织，** 也是中国企业出海的新命题。

出海并非只是工厂地址的迁移，
而是要在价值链上做出跃迁；
出海并非简单地复制既有能力，
而是寻找新的价值源泉。

中国制造大出海，是企业价值体系的重构，
也是中国国民与全球文化
最深度的一次融合。

企业出海，并不只是单个企业的国际化，更是一个国家系统性能力的输出。工业体系向外提供服务的力量，也是关键环节。无论是标准组织的全球扩展，还是各个地方商会的运作形态，都要同步形成一个群体性出海力量。唯有如此，中国企业才能实现全球化这一关键性跳跃。

第一节　超越企业

企业全球化往往折射出一个国家对全球商业的包容度。企业在国际舞台竞技，所面临的规则与国内市场规则完全不同。既要有传统规则的调整，也要有海外半官方组织的担当。国家机构也要展示出极大的灵活性，陪伴中国企业实现从本地化向全球化的蜕变。

第七章　系统性崛起

看不见的短板

从制造大国到制造强国，需要一个三级跳的飞跃：首先是制造能力，其次是推动全球品牌的建设，最后则需要有序构建全球化的标准认证能力。

中国的商品年出口总额近 3.4 万亿美元，占全球出口总额的 14% 左右。这些都依赖于国际认证机构所发放的证书才能通行。产品制造会按照国际标准化组织（ISO）或者国际电工委员会（IEC）这些大的标准。但这些标准的认证，往往掌握在海外认证机构的手中。如果拿不到美国保险商的 UL 认证，很多产品就进入不了美国超市。而瑞士通用公证行（SGS）的认证，在非洲等同于一张通行证。非洲许多国家的海关部门见到瑞士 SGS 认证过的产品，就会放行。当中国大量商品渗透在非洲的各个角落时，中国标准并没有如期而至。它们的认证标签往往是由国外认证机构完成的。

CE 作为符合欧盟法规要求的合格标志，企业的产品需要经过全球有资格的认证公司审核之后才能获得。而这个审核体系，往往掌握在海外认证机构的手里，如德国 TÜV 南德、挪威船级社 DNV、法国 BV、美国 UL 等。这些认证公司有时候会将部分检测实验授权给指定的检测机构完成。这是一个由标准制定者、检测机构、认证机构共同组成的工业体系联盟。这个体系中还深深地嵌入了跟仪器测量相关的计量机构。

这个坚实的联盟形成一套看似开放、实则封闭的标准体系。它就像海滩的防护网一样，将新兴国家的标准体系拦在外边。中国制造不得不接受这套标准体系的检验。

英国将认证要求看作构建国际竞争力的关键措施。英国在脱欧之后的第一天，就立刻推出了酝酿已久的英国市场认证体系UKCA。尽管这与欧盟 CE 认证内容类似，但它依然是一套完全独立的认证体系。UKCA 认证作为一种老牌工业国家最新诞生的技术性贸易壁垒，展示了这个国家运用工业体系的成熟度。它在国际贸易中自如地使用这种基于标准和认证的非贸易关税壁垒来保护国内的市场。企业在进入英国市场时不得不增加成本和时间消耗。

老牌工业国家的做法给一个国家对于出海的软实力建设提供了可参考的路径。德国认证机构很早就跟随德国企业在全球出海。当德国制造行走天下的时候，德国认证也成为一种信用的背书。从 2000 年左右开始，德国 TÜV 南德认证机构开始大举进军中国。此时，它的重心已经从对德国产品出口的专注，转向对中国产品的支撑。

有了这种全球化的布局，这些认证机构也迅速发展成为标准体系的巨头。2023 年，全球最大的标准认证机构，如瑞士 SGS 年收入达到 70 多亿美元，法国 BV 年收入超过 60 亿美元，英国天祥（InterTek）年收入约 40 亿美元，德国 TÜV 南德年收入约 32 亿美元，美国 UL 年收入约 27 亿美元。这是全球工业体系暗深之处的最后门锁，深处海底，不容易为人所察觉。**这种体系不关乎技术，而关乎一种国际互锁的信任。商品行进无疆，而认证则是全球化的终极背书。**这些巨无霸认证机构会将一些检测功能授权给全球各地的实验室。实验室提供的检测数据会得到这些认证机构的许可。

这是中国制造所必须获得的许可。中国机电装备的出口占出口总额的 60%。中国这些优势行业也正面临出口闯关的标准"地雷阵"。

第七章 系统性崛起

占全球 60% 产能的中国风机制造，如今正在向欧洲进军。欧洲是风机制造的大本营。这里有昔日全球最大的风力发电设备厂商丹麦维斯塔斯，也有被西门子收购的原西班牙歌美飒，还有曾经征战全球的德国老牌企业 Enercon。这些企业都在欧洲市场深扎根基。

然而对于中国风机而言，与老牌对手的市场竞争并不可怕，半官方性质的技术性贸易壁垒才是重要的拦路虎。中国风机在国内做的实验和检测认证并不被这里认可。风机必须到欧洲本土进行实验才能算数。风机需要的雷击实验证明往往送往丹麦进行。丹麦技术大学（DTU）的风能系有着全球领先的风洞实验室，用来测试风机在雷击等极端情况下的状况。

这些实验往往非常耗时。由于实验室的测试能力有限，中国风机只能在这里排队等待。有时候雷击测试可能要排队 9 个月，而这种实验不过是其中一项。如果要做极端测试，可能就需要将风机送到位于英国的欧洲海洋能源中心（EMEC）检测。EMEC 在海上真实测试设施的场景，对风机的腐蚀、盐雾等环境适应性验证至关重要。这种检测构成了德国 TÜV 南德或者挪威船级社 DNV 认证的支撑数据。欧盟的工业体系天生就连接在一起，丹麦的大学跟挪威、德国的认证机构早已是同一个战壕里的忠实盟友。

这些还只是欧盟通用性指令要求。进入不同的国家，还有很多特殊要求。要进入芬兰、瑞典、挪威等北欧市场，需要重点考量风机在极寒条件下的表现，这就需要额外的环境测试和低温适应性认证。

法国和意大利市场对噪声和环境影响评估有着特别严格的要求，额外的环境影响评估或噪声检测是必不可少的。

大量检测形成了层层关卡，给中国制造进入世界市场带来很大影响。而在中国当地进行的检测实验，即使按照这些标准去执行，也往往不被欧洲接受。因此，中国企业不得不将成品运往欧洲检测，既耗时又耗力。

当以中国市场为重点的时候，这些矛盾并不突出。**而现在中国企业需要进一步征战全球疆土，这些面向制造业的先进服务业也要开拓海外市场。**

这种情况并非个例。即使中国的光伏产能占全球80%以上，但到目前为止，中国光伏要想进入欧美市场，仍然要使用德国TÜV南德标准。家电、光伏和动力电池，代表了三个不同时代的典型。中国家电行业见证了一个缓慢而坚定的成长过程。中国家电用了近30年时间达到全球领先地位。中国光伏用了20年时间快速超越欧洲、美国和日本的对手。中国动力电池则在不到10年的时间里建立了全球的优势地位。

无论行业发展快慢，围绕这三种产品的全球化的标准与认证体系都没有同步建立起来。中国产业的发展往往容易追求产值和速度，而忽略了配套体系的建设。

中国企业出海程度越高，工业体系的不完整性造成的问题就会越突出。当共建"一带一路"倡议推动了基建、装备、商品向海外发展的时候，完整的工业体系也要整套跟上。**认证资质其实也是一种类似于稀土一样的紧缺资源，在全球进行认证资质的布局也很重要。**拿到的产品认证种类越多，中国企业在全球发展就越快，国际影响力就越大。一个检测机构所积累的声誉，会渗透在各个国家的工商业和民生之中。瑞士SGS、法国BV作为公证行，在国际贸易中扮演着重要角色。而中国作为制造大国和出口贸易大国，也应该

第七章 系统性崛起

有公信力很强的中国公证行。

对于技术性贸易壁垒的突破，中国需要有健全的工业体系设计。检测体系应该跟产业发展如影随形。每推动一个新兴产业，就需要将包括标准、检测、认证、计量等在内的整个体系一起搭建起来。

国家标准制定者从国家层面给出规范。行业协会则能区分行业需求，找到海外不同标准之间的差异性。而对于检测机构，除了投资设备，还要建立良好的流程设计和方法论。仪器仪表行业也需要介入进来，提供测量仪器的使用特性。例如，中国要建立海洋强国，那么需要清晰地建立140种海洋仪表的计量检测特征，这样才能在中国海上装备领域建立一套全球化的标准体系。**用制造的能力带动标准和认证的力量，这才是集成化的工业体系。**

这套体系要在海外获得认可，需要借助政府部门、行业机构、协会组织等力量，共同推动在海外的普及。这涉及多方机构的人员，大家都坐在一条长板凳上。国内解决体系建设，海外解决国际信用流通，这需要一套严密的运行体系。这也正是国家能力国际化的一种体现。

中国制定的标准和认证体系要想得到海外认可，将是一个比打造中国品牌更加艰巨的工作。它的实现并非依赖于单个企业的努力，而是依靠企业、行业和国家机构一起来推动。这需要国家整个工业体系的集体发力。**从中国制造到中国品牌再到中国认证，是中国制造全球化向上攀登要面临的越来越陡峭的天梯。**

机构的进化

在新的全球化制造格局重新迁移的过程中，国家机构的功能会发生一定的变化，规则指令也会相应开始调整。

负责技术出口管制的美国商务部工业与安全局（BIS），对华为、中兴、大疆等企业实施了清单制裁。从2018年开始，BIS像休眠的火山突然爆发一样，成为美国最活跃的部门。2023年，它处理了近4万份出口许可证申请，大部分是面向中国的。2024年，BIS进一步改革机构，增加了两位助理部长，分别帮办出口管理的"战略贸易"和"技术安全"，同时设立了拉拢盟友的国际政策办公室。这些措施在美国国内拉通各个部门对技术扩散的管制效果，而对外则积极建立盟友。这样的机构改制成果充分体现在它拉拢盟友对中国光刻机的管控上。

全球光刻机主要集中在荷兰和日本手里。日本、荷兰分别在2023年3月和2023年6月对光刻机实施了列管，尺度各有不同。从技术指标来看，日本的管制只涉及波长等阈值K因子，没有套刻参数，范围比较广。荷兰则额外增加了卡盘套刻精度，基本限制了精度低于1.5纳米制程的深紫外（DUV）光刻机。从阿斯麦的产品序列来看，面向中国最流行的DUV浸没式机型，已经处于限制之列，而美国则在2023年10月实施了列管清单。它通过"美国含量"规则，以"兜底"的方式对荷兰没有列管的物项实施了长臂管辖。

美国已经将出口管制规则作为一种全新的震慑型"科技外交"。既强化与盟友的技术共享，又强化技术扩散的限制。它从"游说"盟友共管开始，到"引导"盟友自行建立主动管制，最后再对所有未列管的物项进行一次"大兜底"。与盟友协同共管正在成为美国出口管制的倍增器。这是美国在加强管制机器的广泛性。

这种措施深刻地影响了盟友的行为。日本、荷兰已经进行了主动性的管制措施。这种效应四处扩散。德国联邦经济与出口管制局

第七章 系统性崛起

（BAFA）已经存在多年，主要负责资助中小企业和出口审查。从2023年开始，其大幅度增加了供应链合规审查，对中国的出口也成为其重点监察对象。

中国的政府部门也在积极应变，对于稀有金属与稀土的出口管制开始加强。2023年开始对锗、镓等稀有金属限制出口，对于激光、量子计算等技术的出口也开始加强管制。

这意味着，围绕全球化的变化，各个国家都在调整规则，以便更好地应对变化中的挑战。原有机构的大量功能，也需要进行更新。既有运行的大量规则同样需要调整。

从1985年开始，在日本经历的长达20年的出海历程中，日本出海的企业，在制造业、金融保险、房地产和服务业中，呈现了非常均衡的比例。银行、金融服务等也都一起配套，提供了广泛的融资、租赁和个人贷款服务。

中国几家大的国有银行在全球也都有网点，但是这些银行的业务品种往往非常有限，它们更倾向于做企业端而非个人端。由于可以使用国内企业总部担保、国外银行分支放款的"内保外贷"的方式，银行向企业端的贷款几乎没有任何风险，而面向本地消费者的业务则要复杂得多。由于很难面向当地个人揽储，资金成本也很高。因此，国内的银行出海之后很难展开面向个人贷款的消费业务，这意味着很多出海企业面向消费者的需求，中资银行是无法满足的。

在泰国，日本摩托车处于非常强势的地位，中国摩托车则艰难地在夹缝中生存。这一方面是因为中国品牌知名度相对较弱，另一方面则是由于贷款方面的劣势。泰国消费者购买摩托车往往会使用泰国大城银行（Bank of Ayudhya）来贷款，这是泰国第五大商业银行，它背后的股东是日本三菱金融集团。日本摩托车和中国摩托车厂家从该银行会拿到不同的贷款条件。本田摩托车的贷款比例可以达到100%甚至120%，而中国往往最多只能拿到90%。若一辆日本本田低配版弯梁摩托车价格为1万元，那么消费者零首付就可以骑走，还可以额外得到2 000元的牌照费、保险费甚至汽油卡的贷款。若中国一辆摩托车8 000元，则消费者必须支付800元的首付款，加上牌照费才能骑走。这些首付费用对于很多泰国消费者来说是至关重要的，然而中国的银行并不能支撑这种消费贷款。这意味着中国品牌只能依附日资银行背景下的金融体系生存。

即使在企业端，银行的支撑作用也比较有限。工程机械是一个高度全球化的行业。全球品牌有强有弱，真正完成全球布局的只有美国卡特彼勒和日本小松。在行业前20名的排行榜中，中国工程机械企业已经有五六家。这些来自中国的企业有着更大的雄心，向卡特彼勒和小松靠拢，计划在全球的版图落脚。

三一重工在美国佐治亚州建立生产基地，生产挖掘机和起重机，在德国收购德国品牌制造商，在印度浦那、巴西圣保罗也都建有工厂。徐工集团在欧洲、巴西同样有所布局。中联重科在意大利通过收购混凝土机械生产厂商CIFA，在米兰附近的塞纳戈市建立了混凝土机械的生产基地。柳工集团在印度的生产基地已经高效运转多年。山河智能在泰国设有组装工厂支持东南亚市场。这些巨头有足够的雄心开拓全球业务，它们也逐渐成为全球化的公司。

工程机械离不开信用保险与贷款业务的支撑，而这些追赶全球领头羊的企业，在国际版图中却缺乏伴随者的支撑。

工程机械的销售也类似于汽车行业，需要先交首付，然后分期付款。然而对于贷款服务，中国的银行往往只做批发和大客户生意，不做中小企业融资。中国机械有很多客户都是中小企业，然而中资银行并不支撑这类小客户。

此外，工程机械行业还有大量的融资租赁。初期不用交首付，只在使用期间按照租赁收费。在使用末期的时候，依然有较大的设备残值，可以继续进行二手交易或回购。这又需要一套金融和信用体系来维持运转。而此时，中国的银行服务往往缺位。保险服务只是基于出口模式，如中国出口信用保险公司。这种基于贸易而进行的保险，很难适应当地激烈的竞争市场。

出海企业的激增会对现有大量规则带来挑战。然而也有很多过时的指令依然在发挥作用。它们就像蝉壳一样，记录的是往日时光。许多既往的海关规定也像"蝉壳指令"一样，正在悄悄地阻碍着企业的海外发展。

2023年，中国出口500多万辆汽车，超过了日本出口的汽车数量。这个成绩代表了汽车行业的巨大进步，但也出现了新的烦恼。当车辆出现故障的时候，需要在数万个零部件中确定原因。而专业实验室进行的检测、故障原因分析等，正是中国制造螺旋升级的关键一环。

现有的办法是将零部件邮寄回国内做检测。一方面是因为很多零部件供应商还在国内；另一方面是因为海外第三方检测的费用往往非常高，而且无法帮助中国研发工程师改进设计。

但是，将零部件寄回国内做质量缺陷分析是非常困难的。海关通道对汽车而言往往是单程的：一旦出口，就很少原路返回了。多年以前海关就有规定，限制向国内进口二手零部件。这个规定放在20年前自有道理，当时汽车是紧俏货，生产一辆，卖出一辆。然而有些小厂家绕开汽车生产目录，将海外的二手零部件运到国内之后重新组装成汽车。这种二手零部件进口再组装，大大扰乱了国内的汽车市场。而当时制定的禁止二手零部件进口的政策，可以说是及时助力国内汽车制造商狂飙猛进。

然而事过境迁，现在形势已经改变。时代的箭头从向内转向了向外。中国大量的汽车出口到海外，故障件会越来越多。如果返回国内检测，既有较高的实验室水平来降低成本，又能发现故障机理，从而为下次的产品设计提供宝贵的经验。

一家在印度的中国汽车公司，被顾客投诉方向盘的多媒体按键出现故障，按下去无法调整音响音量。当地工程师拆开方向盘和喇叭连线，但查不出任何问题。印度公司无法提供维修服务，因为这需要昂贵的实验室作为支撑。这意味着方向盘只能寄回国内重新检测。然而二手零部件无法通过海关"进口"到国内。一个工程师猜测故障源自电路板，于是借着出差机会将电路板带回国内。在实验室里，中国的研发工程师沿着电路板仔细寻找深层原因。通过逐层测试，才发现电路板底层的圆形弹片下面，一个日本松下的子零件开关出现异常。接触面出现了氯化物沉积，导致整个电路失效。然而即使找到原因，电路板供应商也不认为是自己出了问题。主机厂的采购工程师与技术人员只能一起前往供应商的库房，在审查调仓记录时，发现这批物料在转移的时候，与另外一批化学物品变速箱油有过短暂的空间交集。

大量的技术细节分析，其实也是企业难得的技术提升机会，很多公司都是在处理用户反馈的故障零部件的过程中持续进步的。而海关的旧政策也需要适时更新。

家用电器面临同样的问题。泰国的一家中国电器工厂正在花大价钱建设实验室以检测设备，力争跟广东总部达到一个水平。有故障的产品,将不再发回中国进行缺陷定位。电器类产品跟汽车一样,不能进口旧件。这种规定间接加速了中国实验室向外流动。

当下,中国对外的中间品出口越来越多,需要返回检测的外部整机也越来越多。借助于数字化技术解决二手件的返程问题,其实并不复杂。这需要规则制定者刷新思维,对指令进行针对性微调,回应出海时代的呼唤。同样,金融机构在海外的业务拓展也要有新的规则出现,真正助力出海远征的企业。中国企业大出海需要更广泛的体系支撑,而银行、保险、海关等各类机构也需要大力自我刷新。

产业组织者的能力

<u>当中国企业在全球四下扩张时,超越企业边界的产业组织能力显得十分珍贵</u>。尤其是面对中国优势的产业,如光伏、动力电池、电动汽车、风机等,需要针对性建立技术能力之外的护城河。当每个企业只关注自己的发展时,整个行业就容易失去锁定未来市场的机会。

在印尼市场处于绝对优势地位的中国电动汽车,正在将中国国标的充电桩标准拱手让给欧标。这是中国电动汽车在印尼碰到的标准失衡的问题。

2023年,印尼电动汽车销量达1.7万辆,中国车企占据了78%的市场,现代汽车IONIQ占比达20%。几乎完全垄断了印尼燃油车的日系车,在电动汽车领域基本无所作为。欧系车更是几乎不存在。然而,在这里,整个充电桩、充电枪体系采用的都是欧标体系。很多中国品牌舍弃了国标,采用了欧标。即使欧洲电动汽车未上场,欧洲电动汽车的标准也已经先声夺人。

本来中国有机会拿下国标的普及。这样的时间窗口，可能只会出现一次。

日本在东南亚的汽车布局，构成了严密的社会渗透，在印尼尤为突出，日系汽车市场占有率一度在 95% 以上。日本多年经营形成了压倒性优势，不仅是商业垄断，也有社会关系的强烈渗透。在行业、政府部门中，都有日本车企的影响力渗透其中，技术标准更容易倾向日本。日本车企充分发挥了日系车低油耗的特点，使得印尼政府出台政策几乎专门为日系汽车而定。印尼规定百公里油耗达到一定标准才能享受对应的优惠政策，这导致同级别的中型多功能轿车可能交税金额不同，以省油著称的日系汽车明显占有优势。而政策规定转弯半径在 4.5 米之内的才算小车，也才有相应优惠政策。这也基本上是按照日本汽车标准制定的政策，并使日本铃木独占鳌头。与此同时，日本政府大量邀请印尼人去日本留学以及各界人士访问日本。这种强大的影响力，促使印尼在各方面的汽车政策都在向日本汽车倾斜。

日本逐渐将其他国家的汽车挤出印尼市场，表明企业之间的商业对抗其实是一个国家级系统的竞争。

上汽通用五菱正在改变这一点。它在这里的工厂，一开始带动了国内 16 家企业入驻，而本地企业几乎没有配套。但在经营 6 年之后，本地供应商已经达到 70 家，覆盖了底盘、钢圈、内饰等企业。这使它有一定的能力对当地政府施加影响力。

上汽通用五菱的产品，一开始采用的是中国国标，也将中国充电的生态资源带了进来。通过跟印尼政府沟通，中国国标已经得到了印尼的认可。中国汽车制造商如果联合起来寻求当地的话语权，那就会像当年印尼为日本汽车量身定制一样，建立一个国家级别的

第七章 系统性崛起

垄断地位。然而，时局的变化正在朝着另外的方向发展。

欧标的充电插口在印尼电动汽车普及之前早已存在。印尼国家电网也采用欧洲标准部署了电力系统。当电动汽车到来的时候，这一行为被默认。

新进来的中国汽车企业，为了加快落地速度，直接采用欧标，国标则几乎被放弃。在印尼，欧标有400多个充电桩，而中国国标只有不到30个充电桩。后者基本上是由上汽通用五菱一家企业支撑的。

为什么中国汽车不采用国标？因为这样做很麻烦。当中国国标进入印尼市场的时候，必须先要通过印尼国家标准认证体系（SNI）。对很多中国车企而言，为了销往全球市场，很多车型同时开发了欧标、国标两种充电系统。

二者既然都一样，那么只要能抢到市场就可以。既然采用欧标可以直接接轨，那么何必采用国标？企业似乎没有时间思考未来的行业利益，而欧标则越来越多地主导了东南亚市场。

在看到众人拾柴火焰高的欧标兴旺的一面时，也可以看看萎缩的反例。CHAdeMO是由日本主导的电动汽车快速充电标准，是由日本电动汽车快速充电协会（包括日产、三菱、丰田等公司）开发的。它主要用于日本制造的电动汽车，包括日产聆风等。

然而，当日本电动汽车表现不佳的时候，CHAdeMO则开始无人问津。标准就像人的肌肉一样，用进废退。长久不用，最后肌肉就会失去力量。

如果能够将国标在印尼推广，那么充电桩、充电枪和汽车内的充电器接口就可以牢牢掌握在中国制造商手里，将来升级的主动权和标准话语权，则由强大的中国电动汽车厂商主导。

每个企业如果都只关心自己的地盘，就会无视整个行业集体优势的建设。这容易成为一个公地悲剧。它会因为每个人追逐自己利益最大化，而在未来让所有人的利益最小化。

中国车企联合起来，大张旗鼓地推广中国国标，是完全可以逆转这个局面的。因为当下中国国标的充电枪、充电桩，投资成本比欧标低。而要将国标接口跟欧标接口进行转换，还需要增加一个充电枪转换接口，这将额外增加不少成本。

这种情况在泰国甚至整个东南亚都在发生。中国电动汽车独树一帜，但却不能建立一个标准体系。

欧标在东南亚和美标在韩国的普及，都有比较综合的因素。这涉及当地行业组织、主机厂、电网等相关方的博弈和选择，而标准组织则在很大程度上需要代表区域的利益。从这一点来看，中国缺乏产业组织者的角色，行业机构的国际化组织显得稚嫩，企业也缺少抱团的意愿。

郑州商品交易所在2022年建立的工业硅期货，为中国光伏行业提供了一种极有价值的参考。工业硅材料作为光伏最重要的原料，它的期货市场给中国光伏企业提供了有效的风险管理工具。通过行业组织和金融工具来保护中国光伏在全球的行业地位。面向全球化的市场，每个行业都需要武装自己。

中国需要有更多的"产业组织守望者"的角色，为中国优势产业保驾护航。

海权保护中国优势

全球供应链是在多个地理空间之间形成连接，而船运公司就

第七章　系统性崛起

是浮动的城堡。它们对航线、码头的话语权，决定了跨国贸易的效率。

2021年以来，全球海运量累计增长不到5%，但吨海里的运量增长超过10%，这意味着长距离海运需求继续放大。尽管区域化的分布式工厂崛起，但全球贸易的交易距离并没有变得更短。区域化兴起，并没有减弱全球化势头。

中国90%以上的进出口货物依赖海运，它的空间布局意义重大。中国船舶制造吨位已经成为全球第一，船运公司的体量也是如此，然而在集装箱、散货或者能源等细分领域缺乏主导地位，这将导致在特别时期很容易出现海运的运费暴涨局面。

一件商品参与全球化贸易，它的流转过程有着复杂的环节。一辆汽车从工厂仓库运送到港口码头，通过船运到下一个码头，卸货后再送到目的地。这是一个明显的三段空间。船运可以看成大动脉段，落地后则可以看成支动脉的延伸。延伸服务同样重要，中国在海外虽然有数百个码头，但延伸服务能力尚显不足。例如，中国出口汽车在2023年达到500万辆，但中国几乎没有在海外单独控制的汽车专用码头。海运厂家无法给汽车厂商提供堆存、清关、售前检验记录等服务。这显然与中国日渐强大的汽车制造业不匹配。

相比而言，日本整体拥有300艘汽车专用的滚装船，运载量占比达全球的40%，拥有日本邮船、川崎汽船、商船三井这样的船运巨头。而韩国的滚装船也仅次于挪威，位居全球第三。丰田汽车的崛起对全球航运有着重要的影响，它对日本船运能力起到了巨大的支撑作用，它也定义了船的尺寸。当年，丰田汽车修建码头的宽度是200米，因此运输船最宽不能超过200米。这几乎在造船行业形成了一种规范。美国装卸汽车的码头也都是200米宽。这些航线往往被日本船运公司垄断,而汽车滚装船码头的目的港,又是一个争夺的焦点。

在比利时的安特卫普港口,汽车滚装码头基本都是由日资企业控制的。它们提供了强大的服务,无论是加油、换轮胎,还是有剐蹭需要喷漆修补。最后,这些修好的汽车可以直接被送到当地的4S店。承载中国电动汽车的船运公司,在当地码头靠港之后,只能向当地高价租用已经被垄断的港口仓储中心。卸货完成之后,要将这些车送往4S店,还需要租用板车来运输。然而这些板车资源也非常有限,基本已经跟奔驰、宝马、丰田等车企签订了长期服务协议。如果中国海运公司想要拥有自己的板车车队,则需要申请牌照和漫长的等待。

这是一个对地理空间进行战略优化与控制的过程。**要建立强大的海权,中国需要在码头节点、船运容量和延伸服务同步发力。**中国纸浆船最近几年的突破,就是将海航运力与中国制造完成匹配的典型。主要用于造纸的纸浆市场容量,全世界每年贸易数量约6 000万吨,而中国进口就占到一半。全球两家纸浆运输船公司分别是挪威G2 Ocean和日本SAGA,一度占据市场份额的76%。然而这些公司一直处于亏损状态,无力更新轮船。中远海运公司在研究了市场分布之后,2018年一次性投入10多艘船,直接杀入市场。由于纸浆货品属于易潮怕脏的"娇贵品",全程的精密防护至关重要。中远海运采用"一箱到底"的全程供应链服务模式,将不同的海、河、陆地空间优化到一套服务体系中。异军突起的中国纸浆船,使得中国将纸浆的运输控制权锁定在自己手中,这也有效保护了中国作为纸浆消费大国的贸易安全性。

中国是最大的铝生产国,中远海运公司在海外积极与铝业公司进行更深度的绑定。在西非国家几内亚,中铝集团的矿山位于博法

第七章 系统性崛起

省法塔拉河附近。中远海运公司跟中铝一起推动港口码头的建设。中远海运公司一开始就参与了设计，在河道上测水深、流速，为码头建设提供设计建议。在码头建立之后，则由中远海运散运来运营码头，并在码头派驻管理者。

承担散货运输的大船，由于吃水太深，无法靠近码头。这需要驳船在码头和大船之间完成转运。这个过程涉及驳船、码头和大船三者之间的配合，由于都是中远海运的同一组人员，运行效率要高得多。这对于分秒必争抢时间差的矿产商至关重要。

同在博法省的国电投铝业，正在建设维嘉深水港。中远海运散运也参与其中，二者甚至共用一个生活营地。通过"驳运＋海运"的一体化运送模式，确保全程的安全。而这些不断延伸的服务会加强中国船运的话语权，进一步获得对更多码头空间的控制。中远海运与货主共同发力，而不是单纯做海上运输。**价值链的紧密缠绕，不仅提高了矿产企业的效率，某种意义上也确保了对码头通道的有效掌控。**

同样正在崛起的优势行业也需要海运能力的保障。光伏、电动汽车、动力电池"新三样"的崛起，需要中国重新更新国际规则。不同货品的运输类别，国际海事组织（IMO）都有对应的规则。新能源汽车如果通过滚装船运输，就是非危险品；如果采用集装箱运输，就是危险品。这就需要采取非常昂贵的保障措施，以及面临落地港口复杂的通关程序。

中国电动汽车的发展，除了滚装船，也有大量对集装箱运输的需求。然而国际海事组织的规则，格外抬高了中国汽车航运的运输成本。

一家中国船运公司在江苏太仓建立了面向滚装船的售前检验记

录中心。一方面，可以给汽车制造商提供良好的服务；另一方面，经过精密的测试，也可以帮助集装箱运输汽车达到"非危险品"的标准。

然而，这种标准要想能够得到国际海事组织的认同，需要有一套建立标准的方法论和积极的游说。随着中国电动汽车的快速崛起，出口运输量也越来越大，这是中国特有的需求。中国电动汽车已经做到产品领先，还需要有强烈的"规则领先"的意识，将中国标准变成国际化规则，对于中国电动汽车快速抢占国际市场有巨大的帮助。

同样，中国作为光伏储能的出口大国，也遇到制造领先但规则落后的局面。以运输光伏储能柜为例，一条货运船通常装有400个储能柜，价值4亿美元，船自身造价5 000万美元。这样一个在海上漂浮的超级充电宝，通常存在爆炸的可能性，哪怕概率极低。它给全球保险公司出了一个难题：它的保险费用如何计算？如果按照常规的普通货物险0.3%的比例，这个费用过于昂贵。中国企业最先碰到这个挑战，因为只有中国经历了这种产品的爆发式高速发展。这也需要中国保险行业率先给出答案并形成规则。在不断尝试中，中国或许可以推动这种规则成为全球统一标准。

船运公司的服务深度代表着中国制造的海权能力。海权是中国制造能力的延长线，而在海权之上，又能窥见各种规则的建设。这是中国系统性出海的时代呼唤。

商会的角色

就全球竞争而言，韩国、日本、中国3个国家的产业，有大量

第七章 系统性崛起

的重合度。在很多地区，这 3 个国家的企业都是最重要的竞技选手。企业之间的竞争也牵扯到运营环境的友好性。先来到的日韩企业往往占据资源获取的先发优势。

越南北部的企业旗帜鲜明地分为两大阵营。一个是巨头林立，如韩国企业三星和 LG，或者是围绕果链的中国大企业；另一个则是来自中国的中小企业，明显呈现出单打独斗的态势。在这里，除了供应链缺少、劳动力缺乏，还要应对各种营商环境的挑战。

越南已经成为三星在韩国之外的大本营，LG 在越南的投资也不断加大。与此同时，韩国相关供应链都被带了过来，大量供应商在园区建立工厂。韩国庞大的工业园区享有许多特权，在最缺电的季节，会优先保障韩国工厂的用电供应，而其他企业却会被停电。

果链也拥有一股巨大的力量。在越南，有 30 多家公司的近 20 万人为苹果生产手机、耳机、电脑等设备。这些公司中，包括歌尔股份、立讯精密、比亚迪等中国供应商，动辄就是几万人甚至几十万人的规模。这些企业容易获得越南政府提供的良好待遇。

然而，中国出海的中小企业则成为弱势的落单者。这些收入从几千万元到几亿元不等的供应商势单力薄，与不熟悉的经商环境苦力周旋。由此可见，企业与政府部门的对话渠道并不畅通。

谁为去海外的中小企业撑腰？德国海外商会联盟（AHK）给出了一个经典的答案。

当人们关注德国的隐形冠军、双轨制教育时，AHK 作为一个强大的组织者，其战略性价值却被意外地忽略了。

德国是外向型经济，2024 年国家出口总额大约为 1.6 万亿欧元。德国有 350 万家企业，而全国近 1/3 的就业人员从事与出口有关的工作。显然，全球出口是推动德国繁荣的主要力量。德国政府和经济界一贯重视对外经济促进工作，AHK 就扮演了这样的角色。

从某种意义而言，AHK 是德国企业在海外经营活动的一面大旗。它会组织各种活动，加大企业与本地社会的接触。同时提供法律、财务和市场等专业化服务。即使一个小微企业，也可以从 AHK 获得有力的支持。

2000 年前后，在上海同济大学附近的四平路上，大量德国隐形冠军企业代表活跃在一排矮层办公楼附近。它们租借的是德国中心的物业，接受的业务辅导则来自 AHK。这些德国的中小企业，一开始往往以办事处、首席代表的方式发展业务，这是熟悉中国法律、理解市场的过程。规模较小的公司往往缺乏必要的网络，对一个地区背景知识的了解和向海外扩张的能力不足。AHK 通过分享长期经验来填补这一空白。这种技能的强化帮助德国企业打开了新市场的大门。

这些企业逐渐羽翼丰满，开始在中国修建工厂、扩大地盘，成为中国市场的主力军。

AHK 代表全球 4.8 万家德国企业，它有政府拨款和专项服务收入，也收取企业会员费。企业会员全球不到 2 000 人，中国约占 130 人的编制。AHK 在中国有 11 个办事处，其中，在昆山德国企业工业园专门设立了代表处，仅在上海就有 30 人。AHK 就像一支温度计，反映了德国企业在当地经济中的参与热度。

AHK 的董事长由企业选举，往往来自德国的大型企业，如大众或者思爱普软件。总经理一职是常设的，维持日常运营。作为一个半官方、半民间的机构，它有会员费带来的收入。作为一个自负

第七章　系统性崛起

盈亏的市场化组织，服务企业是它的职责。企业联络、咨询、培训、向在地国政府发声，都能够帮助德国企业。这是真正建立市场与政府双重影响力的机构。

德国政府给 AHK 提供了极大的支持。德国政府在海外组织的活动，基本交由 AHK 来负责。德国驻上海的总领事馆虽然隶属德国外交部，但也会积极参与 AHK 的活动。这些外事机构非常活跃地参加商会的活动，彰显对当地德国企业的支持。德国总理在中国访问的时候，也会去参观 AHK。有了官方的支持，AHK 的腰杆子挺得格外笔直。AHK 有着相当大的权威，可以联络中国政府的相关部门，反映德国企业的诉求。AHK 不仅能够帮助企业解决具体的政策困惑，更是一个专业性的半民间组织对所在地政府的超级对话机制。

为什么 AHK 有力量？因为它背后有政府的支持。这是涉及政府、行业组织和企业家的一个三通管型组织，既有政府的担当，又有企业的集体信任。而就服务本质而言，它还是一个知识型商业机构。

中国企业出海迫切需要这种服务机制。日渐活跃的中国国际贸易促进委员会就在进行这种尝试。曾经有一段时间，在德国展会上有一些专业的专利骗子，专门挑选中国企业碰瓷，雇律师勒索中国企业，很多中国企业有理说不清。中国贸促会请专业律师专门帮助中国企业应对知识产权诉讼。很快，德国展会上这类专利骗子消失殆尽。

中国贸促会在德国法兰克福建立了企业交流平台，鼓励即使有业务竞争的同行，也要学会一致对外。法兰克福是中资银行的大本营，五大银行都在这里。德国金融管理局一向审计严格，当它完成了对农行的审计之后,这样的经验最好可以在银行系统传递,让中行、工行等都可以轻松应对。

然而,就整体而言,中国贸促会的组织力量还不够强大。海外的这类组织普遍存在"有管理意识,无服务理念"的问题,能够提供的专业咨询也比较少,企业最后还是要靠自己孤军奋战。

中国类似的商会组织还处于成长的幼稚期。要跳出老乡会的圈子,还有漫长的机制建设之路要走。组织过度依赖个人能力的"能人效益"也非常明显。个人能力体现在多方面,而熟练使用当地语言也是一种重要的加分项。在一次开会期间,一家德国企业声称"中国制造是造假大王"。中国贸促会一位懂德语的负责人大声反驳,"论个头,造假大王是德国人"。德国企业表示不服,这位负责人讲出大众汽车在美国的发动机造假事件。然而,这个德国人不以为然地说"这只是例外"。中方负责人迅速讲了一句德国谚语,"例外证明了规律的存在"。这句本地谚语使德国企业家的心理防线被彻底击破。

然而"能人效应"是稀缺的,还无法形成一种普遍现象。这些都是因人而异的,尚没有形成一种成熟的商会体系。在越南胡志明市,这两年商会显得活跃起来。人们开始以老乡会为基础,逐渐聚在一起商量如何更好地替企业向政府表达诉求。而在越南首都河内,政治气氛浓厚,国企占主角,企业商会的行动并不灵活,往往也很难成为中国企业在当地的护卫舰。

从全球化的大周期来看,中国企业的出海历程其实还处于发育期。很多类似的组织在过去并不存在。**<u>在当下,如何建立一个有效的商会类组织,也是中国企业出海的新命题</u>**。只有高阶能量的组织设计,才能让所有的出海企业都能从集体防御机制中获益。

第二节　成为全球化企业

　　任何一个企业的出海都是一次在多维空间成长的过程。企业需要在地理空间、价值链空间和认知空间里，重新让自己获得充沛的能量。

　　地理位置上的变化，是企业最容易感受到的。海外公司位置的选择，往往是企业战略意图的导航图。建立一个又一个地理空间是企业行走全球必备的分身术。一个公司需要在多个地点安营扎寨，并且相互之间具有交叉互补的生产能力。拥有多个国家工厂的跨国公司，是一个优秀的中国企业的标准配置。

　　出海并非只是工厂地址的迁移，而是要在价值链上做出跃迁；出海并非简单地复制既有能力，而是寻找新的价值源泉。原来并不涉及的产品或者服务，现在可能会主动进入。在出海过程中，企业可以主动寻求价值链空间的变化，重新选择上下游环节的有利节点。当地理空间变化的时候，企业也可以从周边的社区汲取与总部完全不同的能量，形成价值链的移动。而在新的环境下，每个企业都要评估如何跟当地共同分配利益，做好伴随型成长。

　　认知空间是企业建立当地信任度的一种认知战。在国内，"快速成长"已经成为企业家的一种信念。然而，这种方式放在海外则未必奏效。如果海外的扩张势头过猛，忽略当地的利益则容易腹背受敌。高水平的出海不仅要制造产品，也要融入当地社区。它很难被确切地量化，但却是出海企业的一个关键战略。友善的认知空间体现了当地管理者的水平，也是总部认同本地化社区身份的结果。

　　工厂往往成为这三种空间的交叉点，它们需要广泛地与全球连接。全球供应链既有的完整秩序已经不可避免地被打散。供应链的重新组合是各方利益重新编织的过程，而最为成熟的中国供应链需要快速地再次嵌入其中。能够快速实现"本地再连接"的工厂会获得更大的优势。

迁移的工厂导致供应链形成新的相互嵌套。这个过程无法在本土发生，而是在海外疆土形成新的化学反应。派往海外的管理者，管理水平直接影响海外事业的成败。外派管理者需要有足够的权力去处理现场复杂的细节。这些"封疆大吏"将经历一次不可预知的社会学实验。在每个国家和地区，管理实践都会不同。总部影响力会逐步减小，组织形态也将发生变化。**海外的子公司可能呈现出一种跟总部不完全一致的公司亚文化。对这种亚文化的包容，将是考验总部全球化成熟度的最佳试金石。**

全球化企业的深度体验，对中国公司来说才刚刚开始。然而即使在海外发展多年的美国、日本、德国等国家的企业，也留下了很多失败的例子。很多跨国企业的中小型公司在离开国门之前其实也是乡镇企业，全球化能力参差不一。同样一家企业，虽然在泰国取得了成功，但到了墨西哥却可能步履维艰。对于中国企业而言，大规模出海所引发的不适应将成为一种群体性经历。然而，从中国企业成长史的时间线上看，这将是从"本土企业"到"全球企业"的第二个关键周期。领导者需要建立全球化格局，管理者则需要熟悉全球化文化。

分布式工厂是一种高度有价值的资产，但这些固定资产的运营效率仍然围绕制造成本而转动。企业在海外建立公司，只是全球产业重构的外在表现。企业的真正目标是成为全球企业，利用全球资源获取丰厚的回报。**从产品出口到海外建厂再到价值体系的设计，中国企业需要逐渐成为全球价值的主导者之一。**

中国制造大出海，是企业价值体系的重构，也是中国国民与全球文化最深度的一次融合。

后记

写作《大出海》对我而言，是一场从嘈杂到宁静、从陌生到新奇的思想旅程。平均每天都有两三场的交谈，许多全新的认识涌入我的大脑。在大量的火花碰撞之后，旅程的目的地开始变得明晰。在这里，我要感谢那些给我想法、给我力量的人。

首先要感谢的是中信出版社执行总编方希女士。她一开始就对我充满了鼓励，让我最初的念头变成眼前这样一本书。过去几年我积累了不少企业出海的素材，但并不成系统。在讨论时只有《大出海》这个书名，她指出了这本书对读者应该具有的意义。在做了一些更深入的定向性调研之后，方女士又跟我一起将这些内容和想法横竖比画，陆陆续续地搭建成骨架。各种天马行空的想法，开始逐渐落实。

真心鸣谢机械工业信息研究院的陈琛先生。作为微博账号机工战略的主理人，他有着很高的语言表达天分，对产业认识还有着火焰般的灼透感。我在写作过程中，跟他有过 3 次严肃而冗长的讨论，这些讨论帮助我建立了本书的最终架构。来自美国的老朋友贲霖，经常在我写作的不同阶段给予我大量思路，像火把一样照亮了下一步要走的路。感谢吴晓波老师在厦门"2024出海高峰论坛"的一番交流，既有企业出海宏大线条的勾勒，又有企业家个体的温度展示，让我备受启发。

《大出海》是一本倾向实战的书，一线管理者的实践和想法至关重要。这里要特别感谢海尔越南负责人张守江先生。我在越南胡志明市遇见他的时候，他正送走一批中国团客人。他在越南7年，将海尔品牌拉升到一个引人注目的位置。我从他那里收获了一个小型全科MBA（工商管理硕士）课程。

感谢热情的海尔集团老员工、现任欧洲BWT集团中国区副总裁张世壮先生，他给了我很多有价值的思考。他帮我引荐了张守江先生，还有海尔印度的黄德成总经理。这些管理者都有着乐观的热情和坚强的韧性。他们在不同角度的思考，让我能够理解一个全球化公司在全球布局的差异性和相同点。

感谢促进中欧企业互动落地的帕特纳斯公司CEO汤拯先生，他对欧洲的商业规则有着穿透性的认识，大大丰富了我的视角。他在德国法兰克福待了近10年，对德国文化有着深刻的理解。汤总甚至特意从北京飞到德国，陪伴我在德国和匈牙利调研，开车穿行近10个城市。我们在德国碰到了各种充满传奇色彩的中国管理者，他们有的在德国小城市里一待就是18年，有的跟德国"隐形冠军"的工厂一起扎在小镇上，农场上的奶牛随处可见。

负责中德新技术合作交流的倪道钧女士热情地陪伴我完成了在德国的一半旅程。多年来她一直像滴灌作物一样，给我灌输德国工业的点点滴滴。中国国际贸易促进委员会驻德国代表处总代表、法兰克福中资企业协会秘书长洪锡国先生，给了我关于海外商会高效运营的完整认识，这是一扇通向陌生世界的门。

欧博国际的张天乐先生在德国老牌工业巨头蒂森克虏伯的园区，重新构建了面向欧洲跨境电商的仓储基地和代运营中心，让我见识了时代洪流的切换。

面向并购和海外绿地投资咨询的高伟绅的马倩律师、豪埃森律师事务所（HEUSSEN）的张志远律师则给我上了一堂又一堂专业而生动的法学课。德国四大会计师事务所并购服务部前合伙人王炜一直是我的良师益友，他引导我用开阔的视角理解并购的意义。来自莱比信仪器的孙树荣女士旅居德国多年，一年多来，在她豪放的说笑声中，我了解了许多中德供应链深度嵌合的案例。感谢上海众氢的陈刚总经理和资深化工张健先生，同时给我打开通向欧洲氢能殿堂的大门。这里可以看到光怪陆离的化学反应实验室，也存在着欧洲与中国如何在新能源携手合作的巨大机会。

还要感谢在德国打拼多年、经营近10家高档餐厅的郑爱珍女士，她一直在推动中德文化交流。在她于莱茵河旁边开设的三层中餐厅中，精致的美食几乎让我忽略了窗外满溢的河水。

感谢中欧经济技术合作协会欧委会副会长兼欧洲总代表周新健先生，为我详细地展开一幅投资匈牙利的画卷。他对匈牙利的每一个城市都了如指掌。

在越南，要感谢咨询公司"越南第一站"总经理王理，他仔细地探索了越南300个工业园区。在河内之行中，他给我安排了紧凑的工厂访问路线。在越南定居多年的"越南通"彭子豪先生，详细地描述了越南风情画像，每个细节都有故事。深圳市建安集团派驻越南海防市的王建顺及其同事，呈现了不为人所注意的园区建设者的默默身影。在这里，无论是打拼20年、生产爱迪蜡烛的廖新生先生，还是精于打造极致工厂能力的美的的高升先生，都令人印象深刻。来自德昌电机的熊善云先生，在田野中的工厂里展示了无畏乐观的精神。一往无前的气概，令人想起《三国演义》里许褚的形象。

在印度尼西亚，我要感谢艾雪冰激凌的创始人王嘉成，上汽通用五菱的石国勇、王伟森等人。我们多次交流，他们毫无保留地讲述了所有的细节。群岛对我而言，一下变得鲜活起来。

在去墨西哥工厂调研的过程中，当地企业管理者们的热情大大减少了我的陌生感和忧虑感。海信蒙特雷的刘超，伊之密克雷塔罗的孙勇，建发轻工墨西哥城的孙睿，蒙特雷城市招商的刘唐华先生等人，都给予了我很大的帮助。感谢日本美浓工业墨西哥工场长徐光祥和深圳光大同创的董事长马增龙，描述了如何在陌生之地进行精细管理。而安徽万朗磁塑董事长万和国，则讲述了在墨西哥、泰国等海外扩张的战略思路。这些一线的实战经验，真实而有力。

这本书涉及的国家比较多，在每个国家，我都试图找到实战操练的人。感谢上汽通用五菱的姚佐平副总经理和在印度的刘敬伟先生，他们对于印度市场的勾勒充满了预见性，在本地市场则真刀真枪地打拼。上汽集团与上汽通用五菱在印度的布局，在魔幻的表象之下，依然有着坚实的实战逻辑。感谢中天科技印度总经理卜小荣用冷静理性的视角，让我近距离认识真实印度的商业剧情。《断裂与新生：一位中国记者笔下的印度日常》一书的作者张兴军先生讲述了他在印度的亲身经历，对我的帮助也很大。

感谢宗申集团副总裁胡显源先生帮助我构建对于全球战略地图的认识，使我在面对一张世界地图的时候，会有更多的启发。感谢江苏中天科技的谢书鸿总工帮我梳理了全球布局的思路。中远海运

后记

散运的陈威先生，让我从零开始理解了海运在全球贸易时代的枢纽价值，它的战略意义容易被忽视。

感谢豪迈集团的张伟先生和豪迈泰国的邱金亮先生，以及豪迈墨西哥圣路易斯波多西的禚传宝先生，从轮胎模具这个窗口，让我了解轮胎产业在泰国、在墨西哥的兴起。这家来自山东高密的公司呈现了成熟的国际化姿态。同样在美的泰国的蔡耀武先生，展示了精益制造工厂的集大成者的经验。

鸣谢上汽集团马来西亚公司首任总经理杜亦兵先生，他帮我梳理了对马来西亚的认识。专注中东市场的益合智盛咨询公司郭也丹总经理为我澄清了"中东遍地王子"的现象和中东商机。

来自江苏中天土耳其的荣乐总经理，让我理解了如何适应当地的文化，并且积极用足这块欧洲跳板的优势。其他的土耳其朋友则从另外的角度指出了这个国家的风险所在。

感谢用友的团队，包括用友海外总经理郭葆春、在越南的李姜、在印尼的徐华。他们提供了一种特别的视角，打开了中国软件在全球打拼的画卷。

感谢建发集团总经理郑永达先生用热情洋溢的感染力，推动我对全球贸易的理解，并且对日本商社这种独特的商业形态进行深入的研究；而来自钟鼎资本的严力先生，则毫无保留地展示了他过去多年围绕供应链进行投资的内在逻辑。从效率驱动到能力升级再到优势供应链出海，都与中国制造的大脉搏共振。

感谢德国菲尼克斯中国总裁顾建党先生将整个公司全部对我打开的开放心态。这让我能够认真地思考在中国的外资企业如何解决总部与中国公司之间的关系，从而建立巨大的灵活性以适应中国。它们与中国企业绑定在一起反向出海的姿态，也让我受益良多。同样,瑞士梅特勒托利多在常州的唐良总经理、德国弗兰德在天津的勾建辉总经理,以及日本 SMC 在北京的马清海总经理,给了我很多关于外企在中国本地深度耕耘的启发。积极推进本土化的 GE 医疗中国总裁张轶昊先生,则展示了一个工业巨头的灵活性和韧性。

感谢郑煤机的焦承尧董事长和贾浩总经理为我分享了企业通过并购大踏步走向全球化的心理历程,煎熬的时间多过喜悦。为了适应管理全球子公司的需要,郑煤机总部坚定地对组织内核进行了重塑。这让我印象深刻,它给出了中国企业全球化过程中的一种新的可能性。

同样以并购取胜的南京天加蒋立先生,多次不厌其烦地为我讲清楚如何在美国、加拿大、意大利进行并购。对于蒋总传授的宝贵的经验,我希望自己能用心沉淀与记录下来。

海智在线为我提供了对在线协同工厂的认识,这对于中小企业参与全球价值体系很有帮助。感谢创始人佘莹以及刘海涛先生给我讲解多个国家的订单如何在中国重新连接。

感谢德国国际合作机构 GIZ 的张耀文先生,日本 JETRO 的赵飞和金京浩先生,认证机构 TÜV 奥地利的张韬,日本电计商社的孙芳女士、张康先生等人的帮助,让我更好地理解海外机构在中国的运行方式。企业法务专家冯建妹女士则为我展现了成熟的跨国公司在法务方面的严谨和对文化细节的精细处理。

来自中信建投的武超则所长和周君芝博士以深厚的金融功底和扎实的历史数据,带我穿透日本 40 年前出海时的光景。也要感谢经纬创投周伟的分享。

感谢德国下萨克森州中国首代的张彝、德国 HAMUEL 机床的吴昊阳、小鹏汽车在德国的胡静文,与他们的交流加深了我对在

后记

德国的中国企业的理解。感谢爱尔兰投资发展局肖嘉先生的旁征博引，在非洲提供落地导航的青云科技贾后丽女士的勇敢，这些都刷新了我对陌生地域的认识。而扎根非洲多年的刘冰先生，对日用品五金有着广泛的通道和深刻认识，帮助我逐一"熨平"关于非洲的偏见"褶子"。

我在海外的一些国家和地区调研，得到了部分大使馆和商务部外驻人员的支持，在此也一并表示感谢。

感谢中信出版社副总编辑黄静帮我一起构思图书结构，并将时间进度安排妥当。感谢责任编辑李亚婷和李婕婷对稿件进行细致的审校。还要感谢我的同事高静用最大的耐心，将文中广泛的数据和引用资料尽可能从源头逐一确认。这是一个令人望而生畏的工作量。

其实还有大量的人需要感谢。有的可能不便于提及，有的可能有所遗漏，这里就不再一一道谢。我就像是在花丛中采蜜的蜜蜂，感受过每一片花瓣不同的颤动。在跟大家进行思想的碰撞之后，我感觉自己的认知体系也被重塑。希望有一天可以有蜜罐回馈大家。